일본어로 찾아가는

일본
문화
탐방

日本語からたどる文化

일본어로 찾아가는

일본
문화
탐방

日本語からたどる文化

다니엘 롱·오하시 리에 지음
이경수·임영철 옮김

일본어로 찾아가는
일본문화탐방

초판 1쇄 펴낸날 | 2012년 11월 20일
초판 3쇄 펴낸날 | 2016년 9월 23일

지은이 | 다니엘 롱·오하시 리에
옮긴이 | 이경수·임영철
펴낸이 | 이동국
펴낸곳 | (사)한국방송통신대학교출판문화원
　　　　주소 서울특별시 종로구 이화장길 54 (우-03088)
　　　　전화 (02) 3668-4764
　　　　FAX (02) 742-0956
　　　　http://press.knou.ac.kr
　　　　출판등록 1982년 6월 7일 제1-491호
출판위원장 | 권수열
편집 | 김현숙·신경진
편집 디자인 | 토틀컴
표지 디자인 | 엔터앱(주)

ISBN 978-89-20-01073-6 03730
값 13,000원

Culture and the Japanese Language by Rie Ohashi, Daniel Long
Copyright ⓒ 2011 by Rie Ohashi, Daniel Long
All rights reserved.
Original Japanese edition published by The Society for the Promotion of
The Open University of Japan

이 책의 한국어판 저작권은 The Society for the Promotion of The Open
University of Japan과 독점계약한 (사)한국방송통신대학교출판문화원에 있습니다.
저작권법에 의해 한국 내에서 보호를 받는 저작물이므로 무단전재와 복제를 금합니다.

• 잘못 만들어진 책은 바꾸어 드립니다.

역자 서문

책을 읽다가 "맞아, 정말 그래." 하며 무릎을 탁 치거나 고개를 끄덕인 경험은 누구에게나 있을 것입니다. 저에게는 이 책도 그중의 하나입니다. 평소에 무심코 지나쳤던 많은 일들이 책 속에서 살아 움직이며 저의 고개를 끄덕이게 했습니다.

'△△'에 살며 'ㅇㅇㅇ'라는 이름을 가진 우리는 자고 일어나 아침식사를 하고 옷을 갈아입고 다녀오겠다는 인사를 하고 집을 나섭니다. 그리고 학교나 일터에서 여러 사람과 대화를 나누며 사회적인 관계를 맺고 저녁이면 다시 집으로 돌아갑니다. 명절이 돌아오거나 경조사가 있을 때는 그에 맞는 선물을 주고받거나 위로의 말을 나누면서 인간관계를 맺습니다. 이러한 지명, 이름, 공간, 음식, 복장, 선물, 시간, 언어, 대인관계, 커뮤니케이션 같은 우리들의 일상이 이 책 속에서는 모두 당당한 테마가 되어 등장합니다.

저자는 이런 테마를 다양한 측면에서 초점을 맞추어 관찰하고 언어적·문화적으로 접근하면서 이론적인 고찰을 곁들여 놓았습니다. 따라서 '일본문화탐방'이라는 제목이 붙었지만 일본문화에 국한된 것이 아니라 인류보편적인 문화로 이어져 독자들에게 마치 자신의 이야기를 읽는 듯한 실감을 선물합니다. 한국은 일본과 유사성이 많은 같은 아시아 문화권이므로 공감이 가는 부분이 많아서 더욱 그렇습니다.

우리는 그 어느 때보다도 소통을 중요하게 여기는 시대에 살고 있습니다. 타인과 소통을 잘 하려면 우리의 마음 바탕에 상대의 입장을 헤아리고 배려하는 마음이 있어야 합니다. 그러려면 우선 상대를 알아야 할 텐데 『일본어로 찾아가는 일본문화탐방』은 사회언어학과 커뮤니케이션학 입장에서 문화에 접근하고, 일본어와 이를 둘러싼 문화를 다른 언어 및 문화와의 비교를 통해 고찰하고 있으므로 상대의 마음을 읽는 데 도움이 되리라 생각합니다. 왜냐하면 사회언어학과 커뮤니케이션학에서 다루는 다양한 테마는 우리들 삶의 일부이기 때문입니다.

이 책에서는 일본어와 일본문화의 비교 대상으로 영어와 영어권 문화를 예로 들고 있는데 지리적으로 먼 거리인데도 아주 흡사하거나 또는 전혀 다른 언어표현과 문화가 공존한다는 사실은 책을 읽는 재미를 더해 줍니다. 언어는 사고를 담아내는 그릇이라고 하는데 지구 반대편에 살면서 전혀 왕래가 없었던 사람들이 비슷한 언어표현을 가지고 있다는 것이 경이롭고, 어쩌면 인간의 뿌리는 하나가 아니었을까 하는 단순하고 즐거운 상상까지 하게 됩니다.

인간은 홀로 있거나 잠을 잘 때를 제외하곤 끊임없이 누군가와 커뮤니케이션을 하면서 살아갑니다. 이 책은 이처럼 중요한 커뮤니케이션의 기술을 연마하고 향상시키는 데 도움을 줄 수 있을 것으로 확신합니다. 왜냐하면 테마 하나하나를 마치 보석을 세공하듯이 세세한 부분까지 정교하게 공들인 흔적이 보이기 때문입니다. 앞으로 좀 더 원활한 커뮤니케이션, 상대를 배려할 줄 아는 따뜻한 커뮤니케이션이 가능할 것 같은 예감으로 마음이 들뜨기까지 합니다.

『일본어로 찾아가는 일본문화탐방』의 원본은 일본방송대학의 교재인 『日本語からたどる文化』입니다. 이 책은 총 15장으로 구성되어 있으며 다니엘 롱(ダニエル·ロング)·오하시 리에(大橋理枝) 두 교수님이 분담해서 집필했습니다. 그중 다니엘 롱 교수님 부분은 중앙대학교의 임영철 교수님이, 그리고 오하시 리에 교수님 부분은 제가 번역했습니다.

다니엘 롱 교수님은 사회언어학을 일본어 교육에 응용하는 데 열정을 가지신 일본 수도대학도쿄 교수이며, 오하시 리에 교수님은 이문화 간 커뮤니케이션을 전공한 일본의 언어학자이자 일본방송대학 교수로 두 분 모두 각 분야의 권위자입니다. 공동 번역자인 중앙대학교의 임영철 교수님은 일본어 연구, 특히 사회언어학과 일본어학 분야에서 활발한 연구 성과를 내고 있습니다. 그런 교수님과 함께 번역을 하게 되어 기쁘고 영광스럽습니다. 임영철 교수님께서 역자 서문을 쓰셔야 하는데 제가 대신하게 되어 송구스럽습니다.

이 책의 번역을 허락해 준 두 분 저자께도 감사를 드립니다. 만약 이 책을 독자로서 그냥 훑어보기만 했다면 이 책에 담긴 다양한 내용들을 흘려버릴 수도 있었을 텐데, 번역을 하면서 여러 번 읽고 상상하고 스스로 그 속에 들어가 주인공이 되어 보는 경험을 통해 더 깊이 느끼고 알게 되었기 때문에 더욱 고맙게 생각합니다.

저자의 의도를 제대로 전달하지 못하면 어쩌나 하는 걱정이 앞서기도 합니다만 되도록 원문의 의미를 훼손하지 않으려고 애를 썼습니다. 그러나 본질적으로 한국과 일본의 언어와 문화가 다른 만큼 한국 독자와의 눈높이를 맞추기 위해 다소 손질한 부분도 있습니다.

번역과정에서 중앙대학교 대학원생과 제 연구실의 황남덕 선생님, 한국방송통신대학교출판부의 신경진 선생님이 여러모로 고생을 하셨습니다. 그리고 어려운 시기에 기꺼이 출판을 맡아 준 한국방송통신대학교출판부에도 감사의 마음을 전합니다.

    아는 만큼 보인다는 말이 있습니다. 이 책을 통해 더 많이 알게 되어 더 멀리 그리고 더 넓게 볼 수 있기를 기대합니다. 책은 독자와의 만남을 통해서 비로소 의미와 가치를 지니게 됩니다. 아무쪼록 이 책이 여러분께 조금이나마 도움이 되기를 바랍니다.

石の上にも三年

2012. 11

공동 역자 이경수

서문

이 과목의 이름인 『日本語からたどる文化(일본어로 찾아가는 일본문화 탐방)』에는, '문화'를 연구하면서 문화만 연구하는 것이 아니라 '일본어'라는 다른 단면에서 무엇이 보이는가를 검토하려는 생각을 반영했습니다. 이 '일본어'를 연구할 때 '커뮤니케이션'이라는 다른 분야의 관점에서 검토해 보았으며 이 '커뮤니케이션'을 연구하는 데도 '문화'라는 다른 관점을 도입했습니다. 과목명으로는 그 의미를 일부분밖에 표현할 수 없었지만, 이 과목 전체의 키워드는 '외부에서 본 관점'이라고 할 수 있습니다.

이 '외부에서 본 관점'은 이 과목이 분야가 서로 다른 두 사람이 공동연구한 결과임을 반영한 것입니다. 제2장·제3장·제10장·제12장·제13장·제14장·제15장은 사회언어학 전문인 롱 교수가 담당했고, 제4장·제5장·제6장·제7장·제8장·제9장·제11장은 이문화간(異文化間) 커뮤니케이션 전문인 오하시 교수가 담당했습니다. 제1장은 두 사람이 함께 썼습니다. 방송교재에서도 위의 장 분류와 같습니다. 그러나 매 회기는 두 사람이 함께 출연했는데 이 형식을 취한 것에는 의미가 있었습니다. 그것은 '외부에서 본 관점'을 도입해서 내용이 좀 더 풍부해졌다는 우리의 확신을 나타내고 싶었기 때문입니다.

롱과 오하시는 서로 다른 분야의 전문가이므로 이 과목을 만들기 전에는 만난 적이 없었습니다. 2009년 여름, 처음으로 오하시가 이 과목의 원안을 가지고 롱의 연구실을 찾아왔을 때만 해도 아이디어로 제안하려는 것의 절반도 서로 이해하지 못한 상태였습니다. 그렇지만 제안한 내용에 대해서는 서로가 깊은 흥미를 느꼈습니다. 그때 서로가 느낀 흥미로움에서 서로 다른 분야의 두 사람이 만들어 갈 형식이 어렴풋이 보였습니다.

사회언어학과 커뮤니케이션학은 인접 학문임에는 틀림이 없습니다. 사회언어학은 사회 안에서 의사를 전달할 때 언어가 어떻게 쓰이는가를 연구하는 학문이고, 커뮤니케이션학은 사회 안에서 이루어지는 의사전달 수단의 하나로서 언어를 다룹니다. 한편 상대 분야에서 관심 있게 다루어지는 내용인데도 자신의 분야에서는 다루지 않는 것이 있습니다. 커뮤니케이션학에서 다루는 비언어 의사전달 분야는 사회언어학에서는 일반적으로 다루지 않으며 흥미로운 대상으로서 관심이 가는 내용입니다. 동시에 언어습득 과정 자체는 커뮤니케이션학에서는 거의 다루지 않지만, 우리가 의사전달 수단으로 사용하는 언어를 우리 스스로 어떻게 습득했는가는 매우 흥미로운 점입니다.

그러나 이 과목에서 우리가 목표한 것은 '사회언어학'이라는 전문 분야와 '커뮤니케이션학'이라는 전문 분야 간의 학제성이 아니라 앞으로 어느 쪽 분야를 전문으로 하든 사회 안에서 언어를 사용하는 법과 의사를 전달하는 본연의 자세에 관심을 두기를 바라는 것입니다. 그런 의미에서 어느 쪽 분야이든 관심을 둔 사람이라면 이 과목도 학습해 주기를 바랍니다.

여기에는 구체적인 예로서 오키나와, 오가사와라, 팔라우 현지에서 얻은 요소를 많이 수록했습니다. 그러나 이 과목이 오키나와, 오가사와라, 팔라우에 대한 것은 아닙니다. 이 지역들은 여러 의미에서 특별한 지역이며 각각 독특한 역사와 문화배경을 가지고 있습니다. 구체적인 예이면서 어디까지나 개별적인 예지만, 각각의 구체적인 예를 볼 때 그것을 단순한 개별적인 예로서뿐만 아니라 다른 지역의 사회·문화와도 공통되는 면이 있다는 관점도 꼭 가져 주길 바랍니다. 우리는 이러한 보편성 때문에 구체적인 예로서 이 지역을 채택한 것이 의미 있다고 생각합니다.

이 과목을 만들면서 많은 분의 협조를 받았습니다. 인쇄 교재의 편집을 담당해 주신 다카하시 요시히로 씨에게는 매번 원고 지연으로 많은 수고를 끼쳤습니다. 방송수업 촬영을 담당해 주신 미쓰하시 데이코 감독과 야나이 아스카 조감독은 실내 녹화뿐만 아니라 현지에서도 많은 도움을 주셨습니다. 깊은 감사를 드립니다. 또 이 과목을 실행할 수 있도록 미쓰하시, 야나이 두 분을 추천해 주신 후지하라 프로듀서에게도 감사를 드립니다. 방송수업에 필요한 삽화와 화면을 제작해 주신 오마에 나오코 디자이너도 많은 도움을 주셨습니다. 방송수업을 녹화할 때마다 도움을 주신 기술직원들에게도 감사를 드립니다.

2011년 1월

다니엘 롱, 오하시 리에

차례 Contents

역자 서문—5

서문—9

Chapter 01 | 일본어 문화론의 시작

1. 들어가며−비교를 통해 일본어 문화론을 고찰하는 의의—18
2. 언어와 언어학—20
3. 커뮤니케이션과 커뮤니케이션학—23
4. 문화와 문화론—27

Chapter 02 | 이름

1. 이름에 대해—32
2. 이름의 종류—33
3. 일본에 없는 종류의 이름—34
4. 이름의 순서—36
5. 가족명의 유래—38
6. 개인명—42
7. 인명의 지역차—44
8. 외국인과 일본인의 이름—47
9. 오가사와라 구미계 도민의 가족명—49
10. 일본에 많은 가족명—50

Chapter 03 | 지명

1. 지명의 유래 패턴 — **54**
2. 지명의 역사적 변화 — **60**
3. 일본지명의 발음 — **62**
4. 국명의 자칭과 타칭 — **63**
5. 일반단어가 된 지명 — **65**
6. 오가사와라 제도의 재미있는 지명 — **66**
7. 일본에 많은 지명 — **69**

Chapter 04 | 음식

1. 조리언어 — **72**
2. 언어상대설과 언어결정설 — **73**
3. 음식의 전파 — **75**
4. 이노베이션의 보급 — **78**
5. 이노베이션으로서의 차(茶) — **82**
6. 요리의 메시지 — **85**

Chapter 05 | 공간

1. 간격의 직감 — **88**
2. 메시지의 분류 — **89**
3. 비언어 메시지의 기능 — **91**
4. 대인거리 — **93**
5. 집의 공간에 대한 문화 차이 — **96**
6. 환경요인으로서의 방과 가구 — **98**
7. 우치(內)와 소토(外) — **100**

Chapter 06 | 신체

1. 신체의 일부를 사용한 표현 — 104
2. 사물을 예로 드는 발상 — 105
3. 신체동작 — 106
4. 신체접촉 — 113
5. 콘텍스트 — 115

Chapter 07 | 복장

1. 옷을 입는 이유 — 120
2. 신호로서의 옷 — 123
3. 인상의 조작과 형성 — 124
4. 복장이 전달하는 자기관(自己觀) — 126
5. 복장의 선택 — 129

Chapter 08 | 시간

1. 때와 시간의 표현 — 136
2. 시간 개념의 문화 차이 — 137
3. 시간의 해석방법 — 138
4. 모노크로닉 문화와 폴리크로닉 문화 — 142
5. 지각의 감각 — 145

Chapter 09 | 물품

1. 하다·되다·있다 — 152
2. 메시지로서의 물품 — 153

3. 관습 속의 물품 — **158**
4. 커뮤니케이션의 특징 — **159**

Chapter 10 | 터부와 완곡표현

1. 터부와 완곡표현 — **166**
2. 국가(문화권, 언어권)에 따른 차이 — **176**
3. 시대에 따른 차이 — **178**
4. 지역에 따른 차이 — **179**
5. 전공에 따른 차이 — **180**

Chapter 11 | 인간관계

1. 사람을 부를 때 쓰는 표현 — **184**
2. 일본사회의 수직성 — **186**
3. 장(場)과 자격 — **189**
4. 인간관계 발전의 5단계와 조하리의 창(Johari window) — **190**
5. 개방영역의 확장방법 — **193**
6. 인사의 문화 차이 — **197**

Chapter 12 | 언어접촉

1. 언어가 접촉하면 어떤 현상이 일어나는가? — **200**
2. 일본어와 언어접촉 — **201**
3. 일본인이 외국인과 이야기할 때의 행동(포리너 토크) — **205**
4. 19세기 요코하마에서 사용된 피진 일본어 — **207**
5. 형태소의 분류 — **210**
6. 호주의 일본인 진주잡이의 피진 — **211**
7. 일본어가 섞인 피진 영어 — **212**

Chapter **13** | **아이덴티티**

1. 아이덴티티란?―**216**
2. 아이덴티티와 방언 사용―**219**
3. 아이덴티티와 언어 유지―**222**
4. 오키나와 사람들의 아이덴티티와 언어―**223**
5. 오가사와라 구미계 도민의 아이덴티티―**230**

Chapter **14** | **언어습득**

1. 외국어에 대한 동경―**238**
2. 외국어 교육의 경제학―**239**
3. 제2차 세계대전 전의 팔라우 제도의 일본어 학습―**240**
4. 오가사와라 구미계 도민의 혼합언어―**241**
5. 외국인과 일본어(중간언어)―**243**
6. 유추에 의한 오용―**247**
7. 화용론적 오용―**249**

Chapter **15** | **변화**

1. 변하는 일본어 문법(ら탈락현상)―**254**
2. 변하는 경어(이중경어)―**260**
3. 변하는 문체(전자메일)―**262**
4. 변화 응용방법(방언의 관광자원화)―**267**

일본어 문화론의 시작

Chapter 01

다니엘 롱, 오하시 리에

• 학습 포인트 •

- 이 책에 나오는 기초적인 지식과 기본개념을 이해한다.
- 이 책이 지향하는 바를 이해한다.
- 이 책에서 다루는 '언어'를 이해한다.
- 커뮤니케이션의 상징성, 내용·관계성, 불가피성을 이해한다.
- 이 책에서 다루는 '문화'를 이해한다.
- 언어와 문화의 순환관계를 이해한다.

01
들어가며
− 비교를 통해 일본어 문화론을 고찰하는 의의 −

『일본어로 찾아가는 일본문화탐방』은 사회언어학과 커뮤니케이션학 입장에서 문화에 접근하는 책이다. 일본어와 이를 둘러싼 문화를, 다른 언어와 다른 문화와의 비교를 통해 고찰하겠지만 여기서는 먼저 그 의의를 살펴보고자 한다.

일본어에는 '등잔 밑이 어둡다(灯台元暗し)'라는 속담이 있는데, 찾는 것이 너무 가까이 있으면 오히려 잘 보이지 않는다는 의미다. 이 책에서는 일본어라는 언어, 일본이라는 문화권에서 한 발 물러서서 객관적으로 바라보고, 전체로 이해하며, 나아가서는 세계의 언어와 문화 속의 한 부분으로 살펴보고자 한다. 그렇게 하면 일본어의 특징이 좀 더 두드러지게 나타날 것이다.

이 책에서는 일본어의 비교 대상으로 영어와 영어권 문화를 자주 예로 들게 되는데 여기에는 몇 가지 이유가 있다. 하나는, 흔히 일본인은 영어를 못한다고 하지만 그래도 영어는 중·고등학교에서도 배워서 일본인에게 가장 가까운 외국어이며 가장 많은 사람들이 알고 있는 외국어이기 때문이다. 다른 하나는 일본은 아시아 문화권인데 영어를 사용하는 곳은 원래 유럽 문화권이므로 유사성이 높은 문화권(한국, 중국 등)보다는 의미 있는 비교가 가능할 것이라는 생각에서이다.

그러나 영어를 '외국어'의 대명사로, 영어권을 '해외'의 대명사로 간주하는 것은 매우 위험한 생각이다. 영어권이 '해외'이기는 하지만 세계에는 다양한 언어와 문화가 존재한다. 영어와 영어권 문화는 그중 하나에 지나지 않으므로 '일본은 이렇다' '외국은 저렇다'는 이분법적 사고를 하지 않도록 유의해야 한다.

그런데 일본 이외의 다양한 문화를 '해외'라고 일괄하는 것이 비합리적이듯이 일본의 국내문화를 동일한 '일본문화'로 보는 것 역시 현실을 무시하는 것이다. 일본어에 여러 가지 언어변종이 존재하듯이 일본문화 또한 다양하고 변화가 많다는 상황을 전제로 하고 몇 가지 예를 살펴보기로 한다. 본문에서는 문화현상을 소개하는 경우 '일본문화에는 이러이러한 사상과 관습 등도 있다'는 의미일 뿐 '이것이야말로 일본문화다'라는 식으로 정형화하지는 않는다.

끝으로 이 책이 추구하는 것은 '일본문화는 이렇다'라는 단순한 답이 아니다. 그런 단순한 답은 현실에서는 존재하지 않는다. 우리가 평소 사용하는 언어는 실제로 존재하며, 우리가 살고 있는 일본에는 문화라고 부르는 다양한 사회제도와 사상, 습관·관습, 규칙이 실제 존재하고 있다. 이 책의 목표는 그런 문화적 요소를 독자 스스로가 고찰할 때 사용할 도구(전문적 개념, 분석방법론)를 제공하고, 문화를 비교·대조하거나 분석할 때의 과제와 방향성(문화의 이런 측면을 주목하면 재미있다!)을 제안하는 것이다.

02
언어와 언어학

이 책에서 언급하는 언어와 언어학에 관한 몇몇 사항을 염두에 둘 필요가 있다.

(1) 일본어가 지향하는 것

'일본어'라는 말은 표준어(또는 전국공통어)의 별칭으로 사용되는 경우가 많지만 여기서는 특정한 말이 아니라 일본에서 사용되고 있는 다양한 말의 총칭으로 사용하기로 한다. 표준어는 도쿄의 야마노테〔山の手：도쿄의 분쿄(文京)·신주쿠(新宿)구 근방 일대를 이름〕에서 사용해 온 하나의 방언을 기초로 해서 인공적으로 만든 말로 일본 국내의 공통언어 및 외국인이 배우는 목표언어라는 중요한 역할을 하고 있다. 그러나 '표준어'는 '도쿄 야마노테 방언'과 마찬가지로 일본어의 변종 중 하나에 지나지 않는다. 이 책에서 표준어라는 의미로 '일본어'라는 표현을 사용하는 경우도 있지만 이는 어디까지나 편의를 고려한 하나의 약칭이다. 일본어는 다양성이 풍부한 언어다. 그래서 여기서는 홋카이도(北海道)에서 오키나와(沖縄), 나아가 팔라우와 브라질에 이르기까지 일본 국내외의 여러 일본어를 자료로 채택했다.

(2) '말이 다른' 경우에는 차이를 의식한다

일본어와 외국어(영어 등) 또는 일본어 중의 두 가지 방언을 비교할 경우 '두 말이 다르다'는 결론에 이를 때가 있다. 그럴 경우 우리는 단순히 '다르다'가 아니라 그 언어체계 중에서 어디가 다른가, 즉 다른 부분이 무엇인가를 생각해야 한다. 예를 들어 일본어에서는 「読む(읽다)」의 경어표현으로 「お読みになる」나 「読まれる」라는 존경어를 만들 수 있다. 이러한 어미의 활용을 언어학에서는 '형태소 레벨'의 요소라고 한다. 또 「食べる(먹다)」를 존경어인 「めしあがる」나 겸양어인 「いただく」로 치환할 수 있는데 이는 '어휘 레벨'의 요소다. 영어권에서는 동사의 활용에 의한 정중표현은 찾아볼 수 없으나 sir 또는 ma'am 같은 경칭을 붙이는 경우가 있는데 이것도 어휘 레벨의 요소다. 영어권 등에 비해 일본인은 상대의 이야기를 들으면서 맞장구를 자주 친다고 한다. 전화의 경우에는 그 빈도가 더 높아진다. 이는 어미활용과 같은 형태론적 레벨이나 개별단어의 어휘 레벨 요소와는 다른, 대화 구조와 관련된 '담화 레벨'이다. 언어를 생각할 때는 단순히 '다르다'는 것뿐만 아니라 어느 레벨에서 차이가 나는지를 항상 의식해야 한다.

(3) '사용하지 않는' 표현도 한번 생각해 본다

언어학의 중요한 분석방법 중 하나는 사용할 수 있는 언어와 사용하지 않는 언어를 모두 고려하는 것이다. '일본어로는 이렇게 말한다'라는 의미는 평소 일본인이 일반적으로 사용한다는 뜻이다. 앞에서 기술한 경어 활용이나 어휘 선택이 이에 해당된다. 그러나 '사

용하지 않는' 일본어를 한번 생각해 보려면 어느 정도의 상상력과 습관이 필요하다. 예를 들어「読む」라는 동사는「読め」라는 명령형이나「お読みいたしました」라는 겸양어 등으로 바꾸어 말할 수 있다. 그런데「俺の立場分かれよ」라고는 하지만「はい、お分かりいたしました」라고는 하지 않는다. 이처럼 사용하지 않는 표현도 한번 생각해 보는 것이 언어학의 중요한 분석방법 중의 하나다. 모어화자(native)가 사용하지 않는 표현을 '비문(非文)'이라고 한다. 논의를 전개하기 위해 만든 문장은 비문이라는 표시로 문장 앞에 * 마크를 붙이는 것이 언어학의 규칙이다. 약간 위화감은 있지만 혹시 그렇게 말하는 사람이 있을지도 모르는 경우에는 문장 앞에 '?'를 붙이는 학자도 있다. 다음의 예를 살펴보자.

(1) お分かりになりましたか？
(2) *はい、お分かりいたしました。
(3) 私の立場も分かってくださいよ。
(4) *分かりなさい。
(5) 分かってあげなさい。
(6) 俺の立場も分かれよ。
(7) ?お前、お分かりになりましたか？

비문을 스스로 상상해 보거나 외국인이 틀리게 말하는 일본어를 생각해 보면 지금까지 의식하지 않았던 일본어의 원칙(규칙)을 발견할 수 있다.

03 커뮤니케이션과 커뮤니케이션학

커뮤니케이션이라는 말이 일본어로 정착된 지는 오래다. 고지엔(広辞苑: 일본어 사전) 제6판에는 커뮤니케이션이란 '사회생활을 영위하는 사람들 사이에서 이루어지는 지각·감정·사고의 전달. 그리고 언어·문자와 그 밖의 시각·청각에 호소하는 각종 사물을 매개로 한다.'고 정의되어 있다. 커뮤니케이션(communication)은 라틴어의 commūnis를 어원으로 하는데, 이는 '공통·공유'를 의미하며 공동체를 뜻하는 커뮤니티(community)와 커뮨(commune)과도 통한다. 이 말에는 무언가를 공유하거나 서로 나누어 가진다는 의미가 포함되어 있지만 커뮤니케이션학 분야에서 커뮤니케이션이라고 할 때는 이보다 더 광범위한 의미를 포함하고 있다. 이는 커뮤니케이션의 본질적 특징으로 다음 여덟 가지를 들 수 있기 때문이다(岡部, 1996a; 末田·福田, 2003; 宮原, 2006 외).

1) 커뮤니케이션은 상징을 매개로 이루어진다(상징성).
2) 커뮤니케이션은 내용과 당사자의 인간관계를 동시에 전달한다 (내용·관계성).
3) 커뮤니케이션은 의도를 전제로 하지 않는다(불가피성).
4) 커뮤니케이션에는 디지털·아날로그적인 면이 있다(디지털·아날로그성).
5) 커뮤니케이션은 결코 원래대로 되돌릴 수 없다(불가역성).

6) 커뮤니케이션은 인생의 경험을 반영한다(선행성).
7) 커뮤니케이션은 고정되지 않으며 끝나지 않는다(진행성).
8) 커뮤니케이션은 반드시 어떤 상황 속에서 이루어진다(콘텍스트성).

이 장에서는 앞의 세 가지를 살펴보고 나머지는 제9장에서 살펴보기로 한다.

(1) 커뮤니케이션은 상징을 매개로 이루어진다

앞에서 인용한 커뮤니케이션에 대한 고지엔의 정의 중에서 '언어·문자와 그 밖의 시각·청각에 호소하는 각종 사물을 매개로 한다.'는 부분은 커뮤니케이션이 상징을 통해 이루어진다는 본질적 특징을 알기 쉽게 풀이한 것이다. 상징이란 우리에게 의미를 전달해 주는 기호이다. 말을 사용해서 이야기를 하는 경우에 전달되는 공기의 진동은 단순한 '소리'가 아니라 의미가 있는 기호로 이해되는 '언어'이다. 또, 길에서 만난 지인에게 가볍게 고개를 숙이는 경우는 단순히 고개를 숙이는 신체의 움직임이 아니라 상대에게 인사한다는 의미를 가진 신체동작으로 이해된다.

이처럼 커뮤니케이션은 반드시 어떤 의미가 있는 기호, 즉 상징을 통해 이루어진다. 그때 사용되는 상징이 언어인 경우를 언어 커뮤니케이션이라 하고, 언어 이외의 상징이 사용되는 경우를 비언어 커뮤니케이션이라고 한다.

(2) 커뮤니케이션은 내용과 당사자의 인간관계를 동시에 전달한다

우리는 같은 내용을 전달하는 경우라도 대체로 처음 만나는 상대와 오래전부터 알고 지내는 상대에게 쓰는 말씨가 다르다. 손윗사람과 대등한 상대에게 쓰는 말씨도 역시 다르다. 우리는 말씨에 따라 상대를 어떻게 인식하고 있는지 전해진다는 것을 알기 때문에 손윗사람에게는 실례가 되지 않는 정중한 표현을 쓰려고 조심한다.

이를 역으로 생각하면 상대가 자신에게 어떤 말씨를 쓰는지에 따라 상대가 자신을 어떻게 인식하는지를 알 수 있다. 예를 들면 학생이 어떤 말씨를 쓰느냐에 따라 교사는 학생이 자신을 친구처럼 생각하는지 아니면 교사와 학생의 입장에서 손윗사람으로 인식하는지를 알 수 있다. 말씨뿐만 아니라 비언어 커뮤니케이션도 마찬가지다. 인사할 때 머리를 얼마나 깊이 숙이는지에 따라 상대에 대한 존경의 정도를 헤아릴 수 있는 경우가 좋은 예다.

이처럼 커뮤니케이션 장면에서는 내용과 함께 상대와의 인간관계를 어떻게 인식하고 있는지도 전달된다.

(3) 커뮤니케이션은 의도를 전제로 하지 않는다

앞의 고지엔 사전에 따르면 상대에게 무언가를 전달하려고 했는데 그것이 이루어졌다면 이는 틀림없는 커뮤니케이션이다. 예를 들어, 길에서 지인을 만나 "안녕하세요." 또는 "덥네요."라고 했을 때 상대도 "안녕하세요."나 "정말 덥군요."라고 한다면 분명 커뮤니케이션이라고 할 수 있다. 또 말을 건네지 않더라도 서로 가볍게 인사를 한다면 그것도 커뮤니케이션이다. 이는 언어 커뮤니케이션과 비언어 커뮤니케이션의 전형적인 예라고 할 수 있다. 커뮤니케이션학 분야에서는 이를 성공한 커뮤니케이션이라고 한다.

조금 떨어진 곳에 있는 사람을 보고 인사를 했는데 상대방이 알아차리지 못한 경우를 누구나 경험한 적이 있을 것이다. 이 경우 이쪽에서는 메시지를 발신할 의도가 있었음에도 상대가 수신을 하지 않은 것이다. 이는 고지엔 사전의 '사회생활을 영위하는 사람들 사이에서 이루어지는 지각·감정·사고의 전달'과는 맞지 않을지 모르지만 커뮤니케이션학 분야에서는 이것도 커뮤니케이션으로 본다. 메시지를 의도적으로 발신했다면 그것이 수신되지 않았더라도 커뮤니케이션으로 보고 이를 실패한 커뮤니케이션이라고 한다. 이것 역시 커뮤니케이션의 일종이다.

어떤 일에 집중하느라고 상대방의 말을 알아듣지 못했다가, 말을 건 상대를 무시했다는 오해를 받은 경험을 한 사람도 적지 않을 것이다. 이 경우는 단순히 몰라서 대답하지 않았을 뿐인데도 상대방은 '무시한다'는 메시지로 받아들인 것이다. 이는 메시지를 송신할 의도가 없었는데 수신되어 버린 커뮤니케이션의 예다. 이처럼 커뮤니케이션은 메시지를 발신하는 쪽의 의도가 없어도 성립된다. 이러한 커뮤니케이션을 '무의도적 커뮤니케이션'이라고 한다. 이것 역시 커뮤니케이션의 일종이다.

메시지를 송신할 의도도 없으며 수신도 되지 않은 경우에 한해 커뮤니케이션이 아니라고 보며, 그 외의 경우는 발신된 메시지의 수신 유무나 메시지 발신자의 의도 유무와 관계없이 커뮤니케이션이 된다. 이것이 커뮤니케이션학에서 말하는 커뮤니케이션의 형상이다.

(4) 커뮤니케이션과 메시지

앞에서 설명한 커뮤니케이션의 특징을 보면 메시지란 '상징을 사용하여 커뮤니케이션된 내용'이라고 할 수 있다. '커뮤니케이션된 내용'이라는 말의 의미는 의도적으로 발신을 했든 하지 않았든, 수신이 되었든 되지 않았든 모두 메시지라고 할 수 있다는 것이다. 또한 모든 메시지는 전달되는(전달되어 버린) 내용과 함께 커뮤니케이션 당사자 사이의 인간관계를 나타낸다는 의미이기도 하다.

또 커뮤니케이션이 메시지 발신자의 의도를 전제로 하지 않는다는 것은 메시지 해석이 기본적으로 수신자에게 달려 있다는 의미다. 메시지는 일단 발신을 하고 나면 발신자를 떠나 버린다. 발신자는 더 이상 그 메시지를 통제할 수 없다. 수신 유무를 포함해 그것이 어떻게 해석되는지는 수신자에게 달려 있다.

04 문화와 문화론

(1) 보이는 문화와 보이지 않는 문화

문화론이란 문화를 구성하는 요인과 그러한 것들의 상호관계를 분석하는 학문인데 이를 고찰하기 전에 우선 문화란 무언인가에 대해 생각해 보아야 한다.

오카베(岡部, 1996b)는 문화를 '어떤 집단이 여러 세대에 걸쳐 획득하고 축적한 지식, 경험, 신념, 가치관, 사회계층, 종교, 역할, 시간-공간 관계, 우주관, 물질소유관 등의 집대성'(p. 42)이라고 정의했다. 그는 또 학습성·전승성(문화는 태어날 때부터 가지고 있는 것이 아니라 사회화 과정에서 습득되어 다음 세대에게 전해진다), 영속성(한 번 형성된 문화는 끊어지지 않고 이어진다), 규범성(문화는 그 문화를 공유하는 사람들의 행동규범을 형성한다), 의미부여성(같은 문화배경을 공유하는 사람들은 자기 주변의 사물에 대해 동일한 의미를 부여한다)의 네 가지를 문화의 기능으로 들고 있다.

앞의 정의에서도 알 수 있듯이 문화에는 구체적으로 손에 쥘 수 있고 확실히 눈에 보이는 것뿐만 아니라 보이지 않는 가치관이나 사고방식도 포함된다. 이처럼 보이는 부분과 보이지 않는 부분을

• 그림 1-1 문화를 빙산에 비유하면

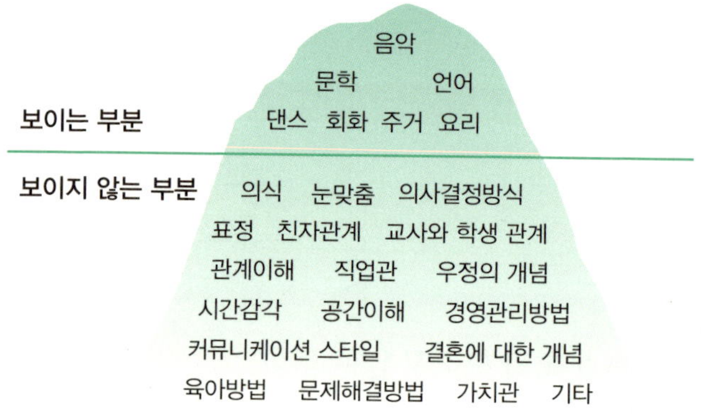

보이는 부분
- 음악
- 문학   언어
- 댄스 회화 주거 요리

보이지 않는 부분
- 의식   눈맞춤   의사결정방식
- 표정 친자관계 교사와 학생 관계
- 관계이해 직업관 우정의 개념
- 시간감각 공간이해 경영관리방법
- 커뮤니케이션 스타일 결혼에 대한 개념
- 육아방법 문제해결방법 가치관 기타

• 八代京子·荒木晶子·樋口容視子·山本志都·コミサロフ喜美(2001)『異文化コミュニケーションワークブック』(三修社), p. 25

고미사로프(2001)는 '문화를 빙산에 비유하면'이라는 그림으로 표현했다(그림 1-1).

이 그림은 '문화는 정신·행동·물질의 3대 요소로 구성되어 있으며 이들은 각기 독립적으로 존재하는 것이 아니라 서로 영향을 끼치며 함께 기능하는 것으로 생각할 수 있다'(石井, 1998, p. 46)는 의미를 나타낸다.

(2) 언어와 문화의 순환 관계

언어는 문화의 한 요소이면서 문화 전체를 표현하는 기법이기도 하다. 조금 어렵게 말하자면 언어는 그 언어를 사용하는 문화권이 만들어 낸 '결과물'인 동시에 그 문화가 완성된 '원인'의 하나이기도 하다. 즉 일본어와 일본문화는 닭과 달걀 같은 관계다.

경어가 그 좋은 예다. 일본어는 경어가 매우 발달된 언어(원인)이므로 일본문화에서도 세심한 배려를 중시한다(결과)고 볼 수 있다. 역으로 세심한 배려를 중시하는 일본의 문화(원인) 속에서 일본어의 경어가 발달했다(결과)고도 볼 수 있다. 이 중 어느 인과관계설이 정답인가는 근본적으로 무의미한 논의다. 왜냐하면 언어와 문화는 순환 관계에 있기 때문이다.

참고 · 인용문헌

- 石井敏(1998)「文化とコミュニケーションのかかわり」鍋倉健悦〈編著〉『異文化間コミュニケーションへの招待:異文化の理解から異文化との交流に向けて』第2章(pp. 41-65) 北樹出版
- 岡部朗一(1996a)「コミュニケーションの基礎概念」古田暁〈監修〉、石井敏・岡部朗一・久米昭元〈著〉『異文化コミュニケーション:新国際人への条件』改正版 第1章(pp. 15-38) 有斐閣
- 岡部朗一(1996b)「文化とコミュニケーション」古田暁〈監修〉, 石井敏・岡部朗一・久米昭元〈著〉『異文化コミュニケーション:新国際人への条件』改正版 第2章(pp. 39-59) 有斐閣
- コミサロフ喜美(2001)「文化とは何か」八代京子・荒木晶子・樋口容視子・山本志都・コミサロフ喜美〈著〉『異文化コミュニケーションワークブック』第1章 第4節 第2項(pp. 24-27) 三修社
- 末田清子・福田浩子(2003)『コミュニケーション学:その展望と視点』松柏社
- 宮原哲(2006)『入門 コミュニケーション論』松柏社

Chapter 02 이름

다니엘 롱

• 학습 포인트 •

- 일본 이름의 특징을 다른 언어나 문화권과 비교해서 알아본다.
- 비교언어학 관점에서 이름의 특징을 살펴본다(이름의 수효, 종류, 순서 등).
- 이름의 유래와 그 종류에 대해서 생각해 본다.
- 이름에 관한 사회적인 룰을 인식한다.

01
이름에 대해

　이 장에서는 이름에 대해서 그중에서도 특히 인명에 대해서 생각해 보고자 한다. 셰익스피어가 1595년 『로미오와 줄리엣』에서 '이름이란 무엇인가? 장미를 다른 이름으로 부른다 하더라도 아름다운 향기는 그대로다(What's in a name? that which we call a rose by other name would smell as sweet.)'라는 말을 남긴 것은 잘 알려져 있다. 이름은 참으로 다양하고 재미있는 여러 가지 문화현상을 포함하고 있다.

　인간이 커뮤니케이션을 할 때, 서로 이름을 묻는 것은 기본이다. 세상의 사물이나 장소, 사람한테는 이름이 있는데 이 장에서는 사람의 이름, 즉 인명을 문화의 중요한 요소 중의 하나로 생각하고자 한다. 일본 이름은 일본문화의 중요한 부분을 차지하지만 일본 이름만 살펴보아서는 그 특징이 보이지 않기 때문에, 일본 이름에 어떤 특징이 있는지 알아보기 위해서 일본어 이외의 이름에 대해서 살펴볼 필요가 있다.

# 02 이름의 종류

다양한 차이를 보이는 세계의 여러 언어 중에서 인명이 사용되지 않는 언어는 없지만 이름의 종류나 순서에는 많은 차이가 있다.

일본인의 이름은 가족명(성)과 개인명(이름)이 기본이다. 영어와 같은 서양 언어는 가족명과 개인명의 순서가 반대지만 역시 개인명과 가족명으로 되어 있다.

그러나 인도네시아나 몽골에는 개인명밖에 없는 사람이 있다. 일본에서도 잘 알려진 1968년부터 1998년까지 인도네시아의 대통령을 역임한 수하르토(Suharto)가 있다. 그는 자바 섬 출신인데 실제 자바어 사회에는 이름만 있는 사람이 있다. 즉 가족명이 없고 개인명만 있을 뿐이다. 또한, 인도네시아에서는 이름이 두 개 있다고 하더라도 모두 개인명으로 가족명이 없는 사람도 있다. 일본이나 미국, 영국에도 Madonna나 Sting, U2의 Bono처럼 이름을 하나만 사용하는 연예인이 있지만 이는 모두 본명이 아닌데 인도네시아의 경우는 모두 본명이다.

03
일본에 없는 종류의 이름

여기에서는 일본인에게 친숙하지 않은 이름들을 소개하고자 한다. 실제로 언어에 따라 일본인이 생각하는 개인명과 가족명의 개념에 맞지 않는 이름이 있다. 기독교는 종파에 따라 세례명을 주는 습관이 있다. 일본에서도 크리스천 네임이라는 표현을 가끔 들을 수 있는데 이는 세례명을 뜻한다. 세례명은 개인명의 하나로 성인의 이름이나 종교와 관계가 있는 역사적인 인물의 이름을 붙이기 때문에 부모가 자유롭게 붙이는 일본의 개인명보다는 선택할 수 있는 이름이 한정되어 있다.

일본의 가족명은 동일한 개인명을 갖는 사람을 구별하는 역할을 한다. 대화 중에 '신타로'라고만 하면 어느 신타로인지 모르지만 '이시하라 신타로'나 '아베 신타로'라고 하면 개인명이 같더라도 구별할 수 있다. 일본은 가족명이 대대로 승계되는 문화여서 부친이 긴다이치 교스케(金田一京助)라면 아들 하루히코(春彦)는 긴다이치 하루히코(金田一春彦)가 된다. 그 아들이 히데호(秀穂)라면 긴다이치 히데호(金田一秀穂)가 된다.

또 부친 이름에 '누구누구의 아들'을 의미하는 접미사를 붙인 '부칭(父称, patronymic)'이라는 것이 있다. 영어권 등 서양에서는 Johnson이나 Davidson처럼 '-son(아들)'으로 끝나는 가족명이 많은데 이는 본래 가족명이 아니라 문자 그대로 '누구누구의 아들'이라는 의미이며, 이름이 같은 사람을 구별하기 위한 보조적인 명칭에

지나지 않았다. 지금은 서양 대부분의 언어권에서 대대로 전해 내려오는 가족명으로 고정되어 있지만, 아이슬란드에서는 옛날 관습 그대로 부칭이 지금도 사용되고 있다. 즉 아이슬란드에서는 개인명＋부칭이 사용되고 있는데 아이슬란드 출신의 유명한 가수 비요크(Björk)가 그 예다. 그녀의 본명은 '비요크 구드문스도티르(Björk Guðmunsdóttir)'이다. 그녀의 아버지 이름은 '구드문둘(Guðmundur)'인데 아버지 이름에 '딸'이라는 의미의 접미사를 붙여 '구드문스도티르'라는 부칭이 만들어졌다. 아버지의 풀 네임은 '구드문둘 군나루손(Gunnarsson)'이다. 이는 할아버지의 이름이 '군나루'이기 때문이다. 일본이나 미국처럼 대대로 전해 내려오는 가족명이 없기 때문에 비요크의 이름과 그녀 할아버지의 이름을 연결할 요소는 없다. 만약 비요크에게 남자형제가 있다면 그녀처럼 '구드문스도티르'가 아니라 '아들'을 의미하는 접미사를 붙여서 구드문손(Guðmundson)이 된다. 즉 누나와 남동생이라 할지라도 가족명이 서로 다르다. 'dottir'라는 접미사는 영어의 'daughter(딸)'이며 '-sson'이라는 접미사는 영어의 'son(아들)'과 발음이 비슷하다는 점을 통해 알 수 있듯이 아이슬란드어와 영어는 계통이 같은 언어다. 이러한 부칭은 러시아 등에서도 볼 수 있다.

아랍어권에서는 부칭과 반대되는 현상을 볼 수 있다. 자신의 아들 이름을 사용해 '누구누구의 아버지'라는 이름을 사용하는데 이러한 이름을 '쿤야'라고 한다. 예를 들면 팔레스타인의 지도자인 아라파트를 일본에서는 '야세르 아라파트'라고 하지만, 아랍어권 매스컴에서는 존경의 의미를 담아 쿤야인 '아부 안마루(안마루의 아버지)'라고 부른다. 그의 경우 실제로 '안마루'라는 아들이 있는 것은 아니지만 일반적으로 이 통칭이 사용되고 있다.

04
이름의 순서

　일본 이름은 성＋이름, 즉 가족명＋개인명 순서인데 영어권은 반대로 개인명＋가족명이다. 유럽 대부분의 언어는 이 순서지만 헝가리는 예외적으로 일본처럼 가족명＋개인명으로 되어 있다. 한국어나 중국어 등 아시아 지역 대부분의 언어는 일본처럼 가족명이 앞에 온다. 이러한 차이점은 일본인에게도 잘 알려져 있기 때문에 일본에서도 퍼스트 네임이나 라스트 네임이라는 외래어가 통용되고 있다. 일본어에서는 퍼스트 네임을 「下の名前(아래 이름)」이라고 부르기도 한다.

　그렇다면 외국인 이름을 어떻게 불러야 좋을지가 문제다. 미국에서는 일본인 이름을 미국 순서에 맞추어 부르는 습관이 있다. 예를 들면 구로사와 아키라(黒澤明)나 사카모토 류이치(坂本龍一)는 미국에서는 Akira Kurosawa나 Ryuichi Sakamoto로 알려져 있다. 정치가 역시 Yasuhiro Nakasone(中曾根康弘)로 부른다.

　신기하게도 영어에서는 중국 정치가 이름을 중국어 순서로 말하는 것이 관습으로 되어 있다. 예를 들면, 미국인은 누구나 Mao Tse Dung(毛沢東)이라는 이름을 알고 있다. 그리고 처음에 나오는 Mao가 개인명이 아닌 가족명이라는 것도 다 알고 있다. 마오쩌둥만이 예외가 아니라 Hu Jintao(胡錦濤) 주석 등도 그렇다. 미국인들은 한국 정치가 역시 중국과 마찬가지로 한국어 순서에 맞추어 Kim Dae Jung(金大中)으로 기억하고 있다.

일본의 경우는 정치가나 일반인이나 모두 이름을 사용할 때 서양 순서로 바꾼다. 중국의 경우 정치가는 순서를 바꾸지 않지만 일반적인 중국인(미국에 유학하는 중국인 등)과 연예인 등은 미국 순서에 맞춘다. 예를 들면 세계적으로 상당히 이름이 알려져 있는 영화감독 '안리'는 미국에서 이름을 표시할 때는 미국 관습에 맞춘다. 그가 활약하고 있는 장소가 미국이며, 작품 또한 미국을 경유해서 일본으로 들어왔으므로 일본에서는 순서가 서양인처럼 되어 있다. 즉 중국명은 이안(李安)이지만 미국과 일본에서는 안리 감독이다.

일본에서 살고 있는 서양인 중에는 일본 순서에 맞추는 사람도 있고 그렇지 않은 사람도 있으므로 일본인들은 서양인을 어떻게 불러야 할지 당황하는 경우가 있다. 나는 특별한 이유는 없지만 내 이름을 말하거나 쓸 때 다니엘(이름) 롱(성)으로 하는데 나의 미국인 친구는 일본식인 성+이름의 순서로 한다.

일본을 비롯해서 아시아인의 이름이 성+이름의 순서로 되어 있다는 것은 동양에서는 개인보다 그 사람이 소속된 집안을 중요시하기 때문이라는 설이 있지만 이 순서는 사상적이라기보다 문법의 차이를 반영하고 있을 가능성이 있다.

일본의 가족명은 대부분이 장소를 나타낸다. 오하시(大橋), 다나카(田中), 기노시타(木下) 등이 이에 해당된다. 지역이든 집안이든 개인이 소속되어 있는 집단을 나타내기 때문에 「放送大学のロング(방송대학의 롱)」이나 「大阪のロング(오사카의 롱)」이라고 하는 것과 동일한 발상에서, 옛날 일본에서는 「たいら<u>の</u>きよもり(平清盛)」나 「おの<u>の</u>いもこ(小野妹子)」처럼 「の(~의)」라는 단어로 소속관계를 나타냈다.

서양의 가족명 중에도 소속을 나타내는 것이 있다. 중세(12~14세기) 유럽의 유명한 사람들 이름을 보면 일본인에게는 친숙하지 않은 인물이지만, William of Ockham이나 Geoffrey of Monmouth와 같은 이름이 있다. 이러한 이름을 일본어로 번역하려면 어순을 반대로 해야 하기 때문에 일본인 연구자 사이에서는 '옷컴(마을의) 윌리엄'이나 '먼머스(마을의) 제프리'라는 이름으로 알려지게 된다. 이는 현재의 서양에서 고안한 가족명이 아니라 이름이 같은 사람을 식별하기 위해 출신지로 구별하여 부르는 데 지나지 않는다. 영어뿐만 아니라 이탈리아어에서도 Leonardo da Vinci는 '빈치 시의 레오나르도'라는 의미이며, da는 전치사로 영어의 of에 해당된다. 독일어의 von과 네덜란드어의 van도 같은 전치사다.

05 가족명의 유래

일본의 경우, 일반 서민들이 공식적으로 가족명(성)을 갖게 된 것은 메이지시대(1868~1912) 초기이며, 그 이전에는 서민들은 이름이 같은 사람을 구별하기 위해 출신지나 직업과 이름을 조합해서 부르는 습관이 있었다. '다로(太郎)'라는 이름이 많은 곳에서는 '화살을 만드는 다로'라든가 '개를 기르는 다로'라고 하면 당시에는 식별할 수 있었다. 발음이 변했거나 또는 한자 본래의 의미와는 상관없이 음이나 훈만 빌려서 사용하여 원래의 의미를 알 수 없는 직업을 기원으로 하는 가족명이 현재도 있다. 예를 들면 고대 일본사회에서는 '부(部)'라는 생업에 종사하는 사람들이 있었다. 옷을 만드는 부를 「機織部(하타오리베)」라고 했는데 거기에 다른 글자를 대응시켜 「服部(핫토리)」라는 가족명이 생겼다. 해산물을 취급한 부를 「海部(가이후)」라고 했는데 가이후 도시키(海部俊樹) 전 총리의 이름은 여기서 유래했을 수도 있다. 그 밖에도 나룻배 일을 한 사람을 「渡部(와타리베)」로 부른 예가 있다.

직업에서 유래된 이름은 서양에도 있다. Smith는 대장장이와 금속세공사를 가리키며, Thatcher는 짚으로 지붕을 이었던 장인에서 유래했다. 이런 이름은 영어권에 많은데 빵집 주인에서 유래한 Baker, 정육점 주인에서 유래한 Butcher, 술통을 만드는 일을 한 데서 유래한 Cooper 등을 들 수 있다.

일본의 가족명 중에는 '장소'를 나타낸 것이 많은데 지명을 직접 사용한 것과 지형을 나타낸 것, 그리고 건물을 나타낸 것 등 여러 가지가 있지만 어떤 형태로든 '장소'를 나타내고 있다. 일본의 가족명 상위 30(그림 2-1)을 보더라도 다나카(田中), 야마모토(山本), 다카하시(高橋), 고바야시(小林), 나카무라(中村), 야마다(山田), 이노우에(井上), 기무라(木村), 마쓰모토(松本), 시미즈(清水), 하야시(林), 야마구치(山口), 오가와(小川), 나가시마(長島), 야마자키(山崎), 하시모토(橋本), 모리(森), 이케다(池田), 이시카와(石川), 우치다(內田), 오카다(岡田)는 모두 장소에서 유래했음을 알 수 있다. 그렇지 않은 성씨의 기원에 대해서는 개별적으로 논할 수밖에 없는데 '사토(佐藤), 이토(伊藤), 사이토(斉藤), 가토(加藤)' 등은 '후지와라(藤原)'와 관계가 있을 것으로 생각된다.

미국의 서양 계통인 가족명에 대한 유래를 계량적으로 파악하기

• 그림 2-1 일본인의 성

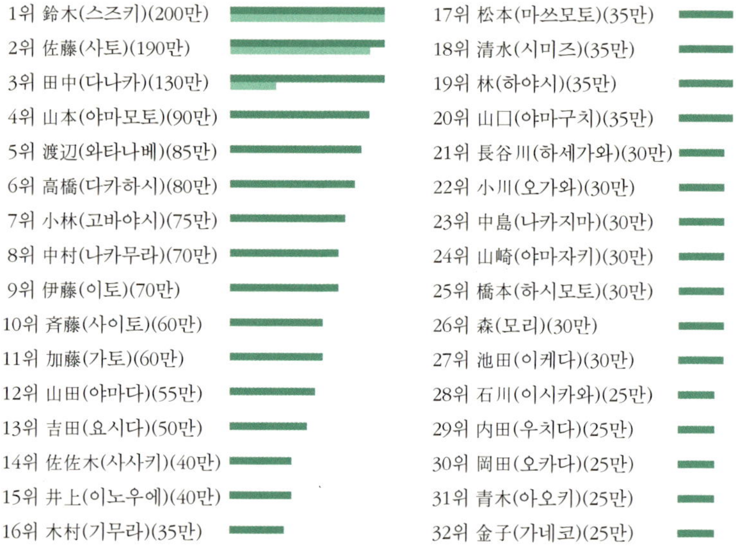

1위 鈴木(스즈키)(200만)
2위 佐藤(사토)(190만)
3위 田中(다나카)(130만)
4위 山本(야마모토)(90만)
5위 渡辺(와타나베)(85만)
6위 高橋(다카하시)(80만)
7위 小林(고바야시)(75만)
8위 中村(나카무라)(70만)
9위 伊藤(이토)(70만)
10위 斉藤(사이토)(60만)
11위 加藤(가토)(60만)
12위 山田(야마다)(55만)
13위 吉田(요시다)(50만)
14위 佐佐木(사사키)(40만)
15위 井上(이노우에)(40만)
16위 木村(기무라)(35만)
17위 松本(마쓰모토)(35만)
18위 清水(시미즈)(35만)
19위 林(하야시)(35만)
20위 山口(야마구치)(35만)
21위 長谷川(하세가와)(30만)
22위 小川(오가와)(30만)
23위 中島(나카지마)(30만)
24위 山崎(야마자키)(30만)
25위 橋本(하시모토)(30만)
26위 森(모리)(30만)
27위 池田(이케다)(30만)
28위 石川(이시카와)(25만)
29위 內田(우치다)(25만)
30위 岡田(오카다)(25만)
31위 青木(아오키)(25만)
32위 金子(가네코)(25만)

33~40위(20만)

　近藤(곤도), 阿部(아베), 和田(와다), 太田(오타), 小島(고지마), 島田(시마다), 遠藤(엔도), 田村(다무라)

41~52위(15만)

　高木(다카기), 中野(나카노), 小山(오야마), 野田(노다), 福田(후쿠다), 大塚(오쓰카), 岡本(오카모토), 辻(쓰지), 横山(요코야마), 後藤(고토), 前田(마에다), 藤井(후지이)

53~74위(12만)

　原(하라), 三浦(미우라), 石井(이시이), 小野(오노), 片山(가타야마), 吉村(요시무라), 上野(우에노), 宮本(미야모토), 横田(요코타), 西川(니시카와), 武田(다케다), 中川(나카가와), 北村(기타무라), 大野(오노), 竹内(다케우치), 原田(하라다), 松岡(마쓰오카), 矢野(야노), 村上(무라카미), 安藤(안도), 西村(니시무라), 関(세키)

75~101위(10만)

　菊池(기쿠치), 森田(모리타), 上田(우에다), 野村(노무라), 田辺(다나베), 石田(이시다), 中山(나카야마), 松田(마쓰다), 丸山(마루야마), 広瀬(히로세), 山下(야마시타), 久保(구보), 松村(마쓰무라), 新井(아라이), 川上(가와카미), 大島(오시마), 野口(노구치), 福島

(후쿠시마), 黒田(구로다), 増田(마스다), 今井(이마이), 桜井(사쿠라이), 石原(이시하라), 服部(핫토리), 藤原(후지와라), 市川(이치카와), 秋山(아키야마)

102~130위(9만)

平野(히라노), 藤田(후지타), 酒井(사카이), 村田(무라타), 坂本(사카모토), 星野(호시노), 菊地(기쿠치), 高野(다카노), 岩崎(이와사키), 土屋(쓰치야), 飯田(이이다), 宮崎(미야자키), 高田(다카다), 浅野(아사노), 安田(야스다), 小池(고이케), 柴田(시바타), 吉川(요시카와), 宮田(미야다), 小松(고마쓰), 内藤(나이토), 山中(야마나카), 大沢(오사와), 水野(미즈노), 松井(마쓰이), 山内(야마우치), 杉山(스기야마), 小泉(고이즈미), 木下(기노시타)

131~170위(8만)

栗原(구리하라), 沢田(사와다), 三宅(미야케), 田島(다지마), 荒井(아라이), 田口(다구치), 大橋(오하시), 早川(하야카와), 豊田(도요타), 久保田(구보타), 古川(후루카와), 本田(혼다), 杉本(스기모토), 岩田(이와타), 松下(마쓰시타), 河野(고노), 宮沢(미야자와), 平井(히라이), 岡村(오카무라), 関口(세키구치), 小田(오다), 岡(오카), 永井(나가이), 樋口(히구치), 小沢(오자와), 村山(무라야마), 吉沢(요시자와), 上原(우에하라), 馬場(바바), 飯塚(이쓰카), 武藤(무토), 高山(다카야마), 飯島(이지마), 中田(나카타), 杉田(스기타), 川村(가와무라), 根本(네모토), 大久保(오쿠보), 渡部(와타나베), 松浦(마쓰우라)

• 佐久間英『日本人の姓』(六芸書房, 1972)

란 쉽지 않지만, 제일 많은 것이 지명(40%), 그 다음이 부칭(30%), 세 번째가 직업명(10%)이다. 이에 비해 일본의 80~90%는 지형과 지명에서 유래된 것이라고 할 수 있다. 그러나 이러한 통계를 정확히 산출하는 데는 많은 어려움이 따른다. 직업에서 유래된 이름의 비율을 알고 싶으면 Smith나 Baker, Butcher 같은 이름의 수효를 헤아리든가, 그렇지 않으면 이러한 이름을 가진 사람 수를 계산해서 합계를 산출하는 방법이 있을 수 있는데 일본과 서양을 대략 비교해 보면 다음과 같다.

서양에는 지명이나 지형 그리고 부칭이나 직업에서 유래된 가족명이 많은 데 비해 일본에는 부칭이 없고 직업명도 소수이며 압도적으로 '장소'와 관련된 가족명이 많다. 영어권의 경우 지명에서 유래한 가족명으로는 Washington이나 Clinton을 들 수 있는데 ton은 town이 방언화한 것이다. 이러한 가족명을 가진 사람의 선조는 '빨래하는 마을(강변)' 즉 Washing town에 살았을 것으로 생각된다.

06

개인명

다음은 가족명이 아닌 개인명에 대해서 살펴보고자 한다. 개인명은 유행을 타기 때문에 시대적인 변천을 살펴볼 수 있다. 예를 들면 「○○子」라는 여성 이름을 나타내는 여성 접미사 「子」는 20세기에 많이 사용된 이름의 구성요소다(그림 2-2 좌측). 남성 이름에도 유행이 있다. [그림 2-2]에서 알 수 있듯이 1세기 이전에는 '다로(太郎)'나 '다쿠로(拓郎)' 등 '로(郎)'로 끝나는 이름이 많았는데 이후 외자 이름인 히로시(宏), 아쓰시(淳) 등이 증가했다(그림 2-2 우측 아래). 일본의 여성 이름은 시대적인 영향을 많이 받아 변화가 심하고, 남성 이름은 비교적 안정적이라는 것을 알 수 있다.

본명뿐만 아니라 애칭이나 닉네임도 있다. 예를 들면 「マ(마)」로 시작하는 이름이면 「マーちゃん(마-짱)」이나 「マー坊(마-보)」라는 애칭을, 「ミ(미)」로 시작하는 이름에는 「ミーちゃん(미짱)」이라는 애칭을 만들 수 있다. '짱'이라는 구성요소는 외국인에게도 어두에 붙여 만들 수 있는데, 아놀드 슈워제네거는 '슈워짱'이 된다. 오가사와라(小笠原)나 오키나와(沖縄)에서는 「○○ばあ(아주머니)」나 「○○じい(아저씨)」 등과 같은 경애의 의미를 담은 애칭이 눈에 띈다.

영어권에서는 이름에서 머리글자 음을 따서 John Fitzgerald Kennedy는 'JFK'로, Franklin Delano Roosevelt는 'FDR'로 애칭을 만드는 방법이 있다. 또한 생략해서 부르기 쉽게 William을 Will, Willie, Bill, Billy라는 애칭으로 만드는 경우도 있다. William

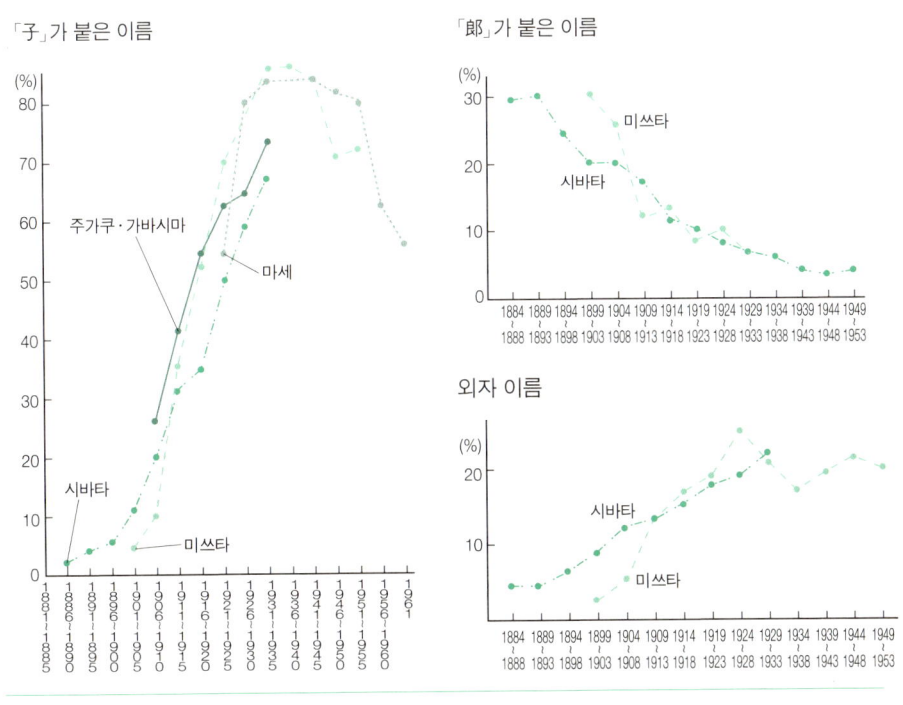

• 그림 2-2 시대에 따른 이름의 변화

Jefferson Blythe Clinton IV라는 이름이 현재는 Bill Clinton이라는 애칭으로 불리는 것을 예로 들 수 있다.

　국제적인 교류가 빈번해짐에 따라 외국에 나가서 영어의 영향을 받아 일본어로 이름을 짓는 경우가 있다. 讓二(George)와 直美(Naomi)를 예로 들 수 있는데 명명법을 통해 국제사회의 배경을 살펴볼 수 있다.

07
인명의 지역차

　개인명에는 지역차가 있으며, 지역에 따라서 음독과 훈독 중 어느 것에 치우치기도 한다. 일본 본토에서도 남성 이름을 '마사유키(正行)'처럼 훈독으로 읽는 방법과 '슈지(修司)'처럼 음독으로 읽는 두 가지 방법이 있다. 필자는 오키나와에 잠시 머무르고 있을 때, 오키나와의 남성 이름에는 음독이 많다는 것을 느꼈다. 정확한 통계는 없지만 예를 들면 음악가 및 정치가로 활동하는 기나 쇼키치(喜納昌吉)나 언어학자인 나카소네 세이젠(仲宗根政善), 가수인 노보리카와 세진(登川誠仁), 그리고 린켄밴드의 데루야 린켄(照屋林賢) 등을 들 수 있다.

　성(姓)에는 지역차도 있다. '사토(佐藤)'라는 성은 일본 전역에 널리 퍼져 있는데 특히 도호쿠(東北) 지역에 많으며 전체의 8% 이상을

• 그림 2-3 성의 지역차(%)

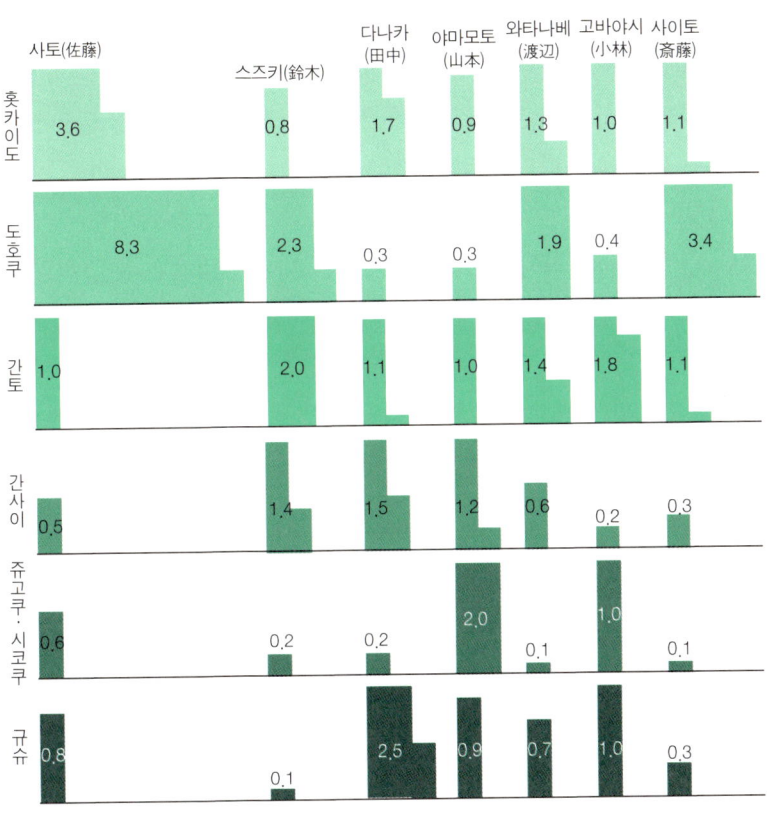

• 柴田(1955)

차지한다(그림 2-3 참조). 예전에 필자가 전국방언학회에 참석하기 위해 야마가타 현(山形県) 미카와 마을(三川町) 사무소에 전화를 걸어 "사토 씨를 바꿔 주세요."라고 했더니 사토라는 사람이 많다며 개인명을 가르쳐 달라는 것이었다. 같은 대회에 유명한 방언학자인 사토 료이치(佐藤亮一) 씨도 참석했는데 회의장에서는 '사토 씨'가 아니라 '료이치 씨'로 불리고 있어 인상적이었다.

한편 오키나와 아마미(奄美) 제도에서는 본토에서는 그다지 들을 수 없는 가족명을 자주 들을 수 있는데 시마부쿠로(島袋)나 히가(比嘉)라는 성이 그 예다. 오키나와의 가족명은 대부분 지명에서 유래한다. 때문에 시타지(下地)나 가리마타(狩俣)라는 지명이 있는 미야코(宮古) 제도에는 시타지나 가리마타라는 가족명을 가진 사람이 많다. 동일한 가족명이 많기 때문인지 오키나와 사람들은 본토 사람들에 비해 개인명으로 부르는 경우가 많은 것 같았다. 이러한 현상에 대한 조사 자료는 없지만 필자는 반년 간 오키나와의 류큐(琉球)대학에 있으면서 도쿄에 있는 대학인「수도대학도쿄」학생들에 비해 오키나와의 류큐대학 학생들이 서로를 개인명으로 부르는 경우가 많다는 인상을 강하게 받았다.

아마미 제도에는 외자 성이 많은데 음악가인 하지메 지토세(元ちとせ), 아타리 고스케(中 孝介) 등이 널리 알려져 있다. 이처럼 외자 성이 많은 것은 옛날 사쓰마 번(薩摩藩)이 아마미 제도를 지배할 당시 아마미 사람과 규슈(九州) 사람을 구별하기 위해 아마미 사람들에게 외자 성을 강요했기 때문이다. 섬에서 생활할 때는 거의 모두 외자 성이므로 별 지장이 없지만 아마미 지방 사람이 간사이(関西)나 간토(関東) 지방에 나가서 생활하면 외자 성 때문에 외국인 취급을 당하는 경우가 적지 않다. 본토에서 차별을 받기 때문에 성을 두 글자로 개명한 사람들도 있을 정도다.

08
외국인과 일본인의 이름

해외로 건너간 일본 이름도 있다. 물론 전 세계의 일본계 일본인에게는 일본적인 가족명이 있다. 한 예로 1980년대 페루 대통령인 후지모리나 미국 오바마 정권의 에릭 신세키 퇴역 군인(장관)을 들 수 있다.

태평양의 섬나라인 팔라우에도 20세기 전반기에 건너간 일본인들의 자손이 살고 있는데 이 나라에는 예전에 히데오 나카무라라는 대통령이 있었다. 또 이전에 국회의원을 지낸 아사누마라는 사람도 있었는데 본인에게 물어보니 선조는 하치조지마(八丈島)에서 온 개척자라고 했다. 팔라우에서 민박집을 경영하는 Humiko Kingzio는 긴지로 후미코(金城ふみ子)라는 이름의 오키나와계 팔라우 사람이다.

그러나 팔라우의 가족명에는 일본적인 이름에서는 찾아볼 수 없는 흥미로운 점이 있다. 미국이나 캐나다, 페루, 브라질 같은 나라에서 일본계 이름을 갖고 있는 사람을 만나면 그의 선조는 거의 틀림없이 일본인일 것이라고 생각해도 되지만 팔라우는 사정이 조금 다르다. 팔라우는 제1차 세계대전부터 제2차 세계대전까지 30년간 일본영토였다. 팔라우의 전통사회에서는 가족명은 없었으며 개인명만 있었다. 그러나 일본은 행정상으로 가족명이 없는 전통사회제도가 불편해서 주민들에게 강제로 가족명을 만들게 했다.

그 당시 일본계가 아닌 대부분의 팔라우 사람들이 일본이름을 스스로 선택했다. 그들 중 '가토상(加藤さん)'이나 '우메타로(梅太郞)',

• 그림 2-4
'가토상'이라는 성씨의 선거 포스터

• 그림 2-5
'우메타로'라는 성씨의 선거 포스터

'오이카와상(及川さん)'이라는 일본인 지인이 있었던 사람들은 이 표현을 자신의 가족명으로 선택했다.

그런데 '가토'나 '오이카와'가 아니라 Katosang이나 Oikawasang이 되었다. 즉 가족명인 '가토'와 경칭인 '상(さん)'에 대한 인식이 없었던 것이다. 그리고 팔라우의 전통사회에서는 가족명이 없었기 때문에 가족명과 개인명을 구분해서 사용하는 발상이 없었다. 따라서 일본에서는 개인명으로 사용되는 Umetaro라는 이름을 가족명으로 사용하는 팔라우 사람도 있다.

[그림 2-4]는 수년 전에 실시한 팔라우 상원의원 선거 포스터인데 후보자의 이름이 Katosang으로 되어 있다. [그림 2-5]는 Umetaro라는 가족명을 가진 후보자의 포스터다.

09
오가사와라 구미계 도민의 가족명

현재 오가사와라(小笠原) 제도에는 구미계 도민(欧美系島民)[1]이 살고 있다. 그들의 선조는 미국, 영국, 포르투갈, 하와이 등 서양이나 태평양 각지에서 이주해 왔다. 현재 한자(漢字)로 된 가족명을 갖고 있는 구미계 도민이 있기 때문에 그들의 선조가 메이지시대에 일본으로 귀화해 일본 국적을 갖게 되었을 때부터 한자 가족명을 사용했을 것으로 오해하는 경우가 있다. 그러나 실제로 메이지시대에는 귀화할 때 호적상의 가족명이 가타가나로 되어 있었다고 한다. 반세기 이상 가타가나로 된 가족명을 사용하며 일본국민으로 살아왔는데 1935년대에 창씨개명에 따라 가족명을 한자로 바꾸도록 강요받았다.

오가사와라의 구미계 도민 한 사람이 그 경위에 대해 설명해 주었다. 그녀의 가족명은 태어났을 때부터 워싱톤 이데스였다. 그녀는 일본국민으로 태어났으며 당시 국적상의 이름이 워싱톤 이데스였다. 그녀가 1941년에 섬을 떠나 간사이 지방에서 생활하고 있을 때 갑자기 섬에서 '개명할 이름을 알려 달라'는 내용의 전보가 왔다고 한다. 그녀의 오빠가 '기무라(木村)'라는 성을 선택했기 때문에 집안의 가족명이 기무라로 결정되었고 그녀는 스스로 '교코'라는 이름을 선택했다는 것이다.

---

[1] 1876년 일본 메이지정부에 의한 영유선언(領有宣言)이 있기 전부터, 외국에서 오가사와라 제도에 이주해서 살다가 일본 통치하에 놓인 후에도 계속해서 살고 있는 섬 주민을 가리키는 말.

10
일본에 많은 가족명

일본은 세계의 다른 언어권에 비해서 가족명의 수효가 비교적 많은 나라다. 어떤 통계에 따르면 일본에는 가족명이 약 40,000개 정도 있다고 한다(그림 2-6). 상위 100위까지의 가족명이 전체 인구의 3분의 1 이상을 차지하고 있다. 이에 비해 한국은 성의 수효가 매우 적어 5위까지인 김, 이, 박, 최, 정씨가 전 국민의 절반 이상을 차지한다.

그림 2-6 성의 도수분포

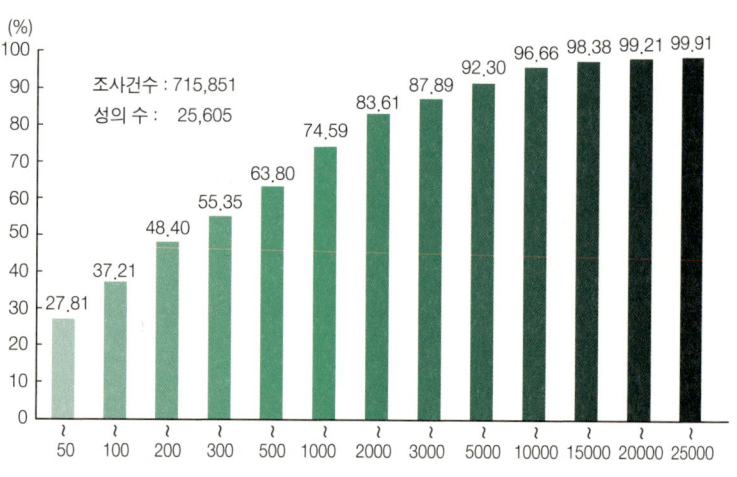

• 田中(1972)

참고·인용문헌

- 田原広史(1991)「人名」『日本語学』10-6
- 岩淵悦太郎・柴田武(1964)『名づけ』筑摩書房
- 日本ユニバック株式会社(1977)『漢字システム・デザイン資料(2)』
- 柴田武(1955)「日本の人名」講座日本語2『日本語の構造』大月書店
- 満田新一郎(1961)「多い苗字、多い名前」『言語生活』118号
- 寿岳章子・樺島忠夫(1958)「女のなまえ」『計量国語学』7
- 寿岳章子(1979)『日本人の名前』大修館書店
- 馬瀬良雄(1963)「長女の名まえを決めるまで」『言語生活』138号
- 田中康仁(1972)「日本人の姓と名の統計」『言語生活』254号

지명

Chapter 03

다니엘 롱

• 학습 포인트 •

- 지명의 유래를 이해하고 그 분류에 대해 생각해 본다.
- 지명은 고정된 것이 아니라 통시적 변화가 있다는 사실을 이해한다.
- 지명의 공시적 변이가 자칭과 타칭의 차이 등으로 나타나는 것을 생각해 본다.
- 지명이 일반 단어가 된 과정을 이해한다.
- 문화접촉으로 발생한 오가사와라라는 지명을 통해 언어접촉과 지명의 관계를 생각해 본다.

01
지명의 유래 패턴

    지명의 유래와 명명법(命名法)에는 몇 가지 유형이 있는데 지형이나 저명인사의 인명을 비롯해서 선주민의 지명을 계승한 지명, 종교와 관련이 있는 지명 등 다양한 명명법이 있다는 것을 확인할 수 있다.
    지형에서 유래된 것으로는 아오모리(青森), 오사카(大阪) 등이 있다. 그 하위분류로 물과 관계가 있는 지명이 있는데 쓰(津), 가루이자와(軽井沢), 가나가와(神奈川) 등이 이에 해당된다. 영어권의 예로 아칸소 주의 주도(州都)인 Little Rock 시는 지형에서 유래하고 있다. 건축물에서 유래한 것도 있는데 일본에서는 마에바시(前橋), 영어권에서는 Cambridge나 켄터키 주의 주도인 Frankfort 등을 들 수 있다. 물과 관계가 있는 지명은 영어권의 Oxford(소가 건너는 강의 얕은 여울), Salt Lake City(소금 호수) 등이 있다.
    발견자나 모험가의 인명과 관계가 있는 지명도 있다. 일본에는 인물과 관계가 있는 지명은 거의 없지만 드문 예로 발견자인 마미야 린조(間宮林蔵)와 관계가 있는 마미야 해협(間宮海峡)이 있다. 세계 각국을 살펴보면 콜롬비아(나라), 콜롬비아(미국의 도시), 콜럼버스(미국의 도시) 등 많은 예를 찾아볼 수 있다.
    발견자 이외에 저명한 인물과 관계가 있는 지명은 일본에는 드물지만 서양에는 많은 예가 있다. 국명으로는 America나 Colombia, 도시명으로는 미국의 수도인 워싱턴 D.C나 일리노이 주의 링컨 시, 베트남의 호치민 시, 구소련의 레닌그라드 시 등을 들 수 있다. 흥미롭게도 인명과 지명의 관계는 일방적이 아니다. 세탁을 하는 장소였던 강변이 워싱 타운(Washing Town)으로 불리다가 이것이 방언화하여 워싱턴(Washington)이 된 것이다. 그 근처에 살던 사람들은 나중에 John Washington처럼 불리게 되었고 그러다가 그들의 가족명이 되었다. 미국의 초대 대통령인 조지 워싱턴이 여기에 해당된다. 그가 유명인이 되자 그로 말미암아 워싱턴 D.C나 워싱턴 주가 명명된 것이다. 지명에서 유래된 인명이 다시 지명이 된 흥미로운 예다.

그러면 일본에는 왜 인물에서 유래된 지명이 드문지에 대해 생각해 보기로 하자. 한 가지 생각해 볼 수 있는 것은, 일본은 역사가 오래되어 그 지명이 언제 붙여졌는지 알 수 없다는 점이다. 미국의 경우, 유럽인들이 수백 년 전에 북미대륙으로 건너가 선주민들한테서 토지를 빼앗을 당시에는 영어 이름이 없었기 때문에 유럽계 개척자들이 토지에 사람 이름을 붙였던 것이다. 그러나 일본은 예부터 지명이 이미 있었기 때문에 그 시대의 유명인 이름을 지명으로 사용할 필요가 없었다.

그런데 이 설에는 의심스러운 면이 있다. 비교적 일본인의 이주 역사가 짧은 홋카이도(北海道)에는 아사히카와(旭川)처럼 일본인들이 일본어로 된 이름을 새로 붙인 예가 많이 있다. 일본인에게 19세기 말의 홋카이도는 17~19세기의 유럽계 개척자들의 아메리카 신대륙과 같은 백지상태였다. 그러나 일본인들은 홋카이도에 사람과 관계가 있는 지명을 붙이지 않았다. 홋카이도의 예를 통해서도 알 수 있듯이 지명을 붙일 때 인명을 선호하지 않는 것이 일본의 문화라고 생각하는 편이 좋을 것이다.

그런데 지명에 나타나는 또 하나의 경향은 종교와 관계가 있다는 것이다. 해외에서는 뉴질랜드의 Christchurch 시나 미국의 San

Francisco가 있다. Christchurch를 직역하면 '그리스도 교회'가 되기 때문에 종교와 관계가 있는 지명이면서 건축물 이름이기도 하다. 또한 San Francisco나 St. Louis는 각각 스페인어와 영어에서 '성인(聖人)'이라는 표현이므로 종교와 인물 양쪽에 해당된다. 일본에서는 후지이데라(藤井寺), 고쿠분지(国分寺), 이치노미야(一ノ宮) 등 수많은 예가 있으나 역시 인물과 관계가 있는 지명은 전무하다고 할 정도다. 한편 건축물도 인물도 아닌, 종교와 관계가 있는 지명이 있다. 캘리포니아 주의 Sacramento나 Los Angeles는 각각 '성찬식'과 '천사들'을 의미한다. 일본에서는 '스즈키(鈴木)'라는 가족명이 많으며 각지에 스즈키라는 지명도 있다. 이에 대한 유래에는 여러 가지 설이 있으나 '스즈키'는 제사를 모실 때 신불에게 바치는 신성한 나무를 가리키므로 어느 설이나 종교와 관계가 있다는 것을 지적할 수 있다.

옛날부터 있는 지명에 '다른 요소'를 덧붙여 새로운 지명을 만드는 방법도 있다. 예를 들면 옛날 지명에 방향을 추가한 East Saint Louis나 West Virginia가 있으며 일본에서는 東大阪市(히가시오사카시), 西東京市(니시도쿄 시)가 여기에 해당된다. 그 외에도 '새롭다'라는 의미를 부가하는 접두사를 옛날 지명에 덧붙여 역사적인 연속성을 유지하는 명명법이 있는데 영어에서는 New York나 New England 등이 유명하다. 지금은 일본에서도 이런 명명법은 상투적이 되었는데, 그 예로 나라 현(奈良県)의 十津川村(도쓰카와무라)에서 이주한 사람들이 건설한 홋카이도의 新十津川町(신도쓰카와초) 등이 있다.

또한 옛날 지명뿐만 아니라 '새롭다'는 의미의 접두사에 일반명사를 덧붙인 지명으로는 Newton(town의 방언화)이나 Newville(new village)이 있으며 일본에는 新町(신마치)나 新世界(신세카이)가 있다.

한편「新」자를 붙이지 않고 다른 지명을 그대로 사용하는 경우가 있다. 미국 각지에 있는 Berlin, Paris, Milan, Moscow는 독일, 프랑스, 이탈리아, 러시아라는 구세계의 도시명을 아메리카라는 신세계에 이용한 것이다. 일본처럼 역사가 오래된 나라에서는 개척자가 붙인 이름이 적은데, 홋카이도의 히로시마무라(広島村. 나중에 広島町로 되었다가 현재는 北広島市)가 이에 해당한다.

일본에는 옛날 지명을 활용한 지명〔홋카이도의 오샤만베(長万部), 삿포로(札幌), 오콧페(興部)〕이 다수 있는데, 그 역사와 유래를 거슬러 올라갈 수 있는 예로 홋카이도의 아이누어 지명을 들 수 있다. 아이누어를 모른다 하더라도 아이누어를 유래로 하는 지명에서는 일본어와는 다른 언어의 발음을 느낄 수 있을 것이다. 즉 다른 언어에서 유래되었기 때문에 일본어의 음운체계에는 없는 느낌을 주며, 그에 해당되는 한자와 맞지 않아 어색하다. 일반적으로 지명에 사용되는 한자 중에서 체계적으로 의미가 잘 와 닿지 않는 지명이 바로 그것이다. 예를 들면 '다카야마(高山)'는 '높은 산'이라고 추측할 수 있으나 '비바이(美唄)'나 '삿포로(札幌)'의 경우는 체계적인 추측이 불가능하다.

따라서 다음과 같은 설명이 가능하다. 고유 일본어에는 탁음으로 시작하는 단어가 원칙적으로 없다. 현대 일본어에 능숙한 사람이라면 '데루(出る)'나 '부타레루(ぶたれる)'를 예로 들어 이를 부정할 수도 있겠지만, 이는 원래 한자어나 외래어에서 유래했거나 의태어이기 때문에 탁음으로 시작되었을 뿐이다. 홋카이도의 비바이 시(美唄市)는 고유 일본어에서 유래하지 않은 지명의 대표적인 예다. 또한 어두의 탁음뿐만 아니라 일본어에는 '라(ラ)행'으로 시작하는 고유

어가 원칙적으로 없다. 있는 것처럼 보이지만 그것은 역시 한자어나 외래어, 의태어에서 유래한 것이다. 고유 일본어에서 유래하지 않고 현재도 일본의 지명에 남아 있는 '라(ㅋ)행'으로 시작하는 '루모이(留萌)'와 같은 지명에서 그것을 확인할 수 있다.

미국의 인디언, 홋카이도의 아이누, 호주의 애버리지니(Aborigine)처럼 영토 확장이나 영토 침입을 당한 선주민들의 원래 지명이 남아서 변형을 되풀이하면서도 계승된 것이 있다. 실제로 선주민의 말이 그대로 차용된 경우는 많지 않지만 그때까지의 역사를 말해 주듯 많은 지명들이 보이지 않는 곳에서 선주민 언어의 영향을 받고 있다. 예를 들어 미국의 50개 주 대부분은 선주민의 지명을 계승한 것이다.

지명의 개명은 역사적인 변혁뿐만 아니라 행정구역을 재조직할 때도 종종 이루어진다. 유명한 예로 러시아의 레닌그라드가 상트페테르부르크가 된 것을 들 수 있다.

오래된 지명에는 극복하기 어려운 자연을 경외하는 의미나 말이 포함되어 있는데 이는 재해를 피하기 위한 조상들의 생활 지혜였다. 하지만 일반적으로 인간에게 재해나 장벽, 공포 같은 의미가 포함되어 있는 말은 현대에 와서 어감이 좋은 말로 바뀌어 그 자취를 감추어 버리는 경우가 있다. 좋지 않은 이름만 없애 버렸기 때문에 역사적인 지혜를 제거해 버려 화를 부른 개발업자의 예도 있을 정도다. 예를 들면 현재 일본 전역에서 '아라이(新井)'라는 지명을 많이 볼 수 있는데, 시즈오카 현(静岡県)의 아라이(新居)나 이바라키 현(茨城県)의 오아라이(大洗) 지역의 옛날 지명에는 '아라이(荒井)'나 '아라치(荒地)'가 나온다. 도호쿠(東北) 지방에는 '이카리(碇)'나 '이카리(猪狩)'로 기록된 지명이 있는데, 이들은 원래 '자연의 분노'라는 의

미로 홍수와 같은 재해를 당한 지역이었다. '우메다(梅田)'나 '우메키(梅木)'도 '우메라레타(埋められた)'에서 유래되어 이전에 지각변동이나 함몰이 있었다는 중요한 경고를 알리는 지명이었는데 음감이 좋지 않다는 이유로 글자를 바꾼 예다.

지명 가운데는 지도에 기재되지 않은 경우도 있는데 정식 명칭이 아니거나 혹은 자칭(自稱) 또는 타칭(他稱)으로 구별되는 지명은 지도에 나타나지 않는다. 예를 들면, '니혼·닛폰·Japan'이나 'Suomi와 핀란드' 등이 그 예다.

[표 3-1]에는 지금까지 살펴본 지명의 유래에 대한 패턴이 정리되어 있다.

• 표 3-1 지명의 유래 패턴

유래 패턴	일본지명의 예	해외지명의 예
지형	高山, 白川	Salt Lake City
조형물	日本橋	Frankfort
사건	十日市場	Battle Creek
발견자 등	間宮海峽	Columbia
저명한 인물	北海道의 伊達市	Washington D.C
선주민의 이름	札幌	California
종교관계	国分寺, 藤井寺	Christchurch, San Francisco
다른 지명	北海道의 (旧)広島村	미국 각지에 있는 Berlin
신(新)+옛날 지명	新十津川	New Jersey
신(新)+일반 명소	新町	Newton
동서남북+옛날 지명	西東京, 東大阪	West Virginia

02
지명의 역사적 변화

세계의 지명 변화에 대해 생각해 보자. 한 마디로 '변화'라 하면 여러 가지 경우가 있는데 우선 그 나라가 스스로 이름을 바꾼 경우와, 일본어에서 발음이나 표기만 바뀐 경우 등 두 가지로 크게 구분할 수 있다.

국가가 자발적으로 이름을 바꾼 경우는 근대사에서 많이 볼 수 있다. 동서 독일과 남북 베트남이 통일되어 독일과 베트남이 된 경우가 있고, 나라 이름이 완전히 바뀐 경우도 있다. 최근에는 버마가 이름을 미얀마로 바꾸었으며 같은 방식으로 1935년에 페르시아가 이란으로, 1939년에는 샴(Siam)이 대외적으로 타이가 되었다.

도시도 이와 마찬가지로 기분전환으로 이름을 바꾼 경우가 있다. 에도(江戶)가 메이지시대의 변화와 함께 그 이름을 도쿄(東京)로 바꾼 것처럼 지명을 바꾼다는 것은 그 토지의 정치적 변모를 시사하는 경우가 많다. 뉴욕은, 17세기에 네덜란드에서 영국 영토가 된 것을 기념하기 위해 뉴암스테르담이란 지명을 현재의 이름으로 바꾼 것이다. 베트남도 1975년 전투를 종결하고 사이공을 호치민으로 바꾸었는데 지금도 시민들에게는 친숙하지 않은 이름이라고 한다. 마을의 이미지 변화를 위해서 지명을 바꿀 수는 있겠지만 너무 자주 바뀌면 시민들로서는 성가신 일일 것이다.

이러한 의미에서 가장 동정이 가는 것은 러시아인이다. 스탈린이 수상이 되고 나서 3년 후, 그의 거만과 변덕으로 인해 지방 도시인 볼고그라드가 스탈린그라드로 바뀌었는데 그가 사망한 후인 1961년에 다시 볼고그라드로 바뀌었다. 러시아 제2의 도시인 상트페테르부르크의 역사도 복잡하다. 이 도시는 중세부터 상트페테르부르크라고 불렸는데 1941년에 러시아어답게 페트로그라드라는 이름으로 바뀌었다. 그러나 불과 10년 후에 죽은 레닌을 기념하기 위해 레닌그라드라고 다시 개명하였다. 그리고 이 레닌그라드는 소련 붕괴를 계기로 1991년 또다시 상트페테르부르크로 돌아온 것이다.

그리스는 일본어 문헌을 보면 국명이 기리시아(ギリシア), 기리샤(ギリシャ), 기리시야(ギリシヤ) 등으로 표기되어 있다. 물론 나라의 명칭이 바뀐 것은 아니지만 시대나 저자에 따라 일본어 표기방법이 서로 다르다. 이와 관련하여 영어에서는 이 나라를 그리스(グリース)라고 발음하므로 더욱 복잡하다.

현재 세계지도에서 '서독'이라는 국명은 사라졌다. '소비에트 사회주의 연방공화국'이라는 지명도 지금은 역사 교과서에만 남아 있다. 한편, 팔레스티나라는 국명이 지도에서 사라졌다가 지금은 다시 팔레스티나 자치구라는 형태로 부활한 것을 보면 지명은 항상 변한다는 사실을 알 수 있다.

뮌헨이라는 도시 이름은 수백 년 전부터 변하지 않았지만 일본어와 영어 발음에는 큰 차이가 있다. 예전에 일본인 친구에게 1972년 뮌헨 올림픽의 추억을 말하려다가 고생한 적이 있다. 영어로는 '뮤니크(Munich)'라고 발음하기 때문에 뮤니크라고 몇 번이나 되풀이했으나 의미가 통하지 않았다. 결국 자세하게 설명을 했더니 비로소 "뭐야, 뮌헨을 말하는 거야?" 하는 것이었다. 올림픽과 관계가 있는 미국의 로스앤젤레스라는 일본어 표기의 역사적 변천도 재미있다. 로스앤젤레스는 두 번에 걸쳐 올림픽을 개최한 도시다. 1회째인

1932년에는 ロサンジェレス더니 2회째인 1984년에는 ロサンゼルス로 표기되어 있었다.

03
일본지명의 발음

　　미국인인 필자는 자주 일본지명의 정확한 발음에 대해서 질문을 받곤 한다. 1998년 나가노(長野) 동계올림픽이 개최되었을 때, 미국 전 지역 신문에 언어에 대한 칼럼을 쓰는 칼럼니스트가 '나가노'를 어떻게 발음해야 하느냐고 물어 왔다. 개최 당시 미국 TV에서는 아나운서에 따라 '나가노'라고 악센트를 어중에 두거나 '나가노'라고 어두에 두어 발음했기 때문에 일본어로는 어떻게 발음하는지 물어 온 것이다. 당시 미국 매스컴에서는 경기장의 하나인 '하쿠바(白馬)'도 '하쿠바'와 '하쿠바' 두 가지가 있었다.

　　그런데 이 질문에 대답하기란 쉬운 일이 아니다. 일본어의 악센트는 고저 악센트로서 예를 들면 '나가노'를 발음할 때는 '나'가 높고 '가'와 '노' 부분은 낮다.

　　한편, 영어의 악센트는 음의 고저가 아니라 강약이 문제가 된다. 일본어의 '아메(あめ:비), 아메(あめ:엿)'가 악센트의 위치에 따라 의미가 다르듯이 영어에서도 동일한 어형일지라도 악센트의 위치에 따라 그 의미가 달라진다. 예를 들면 영어에서 'récord'로 첫 음절을

강하게 발음하면 '원반 레코드'라는 뜻의 명사가 되지만, 'recórd'라고 'co'를 강하게 발음하면 '녹음하다'라는 동사가 된다. 즉 '명사는 악센트가 앞에 오고 동사는 뒤에 온다'는 발음 규칙이다.

다시 '나가노'의 발음으로 돌아가면, 수년 전까지만 해도 영어로는 '나가노'라고 발음했다. 왜냐하면 나가노와 같은 3음절 영어단어는 원칙적으로 어중에 강조 악센트가 오기 때문에 그다지 알려져 있지 않은 '나가노'라는 지명을 이 악센트 법칙에 따라 발음한 것이다. 영어권 사람들이 오사카를 '오사카', 교토를 '기요토'라고 발음하는 것도 여기에서 유래한다. 도쿄를 영어에서 '도키오'라고 발음하는 것은 예외라 할 수 있다.

04 국명의 자칭과 타칭

국가의 명칭이 자칭(自稱)과 타칭(他稱)이 다른 것에도 지명 문제는 잠재되어 있다. 예를 들면 스웨덴이라는 국명은 항상 '스웨덴'으로 통일되어 있는데 왜 일본은 국내에서는 '닛폰(Nippon)'이며 해외에서는 '재팬(Japan)'이라는 2개의 명칭이 있을까?

월드컵 같은 국제경기에서 일본 선수단의 호칭은 '재팬 팀(Japan team)'으로 되어 있다. 일본어로는 '니혼'이나 '닛폰'이라 하더라도 국제경기에서 '재팬'이 사용되는 것은 당연한 일일지도 모른다. 그러나 처음에 이러한 국가명은 누가 정했는지, 또 국내외에서 왜 차이가 생겼는지 잘 모르는 경우가 많다.

일본과 마찬가지로 국가의 자칭과 타칭이 서로 다른 나라로 핀란드를 들 수 있다. 재팬이나 핀란드는 원래 외국인이 부르던 호칭이었다. 이는 자국민이 사용하는 호칭이 아니라 외국인이 사용하던 호칭이 그 나라의 국명으로 알려진 예인데, 이러한 예는 실제로 세계에서 흔히 찾아볼 수 있다.

핀란드에 가 보면 알 수 있지만 그들은 자신들을 '수오미'라고 부른다. 현재 세계적으로 알려져 있는 핀란드라는 명칭은 그 옛날 스웨덴 사람 등 주변 민족들이 '핀의 나라'라고 부른 데서 유래한다. 기원 1세기에 '핀'이라는 표현이 라틴어 문헌에 등장하는 것을 보면 이미 이 나라(민족)의 이름으로 정착했다는 것을 알 수 있다.

한편, '재팬'은 중국 남부의 '일(日)'과 '본(本)'이라는 두 글자의 발음에서 유래한다. 중국을 여행하던 마르코 폴로는 전설적인 나라인 일본에 대한 이야기를 듣고, 유럽에 돌아가 '지팡구(Zipangu)'라는 명칭으로 일본에 대한 모든 것을 자신의 저서에서 언급하고 있다. 이 발음이 조금씩 변하여 영어나 독일어 등 유럽의 다른 언어로 전파되어 갔던 것이다.

이보다 수백 년 전으로 거슬러 올라가면 일본인들은 자신들이 살던 나라를 '야마토(大和)'라고 불렀는데 중국에서 '日本'이라고 부르는 것을 받아들여 '니혼', '닛폰'이라는 명칭을 스스로 사용하게 되었다.

05 일반단어가 된 지명

일본인이라면 누구나 알고 있는 비키니 환초로 이루어진 마셜 군도라는 지명이 있다. 설명할 필요도 없이 비키니란 1947년에 패션계에 등장한 투피스로 된 아주 작은 여성용 수영복을 가리킨다. 당시 크게 유행했던 이 수영복 이름은 그 바로 전 해에 미국이 신탁통치를 하고 원자폭탄 실험을 했던 지명에서 유래한다. 대량 파괴무기가 사용된 지명에 이러한 상품명이 붙여진 것은 오늘날 우리들 세대에서는 불가사의한 이야기이지만 당시의 핵무기에 대한 일반인의 의식은 현재와는 크게 달랐음이 틀림없다.

앞 절에서는 인명에서 유래한 단어를 예로 들었지만, 비키니처럼 장소명에서 유래한 단어를 찾아보면 많이 있다. 중국의 Shanghai(上海)는 영어 단어가 되었다. 영어 shanghai는 '마약을 먹이거나 혹은 술에 곯아떨어지게 해서 배에 태워서 뱃사람으로 만들다'는 의미다. 이는 중국에서 일어난 행위가 아니므로 중국인에 대한 모욕이 아니라 100년 전쯤에 미국인이 행한 납치의 일종이다. 당시에는 중국행 화물선의 선원을 구하기가 어려워서 남자를 술에 취하게 한 뒤 배에 태워 출항시켜 버렸던 것이다. 배가 출항하고 나면 배에서 일을 하지 않을 수가 없었다.

한편, 일본어에도 지명에서 유래한 단어를 몇 개 들 수 있다. 우연히 대부분 음식과 관계 있는 단어들이다. 예를 들면, 나가사키의 명물인 달콤한 케이크 타입의 과자 이름도 실은 지명에서 온 것이다.

카스텔라는 무로마치시대(1338~1573) 말기에 포르투갈인에 의해 일본에 전해진, 스페인 중앙부 카스테리아 지방의 빵이었다. 카스테리아라는 지명을 포르투갈어로 발음하면 '카스텔라'가 되기 때문에 '카스텔라의 빵'이라고 불리다가 나중에 '카스텔라'로 불리게 되었다.

'자가이모(じゃがいも: 감자)'는 원래 '자가타라의 이모'라고 불리던 음식 명칭이 짧게 생략된 것이다. 자가타라는 현재 인도네시아의 자카르타(Jakarta)의 옛 이름이다. 또한 '가보차(かぼちゃ: 호박)'라는 단어도 지명에서 유래된 것 같다. 동남아시아의 캄보디아에서 전해진 이 오이과 식물은 캄보디아라는 나라 이름에서 온 것이다. 희한하게도 '자가이모'나 '가보차' 모두 아시아에서 일본으로 전래된 것이지만 원래는 모두 미국대륙의 식물이다. 이 식물들은 한 번 유럽인들에 의해 동남아시아의 식민지로 전래되고 나서 일본으로 전래된 것이다. 즉 4세기 전부터 미국대륙과 유럽과 아시아는 전부 밀접하게 연결되어 있었던 것이다. 그 당시부터 남미에서 발생한 일은 유럽이나 아시아를 비롯해서 전 세계에 영향을 미치고 있었던 것이다.

06
오가사와라 제도의 재미있는 지명

도쿄 도(東京都) 오가사와라에는 재미있는 지명이 많다. 오가사와라에 사람이 최초로 상륙한 것은 1670년이다. 상륙한 사람은 일본인이었으나 일본에서 이주하려는 사람이 없어 1830년까지는 무인도였다. 이때부터 미국, 영국, 포르투갈 등 서양 여러 나라와 하와이, 타이티, 키리바시, 괌 등 태평양 제도 사람들이 다민족, 다언어, 다문화 커뮤니티를 형성하기 시작했다. 이 사람들의 자손이 메이지 시대(1868~1912)에 일본으로 귀화해서 현재도 그 후손들이 일본국민으로 섬에서 살고 있다.

현재 이러한 원주민들을 통틀어 '구미계 도민(欧米系島民)'이라고 하는데 그들이 이름을 붙인 지명이나 그 영향이 지금도 남아 있다. 예를 들면 '지치지마(父島)'에는 통칭 '랑파(혹은 롱파)'라는 장소가 있다. 이곳은 원래 영어의 Long Point(길다란 곶)에서 유래한다. 현재의 표준영어로 발음하면 '롱 포인트'가 되지만, 19세기 말 오가사와라의 영어 발음은 오히려 '랑 포인트'에 가까웠다. 그것이 '랑파'로 축약된 것이다. 제2차 세계대전 이후에 나가사키(長崎)라는 직역 형태의 일본어 지명이 등장했다. 또한 야규잔(野羊山)은 일본인들이 들어오기 전에는 Goat Island라고 불렸는데 이것 역시 직역에 가까운 지명이다.

한편, 한자로 된 지명 중에는 의미가 아니라 발음을 살려서 붙여진 차자(借字) 형태의 지명도 보인다. 현재 '마루베리완(円縁湾)'이라 불리는 장소는 원래 영어의 Mulberry Bay(뽕나무 만)였는데 의미를 번역한 것이 아니라 차자(借字)를 사용하여 원래의 발음이 남아 있는 것이다.

오가사와라에는 하와이가 기원으로 보이는 지명도 많이 볼 수 있다. 현재 '고미나토(小港) 해안'이라는 곳은 옛날 자료에는 '포카뉴비치'나 '푸쿠누이' 등으로 기록되어 있다. 이 지명의 기원에 대한 힌트는 독특한 지명에 있다. 하와이어로 '푸카(puka)'는 '구멍'이라

• 그림 3-1 오가사와라의 푸카누이의 고미나토 해안 그림

• 小花作助 편찬 『小笠原嶋図絵附録一巻』(小笠原村教育委員会所蔵)에서 발췌·부분도

• 그림 3-2 고미나토 해안

• 다니엘 롱 촬영

는 의미이고, '누이(nui)'는 '크다'라는 의미다. 하와이어는 영어나 일본어와 달라서 수식어인 형용사가 피수식어인 명사 뒤에 오기 때문에 '푸카누이'의 의미는 '큰 구멍'이라는 뜻이다.

태평양 군도에서 오가사와라로 이주해 온 사람의 이름이 지명이 된 예도 있다. 오가사와라가 일본영토가 되기 전에 정착한 '코페페(Kopepe)'라는 인물이 있었다. 현재 널리 알려진 것은 '코페페 해안'인데 그 밖에도 옛날 지도나 기록에는 '코페페 해변', '코페페 저택'이라는 지명도 기재되어 있다.

07
일본에 많은 지명

[그림 3-3]에는 일본 전역에서 많이 사용되는 지명의 순위가 나와 있다. 이는 일본 국토지리원 발행 2만분의 1 지도에 기재된 일본 전국 지명 12만 4천여 개에서 인용한 자료다. 가장 많이 사용된 한자는 山(24,976), 田(8,747), 川(8,312), 大(6,205), 野(5,908)이다. 지형이나 물과 관계된 지명이 많다는 것을 알 수 있다.

• 그림 3-3 일본에서 빈번히 사용되는 지명

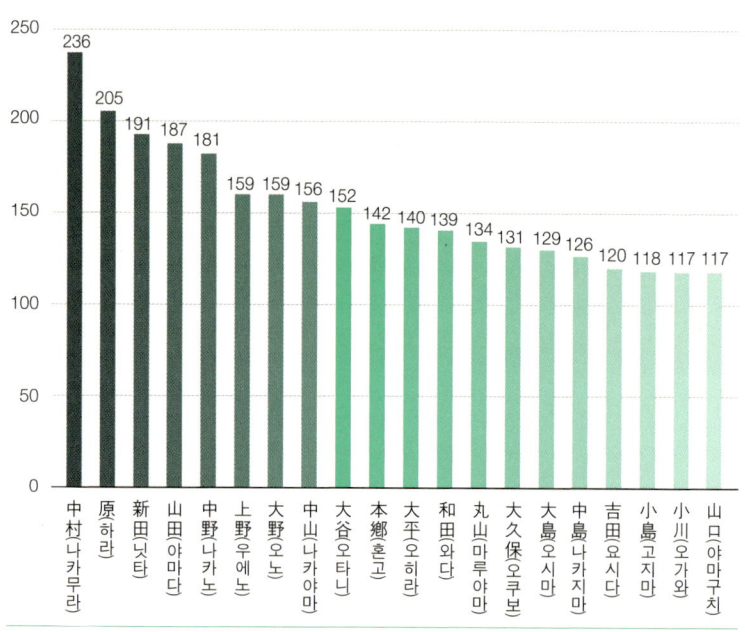

• 〈아사히신문〉 1981년 3월 19일자 석간 기사 '전국의 지명을 모은다면'에서

참고·인용문헌

- 延島冬生(2002)「地名」『小笠原学ことはじめ』南方新社
- 山口幸洋編(2002)『新居書留帳 第四集 遠州新居無人島漂流者の話 織田作之助「漂流」復刻と解説』地域の暮らしを記録する会
- 南島地名研究センター編著(2006)『地名を歩く 奄美沖縄の人・神・自然』ボーダーインク
- 久手堅憲夫(2000)『南島文化叢書22 首里の地名-その由来と縁起一』第一書房
- 柴田武(1987)『柴田武にほんごエッセイ1 ことばの背後』大修舘書店

Chapter 04 음식

오하시 리에

• 학습 포인트 •

- 언어상대설과 언어결정설을 이해한다.
- 이노베이션 보급곡선을 이해한다.
- 이노베이션 채용자 카테고리와 오피니언 리더를 살펴본다.
- 이노베이션 채용의 요소를 알아본다.
- 이문화 굴절현상에 대해 알아본다.

01
조리언어

 '○○요리'라는 이름이 붙은 요리를 생각해 보면 요리가 문화를 대표하는 구체물 중의 하나라는 말이 틀리지 않음을 알 수 있다. 요리는 재료를 조리해서 만드는데 그 문화 특유의 요리가 되려면 그 지역에서 나는 재료가 큰 역할을 한다. 교토에서 생산되는 채소로 만든 '오반자이(반찬)'가 일본음식에서 확고한 위치를 차지하고 있는 것을 보아도 알 수 있다. 또, 세계 어디에서나 재료를 구할 수 있는 계란으로 만든 계란말이가 만드는 방법과 맛의 차이로 인해 '일식(和食)'의 일부가 된 것처럼 재료나 조리방법은 그 문화 특유의 것이 아니더라도 배합이나 양념을 이용해 특유의 요리를 만들 수도 있다.
 흔히 프랑스요리의 비법은 '소스'라고 한다. 각 문화마다 특유의 요리가 있는 것은 그 문화만의 특별히 자신 있는 조리법이 있기 때문일 것이다. 일본어에는 불을 이용하는 조리용어가 비교적 적은데(데치다, 끓이다, 찌다, 밥을 짓다, 굽다, 볶다, 튀기다, 그을리다 등) 이는 재료의 맛을 살리는 것을 중시했기 때문이라고 한다. 중국에는 기름을 사용하는 요리가 많다. 일본어에는 기름을 사용하는 조리법을 표현하는 말이 '지지다', '튀기다' 정도밖에 없지만 중국어에는 불을 조절해 가며 기름을 사용하는 다양한 표현이 있다고 한다. 소량의 기름으로 볶는 것을 의미하는 '炒(차오)', 강한 불에서 고온의 기름에 재빨리 볶는 것을 의미하는 '爆(빠오)', 기름을 좀 넉넉히 해서 튀기는 것을 의미하는 '炸(짜)', 볶은 다음에 녹말을 넣어 약간 걸쭉하게 한 소스를 얹은 음식을 의미하는 '溜(류)', 철판이나 냄비에 기름을 조금 두르고 지지거나 부치는 '煎(젠)', 한쪽 면을 지지는 '貼(티에)' 등이 있다(宮崎, 2006).

한편 미국과 영국에서는 재료를 구워서 만드는 요리가 많기 때문인지 굽는 방법을 나타내는 어휘가 풍부하다. roast, broil/grill, sear, bake, toast, cook은 모두 '굽다'로 번역할 수 있다. roast는 커다란 고기 덩어리를 오븐에서 굽거나 콩을 볶을 때, broil이나 grill은 고기나 생선을 석쇠에 얹어 불에 직접 굽거나 양념을 발라 구울 때(영국에서는 grill, 미국에서는 broil을 많이 쓴다), sear는 강한 불로 재빨리 구울 때 쓰는 단어다. toast는 빵이나 베이컨 등을 노릇노릇하게 굽는다는 의미다. cook은 불이나 열로 요리하는 조리법을 통틀어 가리키는 표현인데 계란을 부칠 때도 cook을 쓴다. '끓이다', '밥을 짓다', '튀기다'는 의미로도 cook을 사용할 때가 있으므로(cook rice 등) 더욱 복잡해진다.

02
언어상대설과 언어결정설

앞에서 중국어에는 기름을 사용하는 조리법을 나타내는 표현이 다양하지만 일본어에는 두 가지밖에 없다고 서술했는데, 각 문화에서 기름을 사용하는 조리법의 중요도로 그 차이를 설명할 수 있다.

즉 중국에는 기름을 사용하는 요리가 많으므로 그 조리법을 세세하게 구별할 어휘가 필요해서 다양한 표현이 있지만, 일본에서는 조리할 때 기름을 별로 사용하지 않으므로 구별할 필요가 없어 두 가지 표현만 있다는 것이다. 이처럼 그 문화에서 중요하게 여기는 사항에 관해서는 어휘가 풍부해진다는 사고방식을 언어상대설(언어상대론)이라고 한다. 언어상대설에서는 '언어는 그 언어를 쓰는 사람의 사고에 영향을 준다(末田·福田, 2003, p.116).'는 입장을 취한다.

한편 중국어에 기름으로 조리하는 다양한 표현이 있는 것은 중국어 화자가 단어의 수만큼 각기 다른 조리방법이 있다는 사고방식을 갖고 있기 때문이며, 일본어 화자는 기름을 사용해 가열·조리한다는 의미에서는 모두 같고 다만 가열시간이나 기름의 양에서만 차이가 난다는 사고방식을 가지고 있으므로 어휘가 단순하다는 것이다. 이 사고방식에 따르면 중국어 화자와 일본어 화자는 기름을 사용하는 조리에 대한 개념 자체가 다르다. 즉 어떤 개념에 해당하는 단어가 있어야만 그 개념에 대한 사고가 가능하다는 것이다. 이러한 사고방식을 언어결정설(언어결정론)이라고 한다. 언어결정설에서는 '언어는 그 언어를 사용하는 사람들의 사고방식을 결정한다(末田·福田, 2003, p.116).'는 입장을 취한다.

다른 예를 들어 보자. 영어에서는 'barley(보리), wheat(밀), rye(호밀), oat(귀리)'로 완전히 다르게 표현되는 식물이 일본어에서는 '大麦, 小麦, ライ麦, カラス麦'로 모두 '麦(보리)의 일종'으로 표현된다. 이때 영어 화자와 일본어 화자는 이런 종류의 식물에 대한 사고 자체가 다르다고 생각하는 것이 언어결정설의 입장이며, 각각의 문화 속에서 이런 종류의 식물에 대한 중요도가 다르기 때문에 구별하는 방식도 다르다고 생각하는 것이 언어상대설의 입장이다.

현재는 언어상대설의 입장을 취하는 사람이 많지만(末田·福田, 2003) 언어결정설도 완전히 쇠퇴한 것은 아니다. 또 이는 어디까지나 설명원리로서의 가설인 만큼 어느 쪽이 옳다고 결정하기는 어렵다. 중요한 것은 언어가 인간의 주변 사항을 정리하거나 이해하기 위한 수단으로 작용한다는 점이다.

03 음식의 전파

세계가 글로벌화되면서 세계 곳곳에서 다양한 음식을 '공유'할 수 있게 되었다. 햄버거나 프라이드치킨은 세계적 규모의 체인점이 있으며 커피와 홍차도 세계 각지에서 마시고 있다. 쌀은 세계인구의 3분의 1에 해당하는 20억 인구가 주식으로 먹고 있다고 한다(宮崎, 2006).

여기서는 '세계적으로 널리 보급된 음식'을 음식재료가 널리 보급된 것, 요리방법이 널리 보급된 것, 완성된 요리가 널리 보급된 것으로 나누어 생각해 보려고 한다. 물론 이들을 엄밀하게 분류하기는 어렵지만 햄버거나 프라이드치킨처럼 한 문화에서 만들어진 요리를 다른 문화에서 받아들인 경우와, 쌀처럼 재료는 똑같지만 문화권마다 조리법이 다른 경우를 같이 논하기에는 무리가 있기 때문이다.

한 가지 상기해 둘 것은 햄버거나 프라이드치킨처럼 세계적 규모로 보급된 음식도 특정 문화권에 들어가면 변화가 일어나기도 한다는 점이다. 밀가루 대신에 쌀로 햄버거용 빵을 만든 '라이스버거'는 햄버거가 일본에 들어와서 변모된 예라고 할 수 있다. 또 가게에 따라서는 햄버거 속에 소고기나 닭고기뿐만 아니라 해산물이나 채소를 넣기도 한다. 일본의 어느 햄버거 가게에서는 해산물을 넣은 라이스버거가 미국에서 파는 것과 같은 햄버거나 치즈버거와 비슷하게 팔리는 것을 보면 양쪽이 일본문화 속에서 공존하고 있음을 엿볼 수 있다.

이번에는 재료 자체가 전파된 예를 생각해 보자. 쌀은 메콩 강 유역의 원산지에서 동서로 전파되어 동쪽으로는 일본, 서쪽으로는 인도에서 실크로드를 거쳐 이탈리아나 스페인에서도 먹게 되었으나 (宮崎, 2006) 먹는 방법은 각 문화마다 상당히 다르다. 일본에서는 처음엔 토기에 쌀을 끓여 죽으로 만들어 먹다가 그 후 고분시대부터는 찜통에 쪄서 먹었고, 헤이안시대(794~1185)에는 밥을 지어 먹게 되었다고 한다(宮崎, 2006). 중국이나 한국도 현재는 일본과 같은 방식으로 밥을 짓지만 인도는 일본과 달리 기름이나 소금을 넣고 볶아서 밥을 짓는다(宮崎, 2006). 이것이 더 서쪽으로 가면서 터키의 필래프(쌀을 볶은 다음 수프를 넣어 밥을 짓는다), 이탈리아의 리소토(올리브오일과 버터를 넣어 밥을 짓는다), 발렌시아의 파엘라(쌀과 건더기를 올리브오일로 볶아 수프를 넣어 밥을 짓는다) 등의 조리법으로 퍼져 나갔다. 이베리아 반도는 이슬람에 점령당한 적이 있으므로 파엘라를 만드는 방법이 필래프와 비슷하지만(宮崎, 2006) 부재료를 고르는 방법은 역시 다를 것이다. 이처럼 똑같은 쌀을 재료로 해도 문화에 따라 조리법이 상당히 다르다. 물론 현재 일본에도 필래프나 파엘라가 들어와 있는데 이는 다른 문화에서 완성된 요리가 전해진 것이다.

조리법이 전해진 또 다른 예를 생각해 보자. 치즈의 발생지는 중앙아시아에서 인도에 걸친 유목민 생활권이라고 한다(宮崎, 2006). 가축의 젖을 발효시켜서 만드는 치즈 제조법은 고대 인도로 전해지면서 동시에 메소포타미아에서 지중해 지방을 거쳐 유럽으로 전해져 지금은 전 세계에서 800여 종류의 치즈를 만들고 있다(宮崎, 2006). 일본에서도 어느 시기에 그 제조법을 배워 현재는 일본인의 입맛에 맞는 치즈를 제조하고 있는데, 이는 요리 자체를 받아들인 예라고 할 수 있다. 동아시아나 동남아시아에서는 원래 가축의 젖을 이용하는 습관이 없었고, 중국에서는 위진남북조에서 당나라시대에 걸쳐 유목민의 진출이 많았던 시기에 치즈를 포함한 유제품이 일시적으로 퍼지는 데 그쳤다고 한다(宮崎, 2006). 그 후 유목민족의 진출이 끊기자 가축의 젖을 이용한 제품이 쇠퇴하고 그 대신 콩을 사용하여 치즈 대용품을 만들었는데 이것이 두부의 기원이라는 설이 있다(宮崎, 2006). 만약 이 설이 사실이라면 이는 조리법이 전해진 후에 별개의 재료로 다른 식품을 만든 예가 된다. 이것은 재료나 요리 자체가 전해진 것과는 또 다른 방식으로 전해졌다고 할 수 있다.

미야자키(2006)는 '두부는 이문화 접촉으로 탄생한 식품'이라고 서술했는데, 어느 문화권의 음식과 조리법이 다른 문화로 전해질 때는 어떤 과정을 거칠까? 즉 누군가 새로운 것을 전파하면 그것은 그 사회에서 어떻게 퍼져 나갈까? 다음 절에서는 그 과정을 검토해 보려고 한다.

04
이노베이션의 보급

'이노베이션(innovation)'이란 '새로운 것이라고 인식된 아이디어, 습관, 대상물'을 말한다(로저스, 2003, p.16). 식재료나 조리법 그리고 요리도 지금까지 없었던 새로운 것은 모두 이노베이션이다. '보급'이란 이노베이션이 어떤 커뮤니케이션이나 경로를 통해 시간이 흐르면서 사회 시스템의 구성원 사이에 전달되는 과정을 말한다(로저스, 2003, p.8). 따라서 이노베이션의 보급이란 새로운 물건·사고방식·습관이 어떻게 사회 속으로 퍼져나가는지를 의미한다.

벼농사처럼 아주 옛날에 전해진 것은 어떤 커뮤니케이션이나 경로를 통해 전달되었는지 알 수 없지만, 새로운 것이 사회에 보급되는 데 걸리는 시간은 대상에 따라 다르다. 일본에 차(茶)가 전해진 과정은 꽤 정확한 기록이 남아 있으므로 그런 경우는 어떤 커뮤니케이션과 경로를 통했는지 그리고 보급되는 데 얼마나 시간이 걸렸는지를 어느 정도 알 수 있다. 차를 예로 들어 이노베이션의 보급과정을 살펴보기 전에 먼저 이노베이션 보급의 일반적인 과정을 알아보자.

(1) 보급곡선과 채용자 카테고리

어떤 이노베이션이 사회에 보급되는 과정은 일정한 속도로 진행되는 것이 아니라 처음에는 그다지 보급되지 않다가 어느 지점을 넘으면 급속도로 보급된다. 좌표의 가로축을 시간, 세로축을 보급률로

• 그림 4-1 보급곡선

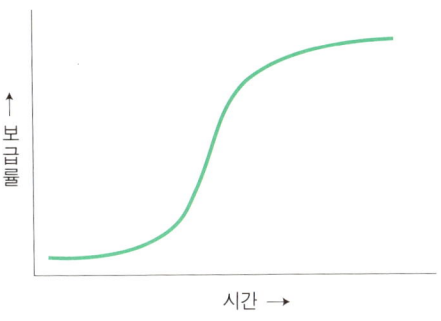

• ロジャース(1982), p.17

해서 그래프로 그리면 마치 아래에서부터 S자 곡선을 그리는 형태가 된다고 한다(그림 4-1).

이노베이션을 채용하는 사람 쪽에서 보면 맨 처음에 이노베이션을 채용하는 혁신적 채용자(이노베이터, 선구적 채용자라고도 함)는 사회 구성원의 2.5% 정도라고 한다. 그 혁신적 채용자를 모방해서 같은 이노베이션을 채용하는 초기 소수채용자(初期少數採用者)는 사회 구성원의 13.5% 정도, 다음 단계에서 그 이노베이션을 채용하는 전기 다수채용자(前期多數採用者)는 약 34%, 더 늦게 같은 이노베이션을 채용하는 후기 다수채용자(後期多數採用者) 역시 34%, 가장 마지막으로 채용하는 채용 지체자(採用遲滯者)는 약 16%이다(로저스, 1982). 채용자 타입을 한마디로 표현한다면 혁신적 채용자(이노베이터)는 모험적인 사람들, 초기 소수채용자는 존경받는 사람들, 전기 다수채용자는 신중한 사람들, 후기 다수채용자는 의심이 많은 사람들, 채용 지체자는 전통적인 사람들이다(로저스, 1982).

사회에서 이노베이션이 보급될 때 중요한 열쇠를 쥐는 것은 오피

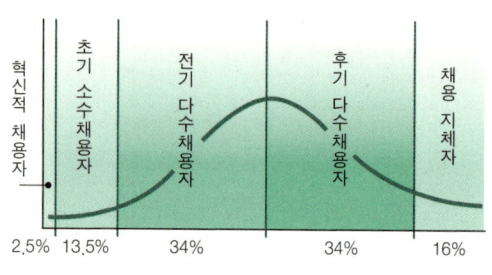

• 그림 4-2 채용자 카테고리

곡선은 이노베이션 채용의 시간적 추이를 나타낸다.

• ロジャース(1982), p.350, p.356

니언 리더의 존재다. 오피니언 리더(opinion leader)란 어느 집단 내에서 사람들의 태도나 행동을 일정한 방향으로 돌릴 수 있도록 비공식적으로 영향력을 끼칠 수 있는 사람을 말한다(로저스, 2003). 사회 시스템 내에서 가장 혁신적인 구성원은 대부분의 다른 구성원들에게 일탈자로 인식되기 쉬워서 그다지 신뢰받지 못하는 경우가 많지만(로저스, 2003, p.36), 오피니언 리더는 사회규범에 적합하게 행동하기 때문에 추종자, 즉 팔로어의 행동모델이 된다(로저스, 2003, p.484). 요컨대 사회의 대다수 구성원들은 오피니언 리더가 제공하는 정보나 조언에 따라서 이노베이션을 채용하는 것이다(로저스, 2003). 오피니언 리더와 그 밖의 구성원 사이에서 일어나는 대인 커뮤니케이션이 이노베이션의 보급에 큰 역할을 한다.

(2) 이노베이션 채용의 요소

로저스(2003)는 사회에서 이노베이션이 채용되기 위한 요소로 다음 다섯 가지를 들었다.

1) 상대적 우위성 : 어떤 이노베이션이 지금까지의 이노베이션보다 좋다고 인식되는 정도
2) 양립 가능성 : 어떤 이노베이션이 잠재적 채용자의 기존 가치관, 과거의 체험, 필요성과 일치하는 정도
3) 복잡성 : 이노베이션을 이해하거나 사용하는 것이 상대적으로 곤란하다고 인식되는 정도
4) 시행 가능성 : 이노베이션을 소규모 레벨에서 실험할 수 있는 정도
5) 관찰 가능성 : 이노베이션의 결과가 다른 사람들의 주의를 끄는 정도

(로저스, 2003, pp. 21-22. 단, '시행 가능성'은 로저스, 1982, p. 24 참조)

이는 주로 기술적인 이노베이션을 염두에 두고 구상한 것이지만 기술적이 아닌 경우에도 꽤 들어맞는다.

앞에서도 살펴보았듯이 여러 가지 요리·식재료·조리법이 사람들 사이에 전파되면서 마지막에 가서 변화를 일으키는 경우가 있다. 햄버거가 형태를 바꾸어 라이스버거라는 상품명으로 된 것과 치즈가 두부로 바뀐 경우가 그렇다. 이처럼 이노베이션이 문화의 테두리를 넘어 보급될 때 새로운 문화권에 맞도록 형태를 바꾸는 것을 '이문화 굴절현상'(久米, 2001) 또는 '이문화간 굴절현상'(宇野, 1990)이라고 한다. 일본에서 먹는 중국요리가 본고장의 중국요리와 맛이 다른 것, 미국에서 스시(寿司)라는 이노베이션이 보급되는 과정에서 캘리포니아롤이나 보스턴롤 같은 새로운 형태의 스시가 만들어진 것 등은 이문화 굴절현상의 하나라고 할 수 있을 것이다.

05
이노베이션으로서의 차(茶)

(1) 일본의 차의 보급

　차나무의 근원지는 대략 중국의 남서부에서 타이 북부와 인도 아삼 지방에 걸친 이른바 조엽수림 지대 안의 반달모양 지역으로 알려져 있다(熊倉, 2009, p.25). 차는 그곳에서 서쪽으로는 중앙아시아에, 동쪽으로는 일본에까지 전해졌다. 중국에서는 기원후 4, 5세기부터 차가 널리 퍼졌는데, 당시 제조법 중의 하나인 쪄서 가루로 만들어 마시는 방법이 현재 일본에서 차 마시는 법으로 계승된 점이 매우 흥미롭다(熊倉, 2009). 815년에 기록된 자료를 보면 일본에 차가 처음 들어온 시기는 당나라시대다(熊倉, 2009). 사가(嵯峨) 천황이 오미(近江)의 가라사키(唐崎)에 행차했을 때 승려 에이추(永忠)가 직접 차를 끓여 천황에게 올렸다는 기록이 차에 관한 일본 최초의 사료다(熊倉, 2009, p.30). 그러나 그 이후 차를 마시는 풍습은 완전히 사라졌다가 400년 후 가마쿠라시대(1185~1333)에 남송에서 돌아온 임제종(臨濟宗)의 시조 에이사이(榮西)가 차의 제조법과 마시는 법을 전했다고 한다(熊倉, 2007·2009). 당시에 차를 들여온 사람이 더 있었겠지만 에이사이는 『끽다양생기(喫茶養生記)』를 저술했기 때문에 일본차의 시조로 불리게 되었다(熊倉, 2007). 이런 점으로 볼 때 차를 마시는 풍습이 처음에는 승려 사이에서 보급되었음을 알 수 있다.
　구마쿠라(熊倉)는 『끽다양생기』에서 차를 마시는 풍습이 무가사회에 널리 퍼지게 된 이유로 차를 기호식품이 아닌 '불로장생의 묘약(p.33)'으로 다룬 점과, 처음에는 주군이 신하의 집을 방문하여 식후에 차를 마셨는데 중국 제품을 선호하던 당시 상황과 연관되어 퍼져 나간 점을 지적한다(熊倉, 2009). 차가 보급됨에 따라 약으로 마시던 것을 점차 기호로 마시게 되고, 투차(鬪茶)놀이가 성행하고 차 마시는 모임도 생겨났다(熊倉, 2007·2009).

무라타 슈코(村田珠光, 1422년생)를 시조로 하는 와비차(わび茶)[1]는 약 100년에 걸쳐 다케노 조오(武野紹鷗)와 그의 제자 센노 리큐(千利休)가 완성했다(熊倉, 2007). 무라타 슈코 때 와서 외국(중국) 제품을 선호하던 취미에서 벗어나 차 도구는 일본 제품과 외국 제품을 적절히 조화시키는 것이 중요하다고 생각하게 되었다(熊倉, 2009, p.95). 이후 다케노 조오는 '와비'의 정신을 철저히 했고 센노 리큐가 정형화해서 오늘날까지 전해지고 있다(熊倉, 2009). 여성이 다도에 참가하게 된 것은 메이지시대에 여성교육의 일환으로 도입된 다도가 일반화되어 근대여성의 교양으로(熊倉, 2009, p.193) 자리 잡았기 때문이다.

(2) 이노베이션의 관점에서 본 차

일본사회에 차가 보급되는 상황을 앞의 이노베이션 보급의 모델에 적용해 보면, 차를 마시는 풍습에서는 승려들은 혁신적 채용자, 무사들은 초기 소수채용자인 셈이다. 와비차의 풍습은 센노 리큐 등 일부 사람들 사이에서 퍼진 것이 도요토미 히데요시(豊臣秀吉) 같은

---

[1] 다도에서 다구(茶具)나 예법보다는 화경청적(和敬淸寂)의 정서를 중시하는 일.

힘 있는 무사들을 통해 사회에 보급되었다고 볼 수 있다. 도요토미 히데요시는 공식적으로 와비차를 장려하지는 않았지만 당시 그의 강력한 영향력을 생각해 보면 와비차의 보급에 오피니언 리더로서의 역할을 충분히 담당했을 것이다. 또 사회 전체적으로 보면 승려들은 기본적으로 세상과 떨어져 있는 존재라는 점에서 '일탈자'로 간주할 수 있으며, 오피니언 리더 역할을 담당한 무사들의 차를 마시는 풍습이 사회 전체로 보급되는 계기가 되었다고 해도 좋을 것이다.

구마쿠라(2009)는 일본에 차가 보급된 계기를 에이사이라는 개인의 업적과는 별개로 중국의 송나라 문화를 동경했기 때문으로 보고 있는데(pp.31~32), 이는 앞에서 언급한 이노베이션 채용의 다섯 요소 중 '양립가능성'에 해당된다. 차가 보급된 것은 당시 일본의 문화적 가치관이었던 송나라 문화에 대한 동경과 합치되었기 때문이라는 것이다. 또 무라타 슈코가 와비차를 창시한 당시의 사회적 가치관이 중국 것을 선호하던 데서 벗어나 있었으며 렌가(連歌)로 대표되는 중세의 미의식과 공통되는 부분을 차츰 받아들이는(熊倉, 2007, p.111) 상황에서 센노 리큐가 와비차를 완성시킬 수 있었다는 것이다. 이 역시 이노베이션의 채용 과정에서 그 사회가 공유하고 있는 가치관과 양립한 예라고 할 수 있다.

여성교육의 일환으로 다도를 도입했다는 것은 다도의 역사에서 보면 상당히 큰 전환점이지만, 이것도 여성에 대한 새로운 형태의 교육을 요구하는 문명개화시대의 가치관이었다는 점에서 이노베이션 채용의 '양립 가능성' 요소를 충족시켰다고 할 수 있다. 덧붙여 구마쿠라(2009)는 여성교육에 다도를 도입할 것을 제창한 아토미 가케이(跡見花蹊)에 대해 '가케이가 주창하는 에도시대 무사의 예법에 속하는 오가사와라(小笠原)식 예법교육은 근대적인 생활에 맞지 않다. 오히려 다도야말로 신여성의 소양으로서 꼭 익혀야 되는 것 (p.194)'이라고 했는데 이는 다도라는 이노베이션이 '상대적 우위성' 요소도 충족시켰음을 보여 준다.

유럽에 차가 전해진 것은 1610년경인데 영국에서는 마침 그 당시 대중화된 설탕과 홍차의 타이밍이 잘 맞아 중국이나 일본과는 다른 형태로 차를 마시는 방법이 성행했다(宮崎, 2006). 참고로 실크로드를 경유해서 중앙아시아로 전해진 차는 고형(固形)녹차였는데 그것을 깎아 진하게 끓여서 소나 양의 젖이나 버터 등에 섞어 마셨다고 한다(辻原, 2008). 이처럼 전래된 지역에 따라 차를 마시는 방식이 다양한 것은 앞에서 언급한 이문화(간) 굴절현상이라고 할 수 있다.

06 요리의 메시지

'요리'를 사전에서 찾아보면 '먹을 것을 만드는 것. 또는 만들어진 것. 조리.'라고 나와 있는데, 요리는 날것 그대로는 맛이 없거나 먹을 수 없는 식재료를 먹기 쉽게 또는 먹을 수 있게 조리하는 것을 말한다. 그러나 요리가 단순히 먹을 수 없는 것을 먹을 수 있게 만든다는 의미만은 아니다. 사람들은 손님에 대한 환영·감사·호의 같은 갖가지 메시지를 요리에 담는다. 차 모임에서 나오는 가이세키요리(懐石料理 : 차를 권하기 전에 내는 간단한 음식)에도 그 모임을 여는 이유(축하 등)나 계절의 감각 같은 메시지가 반영되어 있다(熊倉, 2007). 가이세키요리는 '와비'라는 미의식이 생긴 후 그것을 표현하려는 메시지를 담아 만들어진 요리였다(熊倉, 2007, p.125). 이렇게 본다면 언어를 사용하지는 않지만 요리 역시 어엿한 커뮤니케이션 수단이라고 할 수 있다.

참고 · 인용문헌

- 宇野善康(1990)『〈普及学〉講義:イノベーション時代の最新科学』有斐閣
- 久米昭元(2001)「異文化普及理論」石井敏・久米昭元・遠山淳〈編著〉『異文化コミュニケーションの理論:新しいパラダイムを求めて』第8章 第5節(pp.127-132) 有斐閣
- 熊倉功夫(2007)『日本料理の歴史』吉川弘文館
- 熊倉功夫(2009)『茶の湯といけばなの歴史:日本の生活文化』左右社
- 末田清子・福田浩子(2003)『コミュニケーション学:その展望と視点』松柏社
- 辻原康夫(2008)『食の歴史を世界地図から読む方法』河出書房新社
- 宮崎正勝(2006)『知っておきたい「食」の世界史』角川文庫
- ロジャース、エベレット(1982)/青池愼一・宇野善康〈監訳〉(1990)『イノベーション普及学』産能大学出版部
- ロジャース、エベレット(2003)/三藤利雄〈訳〉(2007)『イノベーションの普及』翔泳社

chapter 05

공간

오하시 리에

• 학습 포인트 •

- 메시지를 분류하고 각각의 특징을 이해한다.
- 비언어 메시지의 기능을 이해한다.
- 대인거리의 개념과 대인관계에 따라 대인거리를 두는 방법의 차이를 살펴본다.
- 환경요인으로서의 집, 방, 가구를 살펴본다.
- 우치와 소토에 대해 알아본다.

01 간격의 직감

한 가지 작은 실험을 해 보기 바란다. 허물없는 상대와 자유로운 환경에서 이야기할 기회가 있으면 평소보다 상대에게 바싹 다가가서 이야기해 보거나 또는 멀리 떨어져서 이야기해 보는 것이다. 그때 자신은 어떻게 느끼며 상대방은 어떠한 반응을 보일까.

허물없는 상대라는 조건을 설정한 데는 이유가 있다. 그것은 이러한 행동은 대개 상대에게 위화감을 불러일으키거나 때로는 불쾌감을 주는 경우도 있기 때문이다. 사람들은 상대가 평소보다 바싹 다가오면 직감적으로 불편을 느껴 상대와 거리를 두려고 하는 경우가 적지 않다. 이럴 때는 상대에게서 한 발짝 떨어지려고 할 것이다. 반대로 평소보다 상대가 멀리 있으면 말하기가 불편해서 상대와의 거리를 좁히려 할지도 모른다.

거리에 따라 이렇게 느낌이 다른 까닭은 상대와의 거리도 비언어 메시지의 일부이기 때문이다. 우리는 상대와 어느 정도 거리를 두는가에 따라 상대에게 메시지를 전달하고 있고, 메시지를 받는 상대방도 자신이 어떻게 받아들여지는지를 그 거리에서 느낀다. 따라서 필요 이상으로 다가오는 상대에게는 압박감을 느끼고 너무 떨어져서 이야기하는 상대에게는 서먹서먹함을 느끼는 것이다.

02
메시지의 분류

 통상적으로 커뮤니케이션학 분야에서는 어떤 것을 비언어 메시지로 다룰까? 그에 대한 답을 얻기 위해서는 언어와 비언어의 구별 외에 또 하나의 축으로 음성과 비음성이라는 구별을 고려할 필요가 있다(末田·福田, 2003). 언어 메시지나 비언어 메시지 모두 음성을 사용하는 것과 사용하지 않는 것이 있으므로 이 축을 교차시켜 보면 전체를 정리하기 쉽다. 전체를 살펴보면 메시지는 [표 5-1]과 같이 정리할 수 있다.

 먼저 언어 메시지부터 살펴보면, 언어와 음성을 모두 사용하여 메시지를 전달하는 것이 구어(口語)다. 언어를 사용하면서 음성을 사용하지 않고 메시지를 전달하는 것으로는 문어(文語)와 수화(手話)가 있다. 수화는 독자적인 언어체계를 갖고 있다는 점에서 단순한 몸짓이나 손짓과는 본질적으로 다르므로 언어 메시지로 분류된다.

 다음으로 비언어 메시지를 살펴보자. 비언어 메시지 중에도 음성을 사용하는 메시지가 있다. 말하는 내용이 아니라 말하는 방법, 즉 목소리의 높이나 말하는 속도, 간격, 강약, 음폭 등에서 우리는 화자의 연령이나 기분, 나아가서는 자신감의 유무 등 실로 많은 사실을 얻어 낼 수 있다. 이들은 모두 준언어(paralanguage)라고 하는 요소다.

 마지막으로 비언어·비음성 메시지를 살펴보자. 신체동작처럼 일반적으로 바로 떠올릴 수 있는 것부터 시간과 공간의 사용법처럼 평

• 표 5-1 **메시지의 분류**

언어·비언어	음성·비음성	예	명칭
언어 메시지	음성	구어	
	비음성	문어, 수화	
비언어 메시지	음성	목소리의 높이, 말하는 속도 등	준언어
	비음성	체형, 머리카락·피부색 등	외형적 특징
		복장, 소지품 등	인공물
		표정, 몸짓, 자세, 시선 등	신체동작
		쓰다듬고 만지고 때리는 행위 등	신체접촉
		향수, 냄새 제거제 사용 등	냄새
		시간개념, 시간해석법 등	시간
		대인거리, 공간사용 등	공간
		방의 조명이나 벽지 색깔 등	환경요인

상시에는 별로 의식하지 못하는 것까지, 언어와 음성을 사용하지 않는 메시지가 모두 여기에 포함된다. 이렇게 생각하면 평소 우리가 생활하면서 아무렇지도 않게 행동하는 것이 실은 모두 메시지로 작용한다고 볼 수 있다. 그러므로 제1장에서 서술한 것처럼 우리는 커뮤니케이션을 피할 수가 없다. 산다는 것은 커뮤니케이션을 하는 것, 즉 메시지의 발신과 수신을 계속하는 것이라고 할 수 있다.

03
비언어 메시지의 기능

비언어 메시지가 언어 메시지와 관련하여 어떠한 기능을 하는가는 연구자에 따라 분류방법이 약간 다르지만 여기서는 프리빌(2006)의 분류에 따라 설명하고자 한다.

(1) 확인·반복(repeating)

이것은 언어 메시지로 전달한 내용과 똑같은 내용을 비언어 메시지로 전달하는 것이다. 무언가를 주문할 때 "두 개!" 하면서 손가락을 두 개 세우거나(리치몬드·매크로스키, 2004)나 "오른쪽으로 돌아!" 하면서 오른쪽을 가리키는 것이 여기에 해당된다.

(2) 수식·보완(complementing)

이것은 언어 메시지에 비언어 메시지를 추가해서 그 내용을 강조하거나 명확하게 하는 경우를 가리킨다. 예를 들면 "잘 부탁드립니다." 하면서 인사를 하는 경우(石井, 1996)나 "이 바보야!" 하면서 상대방을 때리는 경우 등이 이에 해당된다.

(3) 대용·치환(substituting)

이것은 언어 메시지 대신에 비언어 메시지를 사용하는 것이다. 예를 들면 목소리가 들리지 않는 거리에 있는 상대를 향해 "안녕."이라는 말 대신에 손을 흔들거나 "감사합니다."라는 말 대신에 인사를 하는 것이다.

(4) 커뮤니케이션 관리·조절(regulating)

이것은 대인 커뮤니케이션을 할 때 서로의 커뮤니케이션을 조절하기 위해 사용하는 비언어 메시지를 가리킨다. 시선을 맞추거나 피하는 것, 맞장구를 쳐서 상대가 말을 계속하게 하거나 그만두게 하는 것 등이 이에 해당된다. 또 방문을 열어 두어 '자유롭게 들어오세요.'라는 메시지를 전달하는 것도 이 기능에 포함된다.

(5) 모순·부정(contradicting)

이것은 언어 메시지로 발신하고 있는 내용과 반대되는 내용을 비언어 메시지로 발신하는 경우다. 예를 들면 몹시 화난 목소리로 "됐어!" 하는 경우는 '됐어'라는 언어 메시지와 그 말을 하는 태도(준언어)가 일치하지 않는다. 이때는 실제로는 화를 내면서도 '됐다'고 말하는 것이다. 이러한 경우는 비언어 메시지의 내용이 메시지 발신자의 본심을 나타낸다고 할 수 있다.

04
대인거리

누구에게나 남에게 침해당하고 싶지 않은 영역이 있는데 이 영역을 '퍼스널 스페이스(personal space)'라고 한다. 리치몬드와 매크로스키(2004)는 퍼스널 스페이스란 '개성이나 상황 그리고 관계유형에 의존하여 확대·축소되는, 우리를 둘러싼 눈에 보이지 않는 기포'이며 '운반이 가능하므로 우리는 어디를 가든 이것을 가지고 다닌다'(p.136)고 한다. 다이보(大坊, 1998)는 퍼스널 스페이스가 동심원 형태로 펴져 있는 것이 아니라 앞쪽은 길고 뒤쪽은 짧으며 좌우는 거의 대칭을 이룬다고 한다. 특히 시각에 따른 효과가 커서 어두운 곳에서는 뒤쪽이 길어지고 아이마스크로 시각을 차단한 조건에서는 더 넓은 퍼스널 스페이스가 필요하다는 것이 확인되었다고 지적하고 있다.

퍼스널 스페이스는 그 장소의 상황이나 상대와의 관계에 따라 확대되거나 축소되는데, 상대가 친구인지 모르는 사람인지에 따라 차이가 나는 것은 물론 앞으로 상호작용의 가능성이 있는지 없는지에 따라서도 다르다는 것도 연구 결과 알려졌다. 다이보(大坊, 1998)와 패터슨(1983)이 인용하고 있는 샌드스톰과 올트먼의 연구에 따르면 서로 모르는 사이인데다 앞으로 상호작용을 할 가능성이 없다고 생각하는 경우에는 대인거리가 가까우면 불쾌하게 느끼고 멀면 쾌적하게 느낀다고 한다. 이는 모르는 사람과 길에서 마주쳤을 때 가까이 하고 싶지 않은 것으로도 확인할 수 있다. 한편 서로 모르는 사람

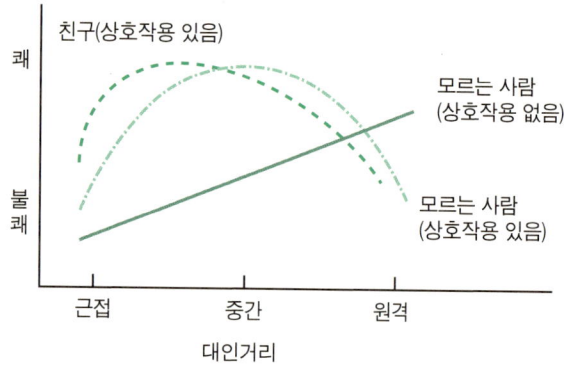

• 그림 5-1 대인관계에 따른 대인거리

• 大坊郁夫 セレクション社会心理学-14 『しぐさのコミュニケーション』(サイエンス社)(p.67)か
ら転載(原典: Sundstom E., & Altman, I. 1976 Interpersonal relationships and personal space;
Research review and theoretical model. *Human Ecology*, 4, 47-67)

끼리라 해도 앞으로 상호작용이 있을 것으로 생각하는 경우에는 멀면 멀수록 쾌적하게 느끼지는 않으며, 너무 가까워도 불쾌하지만 너무 멀어도 역시 불쾌하게 느낀다고 지적했다. 즉 대인거리를 가로축으로 하고 쾌·불쾌를 세로축으로 해서 그래프를 그리면 역U자형이 된다는 것이다.

역U자형이 되는 것은 친구 사이도 마찬가지다. 이는 친구 사이라면 당연히 앞으로 상호작용이 있을 것으로 생각하기 때문이겠지만 [그림 5-1]을 보면 친구 사이는 모르는 사이보다도 가장 쾌적하다고 느끼는 거리가 짧다는 것을 알 수 있다. 다이보(1998)는 이 역U자의 정점이 어디에 있는지에 따라 대인관계의 특징을 알 수 있다고 한다.

대인관계에 따라 대인거리가 다르다는 것을 가장 먼저 지적한 사람은 홀(Hall, 1966)일 것이다. 그는 대인거리를 '밀접거리, 개체거리, 사회거리, 공중(公衆)거리'의 네 가지로 분류했다. 다이보는 밀접거리란 상대의 존재가 명확히 드러나며 긴밀한 접촉이 가능한 (p.60) 거리로 0~0.45m 정도이고 가족이나 연인 등 가장 친한 상대 이외에는 취하고 싶지 않은 거리라고 한다. 패터슨(1983)은 이 거리에서는 1) 쉽게 닿을 수 있다, 2) 상대의 체온을 어느 정도 느낄 수 있다, 3) 체취, 향수나 세이빙 로션 등의 향을 맡을 수 있다, 4) 상대의 시각적인 모습이 왜곡되어 보일 수도 있다고 지적한다(p.122).

개체거리는 상대를 시각적으로 파악할 수 있고 비교적 쉽게 접근할 수 있는(大坊, 1988, p.60) 0.45~1.2m 정도로 친구를 포함시키기에 무리가 없는 거리다. 한편 사회거리는 노력하지 않고는 상대에게 접근할 수 없는 직업적인 커뮤니케이션에 따른 거리로(大坊, 1998, pp.60~61) 1.2~3.6m 정도를 가리킨다. 통상적으로 점원과 손님 또는 모르는 사람들 사이의 거리다. 공중거리는 3.6m 이상으로 상대와의 상호작용이 낮은 경우 취하는 거리로 강연이나 연설을 할 때 화자와 관객 사이의 거리라고 할 수 있다(大坊, 1998).

이 대인거리 감각은 문화에 따라 차이가 난다고 알려져 있다. 다이보(1998)는 니시데(西出)가 1985년에 행한 실험을 소개하면서 일본인의 경우는 홀(Hall)의 분류방식에 가깝지만, 그 단위가 약간 더 길다(p.61)고 한다. 홀(1966) 역시 문화에 따른 대인거리의 차이를 언급하고 있는데, 대개 라틴아메리카나 아랍문화권에서 대인거리가 가깝고, 북미나 북유럽, 아시아권에서는 대인거리가 멀다고 한다.

이러한 대인거리는 일정한 사회 내에서는 대부분 큰 틀에서 공통적으로 이해하고 있다. 즉 대인거리는 사회 안에서 규범을 형성한다고 할 수 있다. 따라서 그 규범에서 일탈하면 거기에서 어떤 메시지(예를 들면 호의나 위압 등)를 읽어 내려고 하는 것이다.

＃ 05
집의 공간에 대한 문화 차이

개인과 개인의 거리 문제에서 벗어나 개인의 생활공간의 중심인 집에 대해 검토해 보자.

바르가스(1987)에 따르면 미국에서는 벽거울과 커다란 유리창이 있는 집과 담장이 없는 널찍한 정원(p.139)을 만드는 데 비해 라틴아메리카에서는 아무도 침입하지 못하도록 정원 주변에 담을 높게 쌓고 집과 벽 사이의 공간은 화초나 조각으로 장식하거나 산책로를 만들어 자신이 즐길 수 있도록 꾸민다고(p.139) 한다. 또 문은 자물쇠로 잠가 놓는 경우가 많다는 것이다. 한편 독일은 외벽이 도로에 접해 있는 집이 많고 현관은 대부분 도로에서 보이지 않는다(바르가스, 1987). 집과 집 사이에 문이 있고 그 문을 지나 안으로 들어가면 잘 가꾸어진 정원이 있으며 그 정원에서 각자의 집 현관으로 들어가게 되어 있다는 것이다(바르가스, 1987, p.139). 즉 정원으로 나 있는 문을 열면 그대로 각자의 집으로 들어가게 된다. 문을 자물쇠로 잠가 놓지 않았더라도 벨을 눌러 허락을 받고 들어간다. 이처럼 어떠한 배치로 집을 짓는가는 문화마다 크게 차이가 난다.

독일에서는 집 안의 방문을 닫아 두는 것이 보통이지만(바르가스, 1987, p.139) 미국에서는 대부분 열어 둔다. 닫혀 있는 경우는 보기 흉하거나 냉난방 효과를 높여야 하거나 프라이버시를 확보하기 위한 경우라고 한다(바르가스, 1987). 미국에서는 손님을 초대하면 집 안을 보여 주는 경우가 많지만 문이 닫힌 방은 보여 주지 않는다. 화장실 문도 안에 사람이 없으면 열어 둔다. 닫혀 있으면 사람이 있다는 뜻이다. 공중화장실 문은 내버려 두면 항상 열린 채로 있다(참고로 미국의 공중화장실은 문 아래쪽이 뚫려져 있는 경우가 많아 그곳으로 사람의 다리가 보이면 사용 중임을 분명히 알 수 있다).

독일이나 미국의 집은 기본적으로 방의 칸살과 가구의 위치를 바꿀 수 없는 고정공간인 데 비해 전통적인 일본의 가옥은 가구도 문도 고정되어 있지 않은 반고정공간이라고 한다(池田·크레이머, 2000). 필요에 따라 미닫이나 장지문을 열고 닫아 방의 크기를 바꿀 수 있을 뿐 아니라 탁자나 이불 등도 필요에 따라 내놓기도 하고 들여놓기도 한다. 오늘날은 일본도 서양식 집이 많이 늘어났고 각자가 자기 방을 갖고 있는 경우가 많지만 대개는 문을 닫아 놓는다. 화장실 문도 안에 사람이 있든 없든 닫아 둔다. 공중화장실의 문도 그냥 내버려 두면 대부분 저절로 닫힌다. 한편 일본은 가구를 방 가운데 놓고 네 귀퉁이에는 아무것도 놓지 않는 데 비해 유럽에서는 벽을 따라 가구를 놓고 방 한가운데를 비워 두는 것도 차이점이다(桝本, 2000).

집을 짓는 방법이나 가구 배치의 차이가 대인거리의 차이와 직접

• 그림 5-2 **가구 배치**

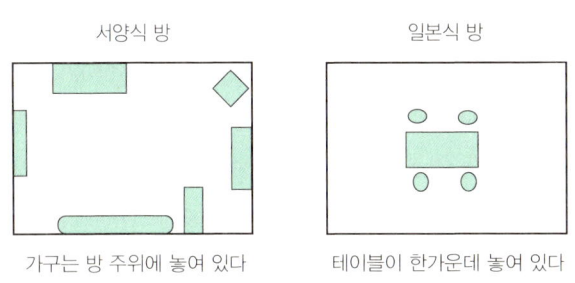

서양식 방	일본식 방
가구는 방 주위에 놓여 있다	테이블이 한가운데 놓여 있다

• 西田ひろ子 編 『異文化間 コミュニケーション』(創元社), p.92

적인 관계는 없다 하더라도 우리가 무의식중에 당연하게 여기고 있는 점을 깨닫게 해 주는 데는 좋은 자료가 될 것이다.

06
환경요인으로서의 방과 가구

집 안에 방을 배치하는 방법은 그 집에 사는 사람들의 커뮤니케이션에 영향을 준다.

바르가스(1987)는 대학 기숙사로 지은 건물을 노인요양원으로 용도를 바꿀 수 없는 이유를 그곳에 사는 사람들이 원하는 커뮤니케이션 스타일의 차이를 들어 설명하고 있다. 대학 기숙사의 방은 보통 공부에 집중하기 위해서나 각자의 자유로운 생활을 보장하기 위해 그곳에 사는 사람들을 주위에서 분리시키는 기능을 한다. 반면에 노인요양원에 사는 사람들은 주위와 단절되는 것을 싫어하는 경향이 많다. 따라서 노인요양원에서 커뮤니케이션 장소로 활용되는 식당이나 라운지 같은 공유 공간이 대학 기숙사에서는 별로 활용되지 않는다. 노인요양원에서는 따스한 햇살이 비치는 곳에서 하루 종일 앉아 쉴 수 있는 장소가 꼭 필요하지만 대학생에게서는 이러한 광경을 좀처럼 보기 힘들다는 것을 생각하면, 특정한 입주민을 위해 지은 건물을 다른 목적으로 바꾸는 것이 얼마나 비효율적인지 납득할 수 있다.

가족이 모이는 거실도 그 가정이 어떤 생활습관을 갖고 있는가에 따라 당연히 가구의 배치가 달라진다. 예를 들어 가족이 모두 모여 여유롭게 텔레비전을 보는 것이 일과인 가정에서는 텔레비전이 보이는 위치에 가족 전원이 앉을 수 있는 커다란 소파를 놓는 것이 좋을 것이다. 반대로 가족이 같이 있으면서도 각자가 텔레비전, 독서, 공부, 게임 같은 다른 일을 하는 가정이라면 서로가 상대방의 일을 방해하지 않도록 가구를 배치하는 것이 바람직할 것이다. 바르가스(1987)는 같은 가구라도 배치방법에 따라 전혀 다른 공간을 만들어 낼 수 있다는 것을 그림으로 보여 주고 있다(그림 5-3).

바꾸어 말하면 가구가 어떻게 배치되어 있는가에 따라 커뮤니케이션이 규정된다고도 할 수 있다. '커뮤니케이션을 최우선으로 하는' 가구 배치가 되어 있는 곳에서는 서로 말을 하지 않고 지내는 일이 고통스러울 것이고, '프라이버시와 평화공존을 위한' 가구 배치가 되어 있는 곳에서는 서로를 바라보며 이야기를 나누기가 어려울 것이다.

• 그림 5-3 가구 배치와 커뮤니케이션

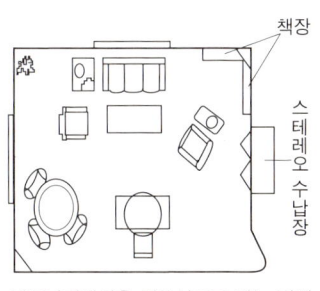
커뮤니케이션을 최우선으로 하는 거실

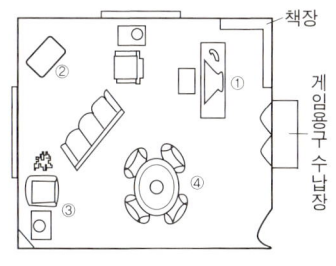
프라이버시와 평화공존을 위한 거실

• ヴァーガス、マジョリー F. (1987) / 石丸正 訳 『非言語コミュニケーション』(新潮社), p. 167, p. 168

07
우치(内)와 소토(外)

일본어의 언어규범에서는 가족 간에 서로에 대해 언급할 때 경칭을 사용한다. 예를 들어 자신의 언니에게 아버지의 이야기를 할 때는 '오토상(お父さん)'이라는 경칭을, 부모님에게 할머니의 이야기를 할 때에는 '오바-짱(おばあちゃん)'이라는 경칭을 사용한다. 그러나 타인에게 자신의 가족에 대한 이야기를 할 때는 경칭을 사용하지 않는 것이 원칙이다. 최근에는 이런 원칙도 많이 무너져 버린 것 같지만 자기 부모를 타인에게 이야기할 때는 '지지(父)', '하하(母)'라고 하지 '오토상(お父さん)', '오카상(お母さん)', '오네짱(お兄ちゃん)' 같은 표현은 사용할 수 없었다.

이러한 구별은 혈연관계인 가족을 벗어난 우치와 소토에서도 나타난다. 우치(内, in group)는 자신이 소속된 집단의 구성원을, 소토(外, out group)는 자신이 소속된 집단에 속하지 않는 사람을 가리킨다. 우치인 회사 사람을 소토인 거래처 사람에게 말할 경우에는 경칭을 사용해서는 안 된다. 따라서 상사의 경우 회사 내에서는 당연히 직함 등의 경칭을 붙여서 부르지만 거래처 사람에게 말할 때는 우치로 간주해 경칭을 붙이지 않는다. 영어에서는 이처럼 우치와 소토에 따라 다르게 부르지 않는다. 우치에 속하지만 Mr.나 Ms.라는 경칭을 붙여서 부르는 상대가 있는가 하면, 소토에 속하는 사람에게 그대로 경칭을 붙여 말하기도 한다.

일본에서 이처럼 우치와 소토를 가려 쓰게 된 이유는 우치와 소토의 구별을 중시하기 때문이다. 앞에서 살펴보았듯이 일본의 가옥은 반고정공간이며 요즘은 벽이나 문이 있지만 예전에는 마음대로 여닫을 수 있는 장지문만으로 바깥 세상과 구분되어 있었다. 요즘도 집의 안과 밖을 연결하는 공간으로 툇마루라는 공간이 있다. 친한 손님이 오면 툇마루에 앉아 차를 마시면서 이야기를 나누기도 한다. 이런 점에서 보면 집에 대한 우치와 소토의 구별은 말에 대한 우치와 소토보다 애매하다고 할 수도 있다.

　실은 이 우치와 소토는 집을 안과 밖으로 구별한 데서 온 것이 아니라 자신이 소속된 우치집단과 자신이 소속되지 않은 소토집단을 구별하는 데서 왔다고 한다. 일본에서는 자기 자신을 집단 내의 일원으로 생각하는 경향이 강하기 때문에 자신이 소속된 집단과 그렇지 않은 집단으로 나누는 것이다. 마루야마(丸山, 2006)는 여기에다가 '오모테(表: 겉치레나 형식, 배려가 필요한 공적인 상황)'와 '우라(裏: 본심이 드러나고 배려가 필요 없는 사적인 상황)'라는 개념을 조합하여 흥미롭게 정리했다. 우치와 우라의 조합은 가족이나 친한 친구 또는 본심을 알아주는 동료 사이에서 볼 수 있는 친화적 상황이며(p. 123), 소토와 오모테의 조합은 상하관계나 서로 잘 모르는 경우 또는 별로 친하지 않은 사이에서 볼 수 있는 예의적 상황(p.123)이라는 것이다. 나아가 소토와 우라가 조합되면 무질서 상황(p.124)이 나타나 이른바 '여행길에서는 아는 사람이 없으니 무슨 짓을 하든 부끄럽지 않다'는 말처럼 규범을 벗어나는 행동을 하게 된다는 것이다.

　앞서 말한 것처럼, 앞으로 상호작용의 가능성이 있는지 없는지에 따라 대인거리가 달라진다는 의미를 이 틀에 비춰 보면 딱 들어맞는다. 친구는 '우치+우라', 앞으로 상호작용 가능성이 있는 타인은 '소토+오모테', 상호작용 가능성이 없는 타인은 '소토+우라'가 된다. 이것은 대인관계에 따라 상대방과의 접촉방법을 바꾸는 일이 비단 일본의 경우만은 아니라는 사실을 보여 준다고 할 수 있다.

참고·인용문헌

- 池田理知子・クレーマー、エリック(2000)『異文化コミュニケーション・入門』有斐閣
- ヴァーガス、マジョリー(1987)・石丸正〈訳〉(1987)『非言語コミュニケーション』新潮社
- 岡部朗一(1996)「コミュニケーション基礎概念」古田暁〈監修〉、石井敏・岡部朗一・久米昭元〈著〉『異文化コミュニケーション：新国際人への条件』改訂版 第1章(pp.15-38) 有斐閣
- 末田清子・福田浩子(2003)『コミュニケーション学：その展望と視点』松柏社
- 大坊郁夫(1998)『しぐさのコミュニケーション：人は親しみをどう伝えあうか』サイエンス社
- パターソン、マイルズ(1983)/工藤力〈監訳〉(1995)『非言語コミュニケーション基礎理論』誠信書房
- プリブル、チャールズ(2006)『科学としての異文化コミュニケーション：経験主義からの脱却』ナカニシヤ出版
- ホール、エドワード(1966)/日高敏隆・佐藤信行〈訳〉(1970)『かくれた次元』みすず書房
- 桝本智子(2000)「非言語」西田ひろ子〈編〉『異文化間コミュニケーション入門』第2章(pp.75-100) 創元社
- 丸山真純(2006)「異文化コミュニケーション：自己観からのアプローチ」橋本満弘・畠山均・丸山真純『教養としてのコミュニケーション』第3章(pp.88-147) 北樹出版
- リッチモンド、バージニア・マクロスキー、ジェームズ(2004)/山下耕二〈編訳〉(2006)『非言語行動の心理学：対人関係とコミュニケーション理解のために』北大路書房

Chapter 06 신체

오하시 리에

· 학습 포인트 ·

- 비유의 종류(직유, 은유, 환유, 제유)를 이해한다.
- 신체동작의 종류(표상기호, 예시자, 감정표시, 발화 조정자, 적응자)와 메시지를 살펴본다.
- 표상기호와 언어의 공통성을 살펴본다.
- 감정표시의 문화보편성과 표출규칙을 이해하고 안면관리기술의 종류를 알아본다.
- 신체접촉이 전달하는 메시지와 문화의 차이를 살펴본다.

01
신체의 일부를 사용한 표현

　신체의 일부를 사용한 일본어 표현은 일일이 예를 들 수 없을 정도로 많다.「空耳(헛들음)」,「口が悪い(입이 걸다)」,「腕が上がる(솜씨가 늘다)」,「頭が上がらない(머리를 들 수 없다)」,「鼻が高い(콧대가 높다)」,「腰が低い(겸손하다)」,「顔が広い(발이 넓다)」,「首になる(해고되다)」등은 모두 신체의 일부가 들어간 일본어 표현이다. 이를 간단히 분류해 보면 1)「首を傾げる(고개를 갸웃하다)」「頭を垂れる(머리를 숙이다)」처럼 실제로 신체의 일부를 가리키는 표현, 2)「足が出る(적자가 나다)」「(借金で)首が回らない(빚에 몰려 옴짝달싹 못하다)」처럼 관용구로 사용되는 표현, 3)「手が足りない(손이 모자라다)」「頭数を数える(머릿수를 세다)」처럼 신체의 일부로 사람 전체를 가리키는 표현으로 나눌 수 있다.
　영어에도 신체의 각 부분을 사용한 표현이 많으며 앞에서 서술한 세 가지 분류에 해당되는 예를 각각 들 수 있다. 실제 신체의 부분을 가리키는 표현으로는 'from head to toe(머리끝에서 발끝까지=전신)'가 있다. 또 'give~a hand'에서 hand는 실제의 손이 아닌 '도움'이라는 의미이므로 관용구의 예라고 할 수 있다. 신체의 일부분으로 사람 전체를 나타내는 '머릿수를 세다'라는 말은 'head count'라는 동일한 표현이 영어에도 있다. 글자 그대로 풀이하면 '머릿수 세기'이지만 실제로는 인원수를 세는 것이므로 머리가 사람 전체를 가리킨다고 할 수 있다.

02 사물을 예로 드는 발상

어떤 사물을 다른 사물에 빗대어 표현하는 방법을 비유라고 하는데, 신체의 일부분으로 사람 전체를 가리키는 것도 비유의 일종이다. 가장 잘 알려진 비유는 '직유(simile)'와 '은유(metaphor)'지만 그 밖에 '환유(metonymy)'와 '제유(synecdoche)'도 있다. 직유는 'A는 B와 같다'의 형태로 무언가를 다른 것에 빗대는 표현방법이다. '그녀의 볼은 사과와 같다'가 여기에 해당된다. 은유는 'A는 B이다'의 형태로 '~와 같은'이라는 표현을 사용하지 않는다. '그녀는 천사다'라는 표현이 여기에 해당된다.

환유는 무언가를 직접 관계가 있는 다른 사물의 명칭으로 부르는 것을 말한다(小泉, 2001). 용기로 내용물을 나타낸다거나 생산지의 지명으로 특산물을 가리키는 것도 환유의 일종이다. 용기로 내용물을 표현하는 예로는 '주전자가 끓고 있다'를 들 수 있다. 실제로 끓고 있는 것은 물이지만 주전자라는 용기로 그 안의 내용물을 나타내는 것이다. 생산지로 특산물을 나타내는 것은 '나다(灘 : 술로 유명한 곳)'가 청주를, '보르도(Bordeaux : 와인으로 유명한 곳)'가 레드와인을 의미하는 경우가 여기에 해당된다. 부분으로 전체를 나타내는 표현법을 제유라 하는데 '손이 부족하다'에서 '손'이 사람을 나타내듯이 일부분으로 전체를 나타내는 비유법이다. 또 전체로 부분을 나타내는 것도 제유다. 예를 들어 '하나미(花見)'는 글자 그대로는 '꽃놀이'이지만 실제로는 '벚꽃놀이'를 뜻한다. 즉 '꽃'이라는 전체로 '벚꽃'

이라는 부분을 나타내는 것이다. 그러나 환유와 제유의 구별은 전문적으로도 상당히 어려우므로 연구자에 따라서 견해를 달리하기도 한다(小泉, 2001).

03
신체동작

　앞에서 말한 신체의 일부가 들어간 표현 중에서 실제로 신체의 일부를 가리키는 표현은 비유나 관용구처럼 다른 의미를 내포하지는 않는다. 그러나 그 표현에서는 동작 자체가 특정한 의미를 갖는다는 점이 흥미롭다. 예를 들어 "그녀는 이상하다는 듯이 고개를 갸웃했다."라는 문장은 아주 자연스러운데 이때 '고개를 갸웃했다'는 동작은 무엇을 의미할까. 우리는 무언가를 잘 이해하지 못할 때 고개를 갸웃한다. 그렇다면 "그녀는 이상하다는 듯이 고개를 갸웃했다."는 그녀가 무언가를 잘 이해하지 못했다는 의미다. 이처럼 우리는 어떤 의미를 전달하기 위해 신체를 사용하여 표현할 때가 있는데, 이는 '비언어·비음성 메시지' 분류 중의 '신체동작'에 해당된다.

　이 신체동작에는 1) 표상기호 2) 예시자 3) 감정표시 4) 발화 조정자 5) 적응자의 다섯 종류가 있다고 한다(末田·福田, 2003:리치몬드·매크로스키, 2004).

(1) 표상기호(emblem)

표상기호란 어떤 기호로 사용되는 동작을 말한다. 일본에서는 상대방에게 손바닥을 보이며 손을 옆으로 흔드는 동작을 '안녕'이라는 기호로 사용하는데 이는 표상기호에 해당된다. 미국에서 'OK!'라는 의미로 사용하는 '주먹을 쥔 채 엄지손가락을 위로 올리는 동작'도 표상기호의 하나다. 우리가 일상생활에서 사용하는 제스처의 많은 부분이 표상기호로 쓰이는데 이런 동작은 언어 대용으로 사용할 수 있다. 따라서 표상기호가 가진 성질의 대부분은 언어가 가진 성질과 아주 비슷하다(리치몬드·매크로스키, 2004).

언어는 그 언어체계에 대해 공통이해를 가진 사람들 사이에서만 통용된다. 표상기호로 사용되는 신체동작 역시 그 동작에 대한 공통이해가 있는 사회 또는 그 동작을 사용하는 사람들끼리가 아니면 의미가 전달되지 않는다. 앞에서도 말했듯이 일본에서는 고개를 갸웃하는 동작이 이해가 안 된다는 의미로 사용되므로 누가 이런 동작을 하면 무슨 의미인지 바로 알 수 있다. 그러나 이해가 안 될 때 어깨를 드는 동작을 하는 사람이라면 고개를 갸웃하는 동작을 봐도 무슨 의미인지 모를 것이다.

우리가 언어를 사용할 때는 머리로 단어를 생각한 후에 표현하므로 언어 사용은 기본적으로 의도적인 메시지의 발신이라 할 수 있다(뜨거운 것을 만졌을 때 "앗 뜨거!" 하면서 손을 움츠리는 경우와 같은 반사적인 발화는 예외로 한다). 마찬가지로 표상기호로 사용되는 신체동작 역시 의도적인 동작이라고 할 수 있다.

표상기호인 신체동작이 언어처럼 기호로 사용된다는 의미는 어떤 동작이 무엇을 나타내는지가 필연적으로 정해진 것이 아니라 그

동작의 의미를 공유하는 사람들 사이의 규칙에 지나지 않는다는 뜻이다. 즉 우리가 헤어지는 인사로 손을 흔드는 동작이 반드시 'bye-bye'를 의미해야 할 필연적인 이유는 없다. 언어의 자의성(恣意性: 어떤 언어와 그것이 나타내는 대상은 필연적인 결합이 아니라 그 언어를 사용하는 사회구성원들이 자의적으로 정한 것이다)은 언어의 본질에서 매우 중요한 부분인데, 표상기호 역시 언어와 마찬가지로 어떤 동작과 그것이 가리키는 내용의 관계는 자의적으로 정해졌다고 할 수 있다.

그리고 표상기호가 된 동작과 그것이 의미하는 내용의 관계가 자의적으로 성립된 규칙이라는 말은 우리가 그것을 학습해야 한다는 뜻이기도 하다. 그래야만 어느 사회 내에서 표상기호로서의 동작을 공유할 수 있는 것이다. 일본에서는 사용한 적이 없는 '주먹을 쥔 채 엄지손가락을 위로 올리는 동작'을 미국에서 사용했다면 그는 다른 사람들이 어떤 장면에서 어떤 식으로 그런 동작을 하는지를 학습한 다음 사용했다고 볼 수 있다. 언어도 학습을 해야 사용할 수 있다는 점을 생각한다면 여기서도 표상기호와 언어의 공통점을 지적할 수 있다.

(2) 예시자

예시자(例示子)란 어떤 예를 구체적으로 나타내기 위해 사용하는 동작을 말한다. 예를 들면 "이만한 물고기를 잡았어." 하면서 그 물고기 크기만큼 손을 벌리는 동작이 이에 해당된다. 물건의 크기를 나타내는 것뿐만 아니라 "지금부터 세 가지로 설명하겠습니다. 첫째는…" 하면서 손가락을 하나 세우는 동작도 여기에 해당된다.

예시자란 말하고 있는 내용을 구체적으로 나타내기 위해 사용하는 동작이므로 말을 보완하기 위해 사용한다고 할 수 있다. 그러나 표상기호와는 달리 말 대신으로 사용할 수는 없다. 예시자 동작만으로는 무엇을 전하려 하는지 알 수 없다. 이는 예시자가 기호로서의 역할을 갖고 있지 않기 때문이다. 그러나 말을 보완하는 데 사용하는 만큼 기본적으로는 의도적인 동작이므로 이 점에서는 언어와 공통된다고 할 수 있다.

(3) 감정표시

감정표시는 글자 그대로 감정을 나타내는 동작을 말한다. 싫은 것을 봤을 때 얼굴을 찌푸리는 동작이 여기에 해당된다. 얼굴 표정도 신체동작의 일부로 분류된다. 얼굴은 사람의 신체 중에서 감정이 가장 잘 나타나는 부분이므로 감정표시에 속하는 신체동작은 얼굴에 나타나는 경우가 많다. 그 외에 분노로 어깨를 흔드는 동작도 감정표시로 분류된다.

기본적으로 인간은 누구나 기쁘거나 즐거우면 웃고, 슬프면 눈물이 나온다. 인간의 기본적인 감정인 슬픔·분노·혐오·공포·흥미·놀람·행복과 특정한 표정이 관계가 깊다는 사실은 문화보편적·생리적 현상이라 해도 좋을 것이다(리치몬드·매크로스키, 2004). 그러나 인간은 표정을 어느 정도 조절할 수 있다고 알려져 있다. 긴장했을 때 아무렇지도 않은 척 표정을 감출 수는 있지만 다리를 떨거나 식은땀이 나는 것은 조절할 수 없다는 것을 상상해 보면 알 수 있다. 어떤 감정이 어떤 표정으로 나타나는지는 문화보편적이지만 어떤 장면에서 어떤 감정을 표현하는지는 문화마다 다르며 이는 각 문화의 행동규범이다(桝本, 2000). 이것을 표출규칙이라고 한다.

그 사회가 어떤 장면에서 어떤 감정을 표현하기를 기대하는지 또는 억제하는지에 따라 우리는 표정을 만든다. 그렇게 표정을 만드는 방법, 즉 '안면관리기술'에는 네 종류가 있다고 한다(리치몬드·매크로스키, 2004).

첫 번째는 '마스킹'이라는 방법이다. 이것은 어떤 상황에서 특정한 감정이 드러나는 표정을 억제하고 주위의 기대에 맞도록 다른 표정으로 바꾸는 것을 의미한다. 스포츠 시합을 예로 들어 보자. 시합에서 패했을 때 노골적으로 분한 표정을 짓기보다는 웃는 얼굴로 이긴 사람에게 축하를 보내며 악수를 청하는 사람을 훌륭한 스포츠맨이라고 생각하는 것이 일반적이다. 따라서 분한 감정을 드러내는 것은 표출규칙에 어긋나므로 이를 칭찬하는 감정으로 바꾸어 표현하는, 즉 '마스킹'을 행하는 것을 바람직스럽게 여긴다. 어느 정도의 '마스킹'이 필요한지는 문화에 따라 다르며 스포츠의 종류에 따라서도 다르다.

두 번째는 '강화'인데 이는 어떤 감정을 나타내는 표정을 의도적으로 과장하는 것을 가리킨다. 친척한테서 선물을 받았을 때 비록 자신이 원하는 선물이 아닐지라도 기쁜 표정을 지어야 하는 경우가 많을 것이다. 이때 '기쁘다'는 감정을 과장되게 표현하는 것이 강화에 해당된다. 이는 각 문화의 표출규칙에 따라 다르게 나타난다.

세 번째는 '약화'라는 방법인데 이는 특정한 감정의 표정을 약화시키는 것이다. 일본에서는 장례식장에서 완전히 무표정해서도 안 되지만 그렇다고 지나치게 슬퍼하며 노골적으로 울부짖는 것도 좋게 여기지 않는다. 세상을 떠난 사람과 가까웠거나 친했던 사람들은 아무리 슬퍼도 일정한 범위를 넘지 않기를 기대하는 문화이므로 감정 표현을 약화시켜야 한다. 이것도 표출규칙에 따라 행해야 하는 것이다.

네 번째는 '중립'이다. 이른바 포커페이스(poker face)를 뜻하며 감정을 표정으로 드러내지 않는 것을 가리킨다. 기쁘거나 슬프거나 화가 나더라도 늘 같은 표정을 짓는 사람을 본 적이 있을 것이다. 이는 다른 사람이 자신의 감정을 알아채지 못하게 하는 데 효과적이다.

(4) 발화 조정자

발화 조정자(発話調整子)란 사람들끼리 대화를 할 때 대화의 시작과 끝을 조절하는 동작을 뜻하는데 시선을 맞추는 것이 대표적이라고 할 수 있다. 길에서 아는 사람을 봤을 때 눈이 마주치게 되면 인사를 안 할 수가 없는데 이는 눈을 마주치는 것이 커뮤니케이션을 개시하는 신호가 되기 때문이다.

우리는 평소에는 이런 신체동작을 그다지 의식하지 않는다. 그러나 신체동작을 할 수 없게 되었을 경우에 대화에 곤란을 느끼는 상황을 보면 실제로는 이런 동작을 많이 하고 있음을 알 수 있다. 예를 들어 전화를 할 때 자신은 빨리 끊고 싶은데 상대방이 길게 이야기하는 경우를 생각해 보자. 상대와 얼굴을 보면서 이야기를 한다면 슬슬 이야기를 끝내고 싶다는 표시를 어떤 형태로든지 할 수 있겠지만 전화로는 보여 줄 방법이 없다. 또 얼굴을 보며 이야기를 한다면 상대방이 이야기를 계속하고 싶어 하는지 아닌지를 볼 수 있지만 전화로는 보이지 않는다. 어느 쪽이 되었든 얼굴을 보고 이야기하면 알 수 있는데 전화로는 알 수 없는 까닭은 전화가 시각적인 정보를 전하지 못하기 때문이다. 즉 얼굴을 보고 있는 상태에서는 이야기를 시작하고 싶다거나 계속하고 싶다거나 끝내고 싶다는 시각적 정보를 무의식중에 상대에게 보내는 것이다.

우리는 다른 사람과 이야기할 때 상대방을 보면서 말하는 것 같지만 실제로는 많은 경우에 듣는 사람이 오히려 이야기하는 사람을 보고, 이야기하는 사람은 시선을 돌리는 경우가 상당히 많다(바르가스, 1987). 또 실제로 대화를 할 때는 자주 시선을 마주치거나 돌리기도 한다. 이처럼 시선을 마주치거나 돌리는 일은 자신이 아직 이야기를 끝내지 않았다거나 상대방이 대화에 끼어들어 주면 좋겠다는 뜻을 전하는 하나의 방법인 것이다.

(5) 적응자

적응자(適応子)란 그 상황에 대처하기 위한 동작으로, 긴장했을 때 머리를 긁는다든가 불안할 때 다리를 떠는 경우가 여기에 해당된다.

적응자의 특징은 대개 본인은 무의식중에 그 동작을 취한다는 점이다. 그러나 그러한 상대방의 동작을 보는 사람은 그 동작에서 메시지를 읽어 낸다. 교실 앞에 나가서 발표를 해야 할 사람이 계속해서 머리카락을 만지작거리고 있다면 이를 보는 사람들은 분명히 그가 긴장하고 있다고 생각할 것이다. 이처럼 적응자는 본인은 전달할 의사가 없는데도 주변에 전달되어 버리는 경우가 있다. 본인은 자신이 긴장하고 있음을 전할 의사가 없는데도 머리카락을 만지작거리는 행동으로 인해 주변에서는 그런 메시지를 읽어 내는 것이다.

04 신체접촉

악수, 뺨을 맞대는 인사, 포옹, 어른이 아이의 머리를 쓰다듬거나, 상사가 부하의 어깨를 두드리거나, 손바닥으로 뺨을 때리거나, 상대방을 치거나 때리는 등 타인과 접촉하는 동작은 모두 신체접촉이다. 신체접촉은 본능적인 것과 의례적인 것으로 분류하기도 한다. 아기가 마음 놓고 엄마에게 안겨 있는 것은 본능적인 신체접촉이고, 어른끼리 하는 인사의 일종인 포옹은 의례적인 신체접촉이다(이는 일종의 표상기호라고 할 수도 있다).

신체접촉의 형태를 조금 더 세분하면 의사나 간호사처럼 전문적인 직업인이 직업상 필요해서 하는 '전문직-직무상의 접촉', 인사처럼 문화적인 규범에 따라 행하는 '사회적-정중한 접촉', 우정을 표현하거나 상대에 대한 배려를 표현하기 위한 '우정-배려의 접촉', 애인이나 부부처럼 친밀한 사이임을 나타내는 '연애-친밀한 접촉', 성적 만족을 위해서 하는 '성적-흥분의 접촉'이 있다(리치몬드·매크로스키, 2004).

물론 신체접촉의 빈도는 문화에 따라 상당히 다르다. 일반적으로 라틴계 사람들은 신체접촉이 많다고 하는데 바르가스(1987)에 따르면 스페인과 남미에서는 친구나 가족인 여자끼리 걸을 때 팔짱을 끼거나 팔을 잡는 일은 흔하며 한국도 마찬가지라고 한다. 또 남성끼리 인사할 때 프랑스에서는 뺨에, 중동에서는 턱수염에 키스한다고 지적하고 있다.

악수나 포옹, 키스는 일본의 전통적인 인사 형태가 아니므로 일본 문화에서 자랐다면 이런 의례적인 신체접촉을 배울 기회가 거의 없었다고 해도 좋을 것이다. 따라서 의례적 접촉의 대표적 형태라고 할 수 있는 악수하는 법도 배워야 한다. 일본에서는 악수를 하지 않기 때문에 악수할 때 어느 정도의 힘으로 잡아야 하는지 당황하는 사람도 있을 것이다. 또 평소에 악수를 하는 사람이라면 상대방의 손에 얼마나 힘이 들어가 있는지를 보고 적극성이나 마음을 읽어 내려고 할 것이다. 인사할 때 상대방이 고개를 숙이는 정도에 따라 상대에 관한 여러 가지를 추측하려는 것과 마찬가지다.

"힘내!" 하면서 팀원의 어깨를 두드린다거나 부모가 자식의 머리를 쓰다듬는 행위는 쉽게 상상이 가지만, 후배가 선배에게 "수고하셨습니다!" 하며 어깨를 두드리는 행위는 상상하기 어렵다. 신체접촉을 먼저 시도해도 되는 사람은 대체로 상대방과 대등한 입장이거나 손윗사람인 경우다(리치몬드·매크로스키, 2004). 상대의 신체에 접촉한다는 것 자체가 자신과 상대를 대등하게 여기거나 자신의 입장이 상대보다 우위에 있음을 전달하기 때문이다. 제1장에서도 살펴보았듯이 커뮤니케이션에서는 반드시 내용과 당사자의 인간관계가 함께 전달되는데 신체접촉에서도 그런 현상이 나타난다고 할 수 있다.

05
콘텍스트

　미국은 일반적으로 자신이 말하고 싶은 것을 분명하게 표현하는 문화이므로 반대의견도 반드시 말로 표현해야 한다고 생각하지만, 일본에서는 오히려 침묵으로 반대 의견을 표현하는 경우가 있다. 일본에서는 침묵 자체를 메시지로 간주하기 때문에 여럿이서 대화하는 도중에 누군가 침울한 표정으로 잠자코 있다면 그 자체를 반대 의견의 표시로 받아들이기도 한다.

　어떤 커뮤니케이션 스타일을 많이 사용하는지는 문화마다 다르지만 크게 나누면 일본처럼 콘텍스트에 의존하는 정도가 높은 문화와 그렇지 않은 문화가 있다(岡部, 1996). 콘텍스트(context)란 단순히 앞뒤의 문맥을 의미하는 게 아니라 방 안인지 시끄러운 길거리인지와 같은 물리적인 환경과, 처음 보는 사람인지 오래 알고 지낸 사람인지, 상하관계인지 아닌지와 같은 대인관계까지를 포함하여 커뮤니케이션이 이루어지는 장면 전체를 가리킨다.

　일본에서는 타인에게 의사전달을 할 때 자신이 말하고 싶은 내용을 전부 표현하는 것이 아니라 반 정도만 표현하고 나머지는 청자가 추측하게 하는 커뮤니케이션이 흔하다. 이때 청자는 화자가 말하고 싶어 하는 내용을 커뮤니케이션이 이루어지는 주변상황, 즉 콘텍스트에서 추측한다. 이렇게 콘텍스트 의존도가 높은 커뮤니케이션 스타일을 고콘텍스트(high context) 커뮤니케이션 스타일이라고 한다.

　반대로 자신이 말하고 싶은 것은 전부 말로 표현해야 한다고 생각하는 문화에서는 가능하면 모든 것을 언어로 표현하려고 하므로 청자는 콘텍스트에서 화자의 의도를 추측할 필요성이 적어진다. 즉 콘텍스트 의존도가 낮은 커뮤니케이션 스타일이다. 이런 커뮤니케이션 스타일을 저콘텍스트(low context) 커뮤니케이션 스타일이라고 한다.

　일본에서 고콘텍스트 커뮤니케이션 스타일을 많이 사용한다는 것은 화자가 자신의 의도를 전부 말로 표현하지 않아도 청자가 헤아려 주기를 기대하는 경우가 많다는 뜻이다. 화자는 청자의 이해를 기대하고 자신이 말하고 싶은 것을 전부 말하기를 삼가는 '사양과 이해의 커뮤니케이션'이 일본의 커뮤니케이션의 특징이라고 한다(石井, 1998). 청자가 화자의 의도를 이해할 수 있는 것은 일본사회에 동질성이라는 전제가 있기 때문이다. 일본사회에서는 기본적으로 누구나 '당신과 나는 동일하다는 것을 양해하고 있다'고 전제한다. 그렇지 않다면 타인의 의도를 도저히 추측할 수 없기 때문이다. 기본적으로 당신과 나는 동일하니까 생각하는 것도 같다, 따라서 전부 말하지 않아도 서로 말하고 싶은 것을 알고 있다는 생각이 밑바탕에 깔려 있지 않으면 '사양과 이해의 커뮤니케이션'은 성립되지 않는다. 동질성의 전제, 즉 콘텍스트의 공유에 의존하는 현상은 지금도 일본사회의 다양한 장면에서 나타나고 있다.

참고・인용문헌

- 石井敏(1998)「対人関係と異文化コミュニケーション」古田暁〈監修〉, 石井敏・岡部朗一・久米昭元〈著〉『異文化コミュニケーション:新国際人への条件』改訂版 第6章(pp.121-140) 有斐閣
- ヴァーガス、マジョリー(1987)/石丸正(訳)(1987)『非言語コミュニケーション』新潮社
- 岡部朗一(1996)「文化とコミュニケーション」古田暁〈監修〉石井敏・岡部朗一・久米昭元〈著〉『異文化コミュニケーション:新国際人への条件』改訂版 第2章(pp.39-59) 有斐閣
- 小泉保(2001)「語用論の応用」小泉保〈編〉『入門 語用論研究:理論と応用』第8章(pp.141-164) 研究社
- 末田清子・福田浩子(2003)『コミュニケーション学:その展望と視点』松柏社
- 桝本智子(2000)「非言語」西田ひろ子〈編〉『異文化間コミュニケーション入門』第2章(pp.75-100) 創元社
- リッチモンド、バージニア・マクロスキー、ジェームズ(2004)/山下耕二〈編訳〉(2006)『非言語行動の心理学:対人関係とコミュニケーション理解のために』北大路書房

Chapter 07 복장

오하시 리에

• 학습 포인트 •

- '정숙성'의 문화 차이와 '장식'의 동기를 알아본다.
- 신호로서의 복장의 기능을 이해한다.
- 인상형성의 4단계를 알아본다.
- 현상적(現象的) 자기(自己) 및 역할의 전달을 이해한다.
- 획일성(uniformity)과 제복의 기능을 이해한다.
- 동조성, 개성, 일탈을 알아본다.

01
옷을 입는 이유

'옷이 날개'라는 일본 속담이 있다. '누구든지 외모를 꾸미면 멋있게 보인다.'는 의미지만 옷은 멋있게 보이기 위해서 입는 것만은 아니다. 일본에서는 '옷깃이 두껍다(襟付きか厚い)'는 유복하다, '소매를 넓힌다(袖をひろぐ)'는 동냥한다는 의미다(고지엔 제6판). 그런데 실생활에서 우리는 다른 사람이 입고 있는 옷에서 어떤 메시지를 읽게 될까. 또 우리는 무언가를 전달하고 싶을 때는 어떤 옷을 선택할까.

우리가 옷을 입는 이유에 대해 카이저(1985a)는 '일반적으로 알려진 옷을 입는 세 가지 목적이 정숙성, 장식, 보호·실용'(p.34)이라고 서술했다. 한편 리치몬드와 매크로스키(2004)는 옷을 입는 이유를 쾌적·보호, 은폐, 문화의 표시라고 말한 모리스의 견해(p.38)에 덧붙여 '쾌적·보호, 은폐는 기본적인 인간의 동기, 생존과 피난 목적, 정숙성이라는 심리적 쾌감을 충족시켜 준다.'(p.38)고 지적하고 있다.

(1) 정숙성을 위한 옷 입기

정숙하게 보이기 위해 옷을 입는다는 말은 당연히 납득할 수 있지만 카이저(1985a)는 인간이 본능적으로 자신의 몸을 수치스러워 한다고 생각할 만한 증거는 거의 없다(p.35)고 했다. 즉 정숙성이란 본능적인 것이 아니라 몸의 일부를 드러내는 일이 사회적으로 용인되는지 아닌지 문화적인 사회화를 통해 학습(p.35)한 결과로 나타난다는 것이다. 그러므로 무엇이 정숙한지는 문화에 따라 크게 차이가 나며 같은 문화에서도 장소에 따라 아주 다르다. 일반적인 장소에서는 노출이 허용되지 않는 부분도 의사의 진찰실 안에서는 당연히 드러내게 된다. 여성이 발부터 다리까지 노출시키는 것에 대해서 같은 문화권 내에서도 정숙성의 기준이 바뀐 예를 볼 수 있다. 서구에서는 이전에 여성이 긴 스커트를 입었으며, 발을 드러내면 에로틱하다고 생각했으나 그 이후 여성의 스커트 길이를 보면 정숙성의 기준이 바뀌었음을 알 수 있다. 1960년대에 세계적으로 대유행한 미니스커트는 다리를 드러내는 것이 정숙하지 않다는 의미가 아니라는 새로운 기준을 보급시켰다고 할 수 있다.

그렇지만 이런 기준은 각 문화권에서 규범으로 작용하기 때문에 현재도 힌디 문화권이나 이슬람 문화권처럼 다리를 드러내는 것을 정숙하지 않게 생각하는 문화도 많이 있다. 이것은 정숙성의 기준에 대한 문화 차이의 예라고 할 수 있다(카이저, 1985a). 이는 모리스가 말한 '문화의 표시'와도 관계가 있다.

(2) 장식을 위한 옷 입기

장식에 대해서는 특별한 경우에 입는 옷을 떠올려 보면 이해하기 쉬울 것이다. 파티에 갈 때는 예쁘게 꾸미거나 멋있게 보일 목적으로 옷을 고르는 경우가 많다. 물론 아름다움에 대한 기준은 문화나 시대에 따라 다르다. 백화점의 드레스 매장에 가 보면 일반적인 장소에서는 입지 않는 색깔, 옷감, 스타일의 드레스가 많이 있다. 그런 옷이 진열되어 있다는 것은 현재 그 사회에서 그런 옷을 '예쁘게' 생각하고 있음을 의미한다.

카이저(1985a)는 '장식의 배후에 있는 기본적인 사고는 자신을 아름답게 꾸며서 다른 사람들에게 좋은 인상을 주어 자신을 더 매력적으로 만드는 것이다'(p.39)라고 주장하고 그 기본적인 동기로 '신체적 자기 확장, 성적 매력의 표출, 지위의 표시'를 들었다. 신체적 자기 확장은 자신이 수행하려는 역할을 완수하기 위해 옷을 이용하는 경우 등에서 볼 수 있다. 카이저(1985a)는 여성이 품위와 위엄을 나타내기 위해 비즈니스 정장의 어깨에 패드를 넣는다거나 아이들이 슈퍼맨 놀이를 할 때 망토를 두르는 것을 그 예로 들고 있다. 성적 매력의 표출은 여성이 가슴을 강조하는 옷을 입는다거나 남성이 자신의 근육이 잘 드러나는 옷을 입는 경우가 이에 해당된다. 지위의 표시는 일반 대중용의 저가 브랜드 대신 고급 브랜드의 옷을 입어서 자신의 사회적 지위를 높게 보이려는 경우를 들 수 있다.

(3) 보호·실용을 위한 옷 입기

카이저(1985a)는 보호·실용을 위한 옷의 대표적인 예로 스포츠웨어(스키복, 하키나 미식축구의 유니폼, 자전거 경기나 스피드 스케이트용 옷 등)를 든다. 또 일부 직업인들이 입는 작업복도 이 예에 해당된다고 한다. 그는 보호나 실용을 위해 옷을 입는 일은 도구적인 동기에 의한 것이라고 지적하고 기본적으로 옷을 입는 대부분의 행동은 원래 도구적인 것이라고 서술했다(1985a, p.54). 성적 매력이나 지위의 표출은 기능적인 필요성이 충족되고 난 다음에 지향한다는 점에서 보호 및 실용 기능이 다른 기능보다 우선한다고 할 수 있다.

02 신호로서의 옷

리치몬드와 매크로스키(2004)는 옷을 입는 일은 반드시 무언가 사회적 신호를 보내기 위해서라는 모리스의 견해를 인용하고 있는데, 옷이 사회적 신호가 되기 위해서는 그 신호가 사회 내에서 공유되어야만 한다. 정장을 입고 있는 사람을 보고 그가 직장에 가는(또는 직장에서 돌아오는) 것이라고 주변에서 생각한다면 그 옷은 '직장'이라는 신호로 기능한다고 할 수 있다. 평소에는 정장을 하는 사람이 서츠와 청바지를 입고 있으면 아무리 출퇴근 시간대라 할지라도 주변에서는 그가 직장에 간다고는 생각하지 않는 것을 보면 이 신호가 시간대나 사람에 따라 달라지지 않음을 알 수 있다. 반대로 평소에는 셔츠와 청바지를 입는 사람이 어느 요일만 정장을 입으면 그날 그 사람이 어딘가 직장에 나가는 모양이라고 추측하는 것을 보면 이 신호는 순수하게 옷에서 발생되는 신호임을 알 수 있다.

물론 정장만이 '직장'의 신호는 아니다. 다양한 작업복이나 제복 또는 셔츠와 청바지도 직장이라는 신호가 될 수 있다. 또 친구의 결혼식이나 약혼자의 부모님에게 인사하러 갈 때도 정장을 입을 수 있으므로 정장이 반드시 직장이라는 신호는 아니다. 그러나 정장을 입는 다양한 경우를 생각해 볼 때, 현대 일본에서는 정장을 입는 것은 무언가 '정식·공적' 장소에 간다는 것을 나타내는 신호가 된다고 할 수 있다.

03
인상의 조작과 형성

우리는 처음 만난 상대를 평가할 때 그 사람의 외관에서 정보를 얻으려 한다. 체형이나 피부색 같은 외형적 특징, 자세나 행동거지 같은 신체동작과 함께 외관의 하나인 옷도 평가의 근거가 된다. 즉 옷 역시 '남에게 정보를 전달하는 수단(카이저, 1985a, pp. 19~20)'이므로 옷을 입는 측에서 보면 옷이란 자신이 원하는 인상을 상대방에게 전달하기 위한 수단인 것이다. 상대방에게 전달되는 자신의 외관에 대한 인상을 통제하는 것을 '인상조작'이라고 한다.

역으로, 옷을 입고 있는 사람의 내면을 추측하거나 행동을 예측하는 것처럼 '옷과 외관을 근거로 타인을 지각하는 것(카이저, 1985a, p. 20)'을 '인상형성'이라고 한다. 인상을 형성하고 발전시키는 일은 대개 겉으로 드러나지 않으므로(카이저, 1985b, p. 48) 인상형성은 타인을 판단할 때 암묵적으로 행해진다(카이저, 1985a, p. 20).

리베스레이와 브로무레이에 따르면 타인에 대한 인상을 형성하는 데는 '단서 선택, 해석적 추론, 추론 확장, 예측행동'의 4단계가 있다고 한다(카이저, 1985b). '단서 선택' 단계에서는 타인에 대한 인상을 형성할 때 자신이 이용할 단서를 선택한다. 이 단계에서 옷이 단서가 되는 일이 많으므로 옷이 인상형성에 끼치는 영향은 크다고 할 수 있지만 옷의 디자인이나 색깔, 장소에 대한 적합성, 옷감이나 봉제의 질 등 어느 부분에 주목할지는 사람마다 다르다.

다음으로 '해석적 추론' 단계에서는 선택된 단서를 해석해 개인의 특성이나 행동특성과 연결해서 추론한다. 예를 들면 옷의 디자인을 단서로 선택했을 경우에는 상대가 입고 있는 옷의 디자인을 보고 그가 보수적인 사람인지 자유주의적인 사람인지 등을 추론하게 된다. 복장에서 해석·추론된 특성은 다른 면에서도 똑같은 추론을 이끌어 내게 되고 여기에서 제3단계인 '추론 확장'이 일어난다. 예를 들어 복장에 의한 단서에서 자유주의적일 것이라고 추론한 사람이 틀림없이 전통적 가치관에 반발할 것으로 파악했다면 추론이 확장되었다고 할 수 있다. 그 결과 우리는 그렇게 파악한 사람의 행동을 예측해서(예측행동) 본인의 실제 행동을 이 예측에 맞게 해석하려고 한다. 인상형성의 과정을 이렇게 정리하면 첫인상이 좀처럼 바뀌지 않는 이유를 납득할 수 있을 것이다. 한편, 이러한 과정이 반드시 의식적으로 행해지지는 않는다는 사실은 인상을 조작하기가 곤란하다는 점을 시사한다.

 그렇기는 하지만 인상조작을 하기 위해 옷을 고르려면 그 옷이 전달하는 메시지가 무엇인지 알아야 한다. 솔비(Soulbee)가 1980년에 발표한 연구결과에 따르면 사람은 타인의 복장을 보고 1) 경제수준 2) 교육수준 3) 신뢰성 4) 사회적 지위 5) 교양수준 6) 경제적 배경 7) 사회적 배경 8) 교육적 배경 9) 성공수준 10) 품성이라는 10항목이나 되는 측면을 판단한다는 것이다(리치몬드·매크로스키, 2004, p.39). 이러한 판단이 가능한 것은 특정 사회에서 앞의 각 측면과 복장의 특징이 연결되어 있기 때문이다. 이는 우리가 복장을 선택할 때 사회의 규칙에 따르기 때문이며 이 규칙을 배우는 것은 사회화의 중요한 측면이다.

 카이저(1985a)는 '개인이 커뮤니티나 사회의 여러 기준에 맞도록 사회적으로 적응해 나가는 과정(p.128)'을 사회화라고 정의하고, 이

사회화과정에서 '복장에 대한 타인의 반응을 검토하면서 경험하는 사회화를 통해 옷을 입는 규범을 학습하는(카이저, 1985a, p.128)' 것을 복장의 기능 중 하나라고 서술하고 있다. 우리가 복장에서 무언가 메시지를 받아들일 수 있는 것은 복장규범을 판단의 근거로 삼고 있기 때문이다.

04
복장이 전달하는 자기관(自己観)

(1) 현상적(現象的) 자기(自己)

카이저(1985)는 복장이나 외관과 관계 있는 자기(自己)에는 '현상적(신체적) 자기, 자기표상(자기개념), 자기제시'의 세 가지 측면이 있다고 한다. 현상적 자기란 '남녀를 불문하고 개인이 자신의 신체에 대해 품는 인식방법(카이저, 1985a, p.67)'을 말하는데 이것이 복장을 선택하는 데 영향을 미친다. 예를 들어 자신의 체형이 성적 매력이 있다고 생각하는 사람은 그 부분을 강조하는 옷을 입을지 또는 그 부분을 숨기는 옷을 입을지 선택한다는 점이다(물론 상대와 상황에 따라 선택을 바꾸는 경우도 많을 것이다). 자기 신체의 일부를 매력적이라고 생각하는 사람은 그 부분이 드러나는 옷을 자주 입게 되고, 이를 보는 사람들은 그가 그 부분을 자랑하고 싶어 한다고 생각할 수도 있다. 이런 점을 고려해 보면 옷을 선택하고 착용하는 사람이 본인의 현상적 자기에 좌우되는 것은 물론이고, 그것을 보는 사람들도 입고 있는 사람의 현상적 자기를 추측할 수 있는 것이다.

(2) 역할

자기개념이란 '자신이 어떤 인간인가에 대한 개개인의 전체적 사고방식(카이저, 1985a, p. 63)'을 말한다. 달리 표현하자면 '자신이 스스로를 어떻게 보고 있는가 하는 자기상(岡部, 1996, p. 105)'이다. 자기개념의 형성요인으로 오카베(1996)는 '과거경험의 집적(集積)', '준거집단'과 함께 '역할'을 들고 있다.

카이저(1985a)는 역할을 '우리가 사회적 관계에서 차지하고 있는 위치(p. 142)'로 정의하고 이를 부여적인 역할과 달성적인 역할로 분류한다. 부여적인 역할이란 성별·연령·가족배경처럼 '우리가 탄생과 동시에 갖는 역할(카이저, 1985a, p. 143)'이며, 달성적 역할이란 직업이나 가정 내에서의 입장(아내·어머니 등)처럼 '우리가 원하고 달성하려는 역할(카이저, 1985a, p. 145)'이다. 두 역할 모두 사회적으로 강화된다는 점에서 복장과 관계가 깊다.

프릴이나 레이스가 많이 달린 파스텔 컬러의 옷은 소위 전통적인 여성의 역할(육아, 남을 돌보는 일 등)과 결부되기 쉽다. 이런 옷을 입은 여성은 그러한 성역할을 받아들이는 사람으로 보인다(앞에서 말한 인상형성의 4단계를 떠올려 주기 바란다). 반대로 그러한 역할을 받아들이는 데 반발을 느끼는 여성은 이런 복장을 피하고 다른 옷(티셔츠와 청바지 등)을 선택해서 자신이 전통적인 성역할을 받아들이지 않는다는 것을 표현할 수 있다.

이러한 역할전달이 가능한 것은 그 사회 안에서 통용되는 스테레

오타입(고정관념)이나 사회관습의 영향이 크다. 이런 일을 하는 사람은 이런 옷을 많이 입는다는 것이 납득되어야 비로소 위와 같은 역할전달이 가능한 것이다. 즉 회사에 다니는 여성이 정장을 입지 않는 경우도 많다는 사실을 알지 못하면 블라우스와 스커트를 입은 여성의 달성적 역할을 오해할 수도 있는 것이다.

(3) 소속집단과 준거집단

우리 사회에는 소속 구성원들에게 동일하거나 비슷한 복장을 요구하는 집단도 많다. 제복이 정해진 직업집단(경찰·군인·철도회사·항공회사 등)은 제복 자체가 입은 사람의 직업을 나타낸다. 또 분명하게 정해지지는 않았지만 멤버들이 같은 형태의 옷을 입는 집단도 있다. 고등학생 집단은 특히 이런 경향이 뚜렷한데 '모든 사람과 같은 옷'을 입는 것이 중요하다(단, 이 복장은 자신이 소속되지 않은 집단과는 구별되어야 한다)는 사실은 여러 연구 결과에서 밝혀졌다(카이저, 1985b). 또 좋아하는 팀의 유니폼을 입어서 자신이 그 팀을 응원한다는 것을 보여 주기도 한다. 이러한 복장의 선택은 스포츠 경기 같은 장면에서 두드러지게 나타난다.

05
복장의 선택

우리는 복장을 선택할 때 언제나 자신이 입고 싶은 옷만 선택하는 것은 아니다. 특히 공식적인 자리에서는 반드시라고 해도 좋을 만큼 그 장소가 요구하는 복장규범에 따를 수밖에 없다. 그런 점을 생각하면 우리가 선택하는 옷은 '동조성과 개성 간의 갈등에 따른 타협(카이저, 1985b, p.149)'이라고 할 수 있다. 카이저는 이 '동조성과 개성 간의 갈등'을 '획일성', '동조성', '개성', '일탈'의 연속선에서 고찰하고 있다.

(1) 획일성

획일성이란 다른 사람과 완전히 동일한 복장을 하는 것으로 유니폼이나 제복 착용을 가리킨다. 제복은 '공식적인 것(직장 등에서 정해진 복장)'과 '준(準)공식적인 것(관습으로 정해져 있는 복장규범)'으로 나눌 수 있으며 각각 아래의 다섯 가지 기능이 있다.

1) 집단성원성(集團成員性)의 상징 : 같은 제복을 입은 사람들끼리는 서로를 동료로 동일화할 수 있다(팀의 유니폼 등).
2) 역할의 제시와 은폐 : 제복을 입고 있을 때는 현재의 역할만 나타나고 다른 역할은 은폐된다(점원 제복을 입고 있을 때는 자녀가 있더라도 '아버지'가 아니다).

3) 정당화 : 제복은 개인이 집단의 일원임을 증명하고 특정한 상황에서의 역할을 정당화한다(경찰관 제복을 입고 있으면 상황에 따라 타인의 행동의 자유를 빼앗는 것이 허용된다).
4) 개성의 억압 : 제복은 사람을 집단의 일원으로 상징화하고 개인의 행위를 통제한다(교복은 학생을 집단의 일원으로 자리매김한다).
5) 조직 내의 문제처리 : 집단 간의 경계를 명확히 하고 구성원들의 집단목표 달성을 촉진시키며 역할갈등을 제거하는 등의 수단을 취할 수 있다(군복을 입으면 일반시민과의 경계가 명확해지고 집단행동이 촉진되며 군인의 역할만 수행하면 되므로 역할갈등이 줄어든다).

카이저(1985b)는 제복 착용의 장점으로 근무복에 대해 고민하지 않아도 되는 점과 평상복에 돈과 신경을 더 쓸 수 있다는 점을 지적하고 있다. 결점으로는 개성과 감정을 억압하고, 역할과 조화를 이루지 못하며, 경우에 따라서는 실질적이지 못하다는 점을 들고 있다.

(2) 동조성

카이저(1985b)에 따르면 동조성이란 '개인이 현실 또는 예상되는 집단의 압력 때문에 자신의 행동이나 태도를 다른 성원과 일치되도록 변화시키는 것(p. 155)'을 말한다. 비슷한 옷을 입은 사람들은 공통의 속성이나 태도 및 특정집단의 성원이라는 사실을 서로 전달하고 있는 셈이다. 카이저(1985b)는 '또 일반적으로 다른 사람들에게 받아들여지고 싶은 욕구가 복장의 동조성에 동기를 부여하는 하나의 요인(p.155)'이라고 지적하는데 우리는 비슷한 사람들 사이에 있으면 안심하게 된다. 그러나 과도한 동조성은 답답함과 싫증과 단조로움을 느끼게도 한다(카이저, 1985b). 복장에서 동조 경향이 강한 사람은 인격적인 면에서도 동조 경향이 강하다는 보고가 있는 것을 보면 동조적인 복장을 하는 사람은 성격까지도 복장의 영향을 받고 있다고 할 수 있다.

최근 일본 젊은이들 사이에서 유행하고 있는 「なんちゃって制服(블레이저와 블라우스에 체크 스커트를 갖춰 입어 언뜻 보면 교복처럼 보이는 사복을 말하며 가방과 신발도 비슷하게 맞춘다)」는 제복이 갖는 '집단성원성의 상징'을 전면에 크게 내세운 형태라 할 수 있다. 흥미로운 것은 '개성의 억압'이라는 측면을 가진 제복이 개성의 표현이 허용되는 장소(사복 착용이 가능한 곳)에까지 진출했다는 점이다. 이 경우에 타인과 같은 옷을 입은 데서 오는 안정감, 즉 동조성의 욕구가 충족되기는 하지만, 뒤집어 말하면 타인과 다른 옷을 입어서 자기만의 개성이 드러나는 것을 두려워하는 심리와도 관계가 있을 것 같다.

(3) 개성

타인에게는 없는 독자성을 갖고 싶은 욕구는 인간의 기본적 욕구의 하나이며(카이저, 1985b), 타인과 다른 복장을 하는 것은 이 욕구를 충족시키는 일이다. 남들과 다른 옷을 입는 것은 타인의 주목을 끄는 방법의 하나다. 옷을 입는 행위는 인간이 자신의 뜻대로 이용할 수 있는 의사전달의 한 방식이다(카이저, 1985b, p.160). 카이저는 옷으로 개성을 표현하는 방법의 긍정적 측면으로는 동조에 의해서는 얻을 수 없는 자기표현 감각의 경험, 자기 창조성과 독창성의 표현, 다양한 상황에 용이하게 적응할 수 있는 점 등을 든다. 부정적 측면으로는 개성이 타인에게 받아들여지지 않을 가능성과 무난한 복장을 한 사람에 대한 사회적인 호감 등을 들고 있다. 어떤 복장이 개성적인지 아니면 사회적인 복장규범에서 일탈했는지의 경계는 관찰자의 주관적 해석에 따라 다르지만 '독립성(사회적 요구나 유행의 변화보다 특수하고 독특한 스타일을 배려한 옷)'과 '혁신성(아직 사회에 수용되지 않은 새로운 스타일의 조기 채용)'이 인정되는 경우에는 일탈로 간주하지 않고 사회적으로 받아들이는 경우가 많다(카이저, 1985b, pp. 160~161).

(4) 일탈

카이저(1985b)는 사회적 규범을 벗어난 복장은 긍정적으로 받아들여지지 않는다고 서술하고 반드시 의도적이라고 할 수만은 없는 동기로 '불충분한 사회화'와 '정신적·육체적 조건'을 들고 있으며, 의도적인 동기로는 '역할갈등', '적의(敵意)' '문화적 다원성'을 들고 있다. 불충분한 사회화는 특정 상황에 맞는 복장규범에 대한 지식의 결여로 일어나는 일탈이다. 정신적으로 문제가 있는 사람이 통상적인 의복규범에 맞지 않는 복장을 한다거나 구입한 옷을 자신의 신체적 조건에 맞게 변형시키는 것은 정신적·육체적 조건을 동기로 하는 일탈이다. 역할갈등은 특정한 역할과 관계가 있는 복장이 다른 역할에서는 맞지 않는 경우에 일어난다. 예를 들면 일하던 복장 그대로 아이의 운동회에 간다면 운동회 복장이라는 규범에서 보면 분명히 일탈이라고 할 수도 있다. 적의는 규범적인 사회의 표준에서 일탈했음을 주장하기(카이저, 1985b, p.164) 위해 타인의 반발을 일으키는 복장을 하는 경우를 말한다. 문화적 다원성이 동기가 되는 일탈은 밀접하게 결합된 집단 혹은 하위문화(서브컬처)가 상위의 문화규범에서 집단적으로 일탈하는 경우를 가리킨다(카이저, 1985b, p.164). 이런 복장은 자신이 그 하위문화의 일원임을 알리는 메시지가 된다.

불충분한 사회화에 의한 일탈은 복장규범에 대한 지식의 결여를 메시지로 발신하는 셈인데 이는 무의도적 커뮤니케이션의 좋은 예가 된다. 또한 적의나 문화적 다원성을 동기로 하는 일탈은 복장을 통해 개성을 메시지로 발신하는 것으로 볼 수 있으며, 옷을 입은 사람의 태도나 가치관에 대한 메시지를 복장을 통해 의도적으로 발신하는 것이다.

우리는 타인의 옷에서 다양한 메시지를 수신하는데 그 가운데는 본인이 의도한 것과 의도하지 않은 것이 있다. 또 자신의 옷을 통해 다양한 메시지를 송신하려고 할 때도 수신되는 것과 수신되지 않는 것이 있다. 옷은 우리가 무의식중에 얼마나 많은 메시지를 주고받는지 새삼 자각하게 해 주는 좋은 자료라고 할 수 있다.

참고 · 인용문헌

- 岡部朗一(1996)「個人と異文化コミュニケーション」古田暁〈監修〉石井敏・岡部朗一・久米昭元〈著〉『異文化コミュニケーション：新国際人への条件』改訂版 第5章(pp.101-120) 有斐閣
- カイザー、スーザン(1985a)/高木修・神山進〈監修〉, 被服心理学研究会〈訳〉(1994)『被服と身体装飾の社会心理学：装いの心を科学する』上巻 北大路書房
- カイザー、スーザン(1985b)/高木修・神山進〈監修〉, 被服心理学研究会〈訳〉(1994)『被服と身体装飾の社会心理学：装いの心を科学する』下巻 北大路書房
- リッチモンド、バージニア・マクロスキー、ジェームズ(2004)/山下耕二〈編訳〉(2006)『非言語行動の心理学：対人関係とコミュニケーション理解のために』北大路書房

Chapter 08

시간

오하시 리에

• 학습 포인트 •

- 개념메타포의 의미를 이해한다.
- 시간을 해석하는 방법의 복층성을 이해한다.
- 시계시간, 자연시간, 사건시간을 구별한다.
- 모노크로닉 문화와 폴리크로닉 문화를 구별한다.
- 지각(遲刻)의 문화 차이를 이해한다.

01
때와 시간의 표현

'때'나 '시간'이라는 어휘가 들어간 일본어 표현에는 몇 가지 유형이 있다는 것을 의식한 적이 있는가? 하나는 때나 시간을 '물건'으로 보는 표현으로 '시간이 있다/시간이 없다', '시간을 낭비하다', '시간을 쪼개다', '시간을 만들다'가 여기에 해당된다. 또 '가치가 높음'을 의미하는 경우가 있다. '시간은 금이다', '시각을 다투다', '시간을 낭비하다', '시간을 절약하다', '시간을 벌다', '시간관리' 등이 이에 속한다. 그리고 '시간의 흐름/시간이 흐르다', '때·시간이 오다', '때·시간이 지나다', '시간이 한가로이 흐르다'는 표현은 시간을 '흐름'으로 이해한다고 보아도 좋다(丸山, 2006).

'시간의 흐름'이라는 표현에서는 시간을 어디에서 어디로 흐르는 것으로 보는지가 문제다(小泉, 2001). 자신의 앞에서 뒤로 흐르는 것으로 본다면 시간이란 '와서(来) 가는(去)' 것이다. 이때는 '내년(来年)', '거년(去年)'이라는 표현이 들어맞는다. 한편, 시간이란 과거에서 미래를 향해 가는 것이라고 본다면 이때는 미래가 '앞'이고 과거는 '뒤'가 된다. '미래를 내다보다', '과거를 뒤돌아보다'라는 표현은 이를 반영했다고 볼 수 있다. 여기에다가 '일전(日前)'이라는 표현은 과거의 어느 시점을, '금후(今後)'라는 표현은 미래를 가리킨다고 생각하면 한층 더 복잡해진다. 이는 시간개념을 공간개념으로 치환한 경우인데 과연 '앞'과 '뒤'가 미래인지 과거인지, 우리가 일본어를 배우는 중에 이를 어떻게 이해할 수 있었는지 참으로 불가사의

한 일이다.

이처럼 일상적으로 사용하는 표현 중에 추상적인 개념이 배후에 있는 것을 개념메타포(conceptual metaphor)라고 한다(大森, 2004). 메타포는 제6장에 나온 '은유'라는 단어의 원어이기도 한데, 대체적으로는 개념메타포가 무언가를 비유한다는 사실을 분명하게 의식하지 않고 사용한다. 일상생활에서 사용되는 개념메타포는 그 밖에도 여러 가지가 있는데 '토론은 승부다'(토론에서 이기다. 토론 상대를 지게 만들다. 논쟁을 벌이다 등), '정신은 책이다'(상대의 심리를 읽다. 마음을 열다 등), '좋은 것은 상(上) 나쁜 것은 하(下)'(성적/급료가 오르다. 경기가 좋아지다. 매상이 전년도를 밑돌다. 실적이 저하되다 등) 등을 들 수 있다(Lakoff & Johnson, 1980).

02 시간개념의 문화 차이

앞에서 말한 시간의 흐름에 대한 설명은 우리가 시간을 되돌릴 수 없다는 것을 전제로 한다. 그런데 시간은 정말로 일직선으로만 나아갈까. 바르가스(1987)에 따르면 많은 미국 백인들은 시간을 '알려지지 않은 과거에서 알 수 없는 미래로 뻗은 선, 길, 또는 강(p.171)'으로 이해하는 데 비해 그리스에서는 '시간은 인간을 뒤에서 쫓아와 앞지르고 그리고 계속 앞으로 나아가 과거가 된다.'(p.171)고 이해한다. 즉 시간을 해석하는 방식이 각 문화마다 다른 것이다.

　일본을 포함한 이른바 선진국이라고 하는 지역의 문화에서는 시간이란 직선적으로 흐르는 것이라고 보는 경향이 강하지만 이와는 달리 시간이란 더 주기적인 것이라고 파악하는 문화도 있다. 대표적인 것이 십간십이지(十干十二支)라는 책력일 것이다. 여기서는 시간이란 일직선으로 흐른다기보다 60년마다 주기적으로 반복된다고 보고 있다. 그 밖에 미국의 인디언 원주민 중에도 시간을 주기적인 것으로 보는 경우가 있다고 한다(末田·福田, 2003).

　일본어에서 사용되는 '개념메타포' 중에는 시간을 흐르는 것으로 보기도 한다고 소개했는데 그렇다면 이 흐름은 일정할까. 우리는 개인적으로 시간이 항상 일정한 속도로 지나간다고는 느끼지 않을 것이다. 즐거운 시간은 빨리 지나가고 지루한 시간은 천천히 지나간다. 그러나 시계의 초침은 항상 같은 속도로 움직인다. 이런 양면을 생각하면 실제로 시간을 이해하는 방식은 하나가 아니라는 사실에 맞닥뜨리게 된다.

03
시간의 해석방법

(1) 시계시간, 자연시간, 사건시간

　마루야마(丸山, 2006)는 시간을 해석하는 방식을 '시계시간', '자

연시간', '사건시간'이라는 표현으로 설명하고 있다. 시계시간이란 국제 표준시(Greenwich time)를 기준으로 지구상의 모든 지역에서 같은 기준에 따라 움직이는 시간으로 시계가 표시하는 시간을 말한다. 자연시간은 자연계의 변화를 보고 판단하는 시간을 말하는데, 예를 들면 '손바닥의 혈관이 비쳐 보일 정도로 밝은 때'를 기상시각이라고 생각하는 타이 승려들의 해석방식이다(丸山, 2006). 레빈(1997)은 아프리카의 부룬디에서는 '밤'을 '당신은 누굽니까? 하는 시간'으로 이해한다고 서술하고 있다. 일본어의「黄昏時(たそがれどき)」라는 말도 '저녁때 어둑어둑해져서 사람의 얼굴을 분간하기 어려워「たそ、かれは(誰そ、彼は: 그가 누구지?)」하고 묻는 무렵'(広辞苑 제6판)이 어원이라고 하니 발상은 동일하다. 사건시간도 자연시간과 마찬가지로 '구체적이고 일상적인 생활이나 활동을 하는 데 걸리는'(丸山, 2006, p.158) 시간, 즉 어떤 일이 일어나는 데 필요한 시간으로, 마다가스카르에서 사용하는 '밥이 되는 동안(약 30분)'이나 '메뚜기를 튀기는 동안(일순간)' 등이 그 예라고 할 수 있다.

시계시간과 자연시간·사건시간의 큰 차이점은 시계시간은 수량화되어 있으며 조각조각 분리해서 파악할 수 있고 주변에서 일어나는 일과 직접적인 관련이 없다(즉 콘텍스트에서 독립되어 있다)는 점이다(丸山, 2006). 시간의 수량화는 시간을 물건으로 생각하기 때문에 조각조각 분리해서 파악할 수 있다. 주변에서 일어나는 일과 관련이 없다는 말은 자연계의 주기적인 현상(예를 들면 일 년을 주기로 순환하는 계절 또는 하루를 주기로 행하는 활동 등)과 분리되어 있다는 의미이며 직선적인 시간감각과 연결된다. 또한 미래를 지배하거나 자연을 정복한다는 감각을 만들어 낸다. 동시에 어떤 시간에는 어떤 한 가지 일에만 집중해야 한다는 감각을 이끌어 내고 이는 스피드를 중시

• 표 8-1 **시계시간과 자연시간·사건시간**

시계시간	자연시간·사건시간
자연의 운행과 무관	자연의 운행과 관계 있음
누구에게나, 언제나, 어디서나 균일하게(직선적으로) 흐른다.	균일하게 흐른다는 의식 없음(시간이 자연에 맞추어 늘어나거나 줄어든다).
객관화·추상화된 시간 　자신이나 생활로부터 분리된 형태로 인식된다.	구체적인 시간 　자연의 리듬이나 매일의 생활과 밀접한 관련이 있다.
한 번에 한 가지 일을 한다.	한 번에 한 가지 일을 한다는 의식은 없다.
시간이 사건에 선행 　미래를 컨트롤한다(스케줄 수첩이나 예정표에 따른다).	자연의 리듬·나날의 사건이 시간을 형성
인간과 자연의 엄격한 구별·대립/분화 　인간이 자연을 관리·제어한다(인간중심주의).	인간과 자연의 구별이 애매한 조화/미분화. 　인간은 자연과 조화를 이룬다.
미래 지향적 　변화를 중시한다(현재는 미래를 위한 수단).	과거 지향적 　지금까지의 전통을 중시한다.
(무한적) 직선적 시간	순환적 시간
스피드와 효율·능률을 중시한다.	스피드와 효율·능률을 중시하지 않는다.

丸山真純(共著)『教養としてのコミュニケーション』(北樹出版), p. 168

하거나 효율화를 요구하는 등의 사고로 이어진다고 할 수 있다(丸山, 2006).

(2) 마법적 시간, 신화적 시간, 기호적 시간

이케다와 크레이머(池田·Kramer, 2000)는 시간을 해석하는 방식의 '세 가지 주요 이론'(p.86)으로 '사건시간과 시계시간', '모노크로닉 시간(단일적 시간)과 폴리크로닉 시간(다원적 시간)', '마법적 시간, 신화적 시간, 기호적 시간'을 들고 있다. 이 중에서 사건시간과 시계시간은 앞의 설명으로 대신하고, 모노크로닉 시간과 폴리크로닉 시간에 대해서는 다음 절에서 설명하겠다.

이케다와 크레이머(2000)에 따르면 마법적 세계란 중도에서 '끊어지지 않는 완전한 세계(p.89)'이며 거기서 흐르는 마법적 시간은 '주위와 일체감(p.90)'이 있는 시간이라고 한다. 두 사람이 예로 든 시간은 마루야마(2006)의 '자연시간, 사건시간'처럼 '구체적인 형태로 나타나는 시간이며 추상적 시간이 아니(p.91)'라는 점에서 공통점이 있다고 할 수 있다.

그리고 이케다와 크레이머(2000)는 모든 것이 혼연일체가 된 마법적 시간에서 '성(聖)과 속(俗)', '하레(ハレ)와 게(ケ)(하레는 의례·제례·연중행사·관혼상제 등의 비일상적인 행사이며, 게는 노동이나 휴식 같은 일상생활)'의 분화를 일으킨 시간을 '신화적 시간'이라고 한다. 하레와 게는 번갈아 돌아오기 때문에 '신화적 시간은 주기적 시간의 연속(p.92)'이며, 하레가 있는 날이 언제인지 알기 위해 달력이 필요하게 되고, 달력을 정하고 축일을 정하는 것이 권력의 표시였다고 한다〔어느 시대에나 당시의 권력자가 달력을 제정함으로써 스스로의 권위를 과시한 일은 일본의 원호제(元号制)나 프랑스에서 혁명이 일어날 때마다 달력을 개정한 것에서도 알 수 있다〕.

이케다와 크레이머(2000)에 따르면 신화적 시간의 세계에서는 구별되어 있었던 하레와 게, 성과 속의 의미가 유명무실하게 된 결과, 원래는 하레에 속했던 축일이 의례적인 날로 바뀌어 정서적 관계보다도 경제적 효과를 우선하게(p.94) 된 것이 '기호적 시간'이라는 것이다. 이케다와 크레이머(2000)는 기호적 시간의 예로 일본의 해피먼데이(원래는 어떤 유래가 있어 날짜를 지정해 놓았던 체육의 날이나 성인의 날 등을 'O월 제△주 월요일' 식으로 바꾸어 토·일·월을 연이어 쉬도록 한 제도)를 들고 있다. 이런 기호적 시간은 구체적인 생활에서 분리된 시간이며 세세하게 나눌 수 있다. 계획의 효율적 달성 등을 중시한다는 점에서 마루야마(2006)가 서술하는 시계시간과 공통점이 많다.

04 모노크로닉 문화와 폴리크로닉 문화

홀(1976)은 세계는 시간 해석방식이 서로 다른 두 종류의 문화로 크게 나눌 수 있다고 했다. 하나는 문화의 중심이 되는 시간축이 시계시간 하나뿐이며 모든 사람이 그 시간축에 따라 행동하는 문화로 이를 '모노크로닉 문화(monochronic: mono는 '단 하나의', chronic은 '시간'을 의미한다)'라고 한다. 다른 하나는 그 문화의 중심에 복수의 시간축이 평행하게 존재하는 문화(시계시간 외에 개개인이 각각의 콘텍스트에 적합한 시간축을 병용하고 있다)로 이를 '폴리크로닉 문화

(polychronic: poly는 '복수의'를 의미한다)'라고 한다. 마스모토(桝本, 2000)는 모노크로닉 문화에서는 시간을 하나의 긴 띠처럼 생각해서 인간관계보다 정해진 스케줄을 우선시하는(p.94) 데 비해, 폴리크로닉 문화에서는 시간의 흐름은 하나의 띠가 아니라 여러 가지가 동시에 뒤섞여 흐른다(p.94)고 생각하며 스케줄보다 인간관계를 우선시한다(p.94)고 서술하고 있다. 프리빌(2006)과 마쓰다·후쿠다(末田·福田, 2003)는 모노크로닉 문화권 사람들과 폴리크로닉 문화권 사람들의 차이를 [표 8-2]와 같이 대비시켰다.

더 나아가 프리빌(2006)은 모노크로닉 문화권 사람들의 특징으로 저(低)콘텍스트이며 정보요구도가 높고 시간을 엄수한다는 것을 꼽았다(P.69).

예를 들어 예정되어 있는 직장의 미팅시간 30분 전에 옛 친구를 갑자기 만났다고 하자. 그 경우 모노크로닉 문화라면 아무리 그 친

• 표 8-2 **모노크로닉 문화와 폴리크로닉 문화에 속하는 사람들의 차이**

모노크로닉(M-time) 문화	폴리크로닉(P-time) 문화
M-1. 용건(업무, 취미오락, 집안일 등)을 하나씩 처리한다.	P-1. 여러 가지 일을 동시에 진행한다.
M-2. 한 가지 일에 집중한다.	P-2. 주의를 분산시킨다.
M-3. 스케줄을 엄수한다.	P-3. 인간관계를 중시한다.
M-4. 계획을 세워서 그대로 실행한다.	P-4. 계획변경을 주저하지 않고 계획을 자주 바꾼다.
M-5. 그 장소에 한정된 인간관계에 익숙하다.	P-5. 평생 친분을 유지하는 사람이 많다.
M-6. 물건을 빌리거나 빌려 주기를 꺼린다.	P-6. 거리낌 없이 물건을 빌리거나 빌려 준다.

C. B. プリブル著『科学としての異文化コミュニケーション：経験主義からの脱却』(ナカニシヤ出版), pp.68~69

구와 우정을 다지고 싶더라도 30분 후에는 미팅이 개최되는 장소에 도착해야만 한다고 생각한다. 한편 폴리크로닉 문화라면 제 시간 안에 미팅 장소에 도착하는 것보다 우정을 다지는 쪽을 더 중시해서 미팅에 지각을 한다. 이것이 스케줄을 엄수하는지 아니면 인간관계에 마음을 쓰는지의 차이다.

마스모토(2000)는 주로 미국·스위스·독일·북유럽의 여러 국가가 모노크로닉 문화에 해당되고, 남유럽·아랍 국가들·라틴아메리카의 여러 국가 등이 폴리크로닉 문화에 해당된다고 서술하였으며(p.94), 이시이(石井, 1996)도 같은 점을 지적했다. 기타데(北出, 1998)는 일본도 서양 여러 나라와의 접촉을 통해 P시간 우선형에서 M시간 우선형으로 급속히 변하고 있다(p.126: P는 폴리크로닉, M은 모노크로닉이란 뜻)고 했으며, 마스모토(2000)도 같은 점을 홀(1976)의 말을 빌려 언급하고 있다. 한편, 이케다와 크레이머는 일본은 모노크로닉화하고 있으면서도 제시간에 시작하지 않는데다 자꾸 길어지는 회의와 업무의 연장으로 간주되는 퇴근 후 회식자리 같은 폴리크로닉 시간감각도 뿌리 깊게 남아 있다(p.88)고 지적한다. 홀에 따르면 인간은 원래 공사(公私) 모두가 폴리크로닉적이었지만 산업혁명 이후 노동형태의 변화(동시에 작업을 개시하여 같은 속도로 작업을 계속하고 동시에 작업을 종료한다)에 따라 공적인 부분이 모노크로닉화 되어 갔다고 한다(末田·福田, 2003). 이케다(2006)는 일본사회가 모노크로닉적이 된 계기로 철도의 정시운행과 학교교육의 보급을 들었다.

같은 문화권이라면 이런 행동은 서로 양해하고 끝날 일이므로 큰 문제가 되지 않을 수도 있다. 그러나 이시이(1996)의 주장처럼 사람들이 자문화의 시간체계를 의식하지 않을 뿐만 아니라 이문화의 시간체계를 자문화 기준으로 이해하려고 한다(p.100)면 모노크로닉 문화와 폴리크로닉 문화에 속하는 사람이 커뮤니케이션을 할 때는 큰 문제가 될 가능성이 있다. 리치몬드와 매크로스키(2004)는 라틴계 미국인이나 아랍인의 대다수는 미팅 일정을 동시에 복수로 잡는데 이는 한 번에 한 가지 일만 해야 한다고 믿는 미국인 비즈니스맨에게는 모욕적(p. 288)일 수 있어 시간에 대한 이러한 의견 차이는 부정적인 인식으로 이어지게 된다(p. 288)고 지적하였다. 기타데(1998)도 사우디아라비아에 간 미국인이 약속장소에서 약속시간보다 1시간쯤 기다리는 일은 흔하고 만나지 못하는 경우도 가끔 있는데 이는 치밀하게 스케줄을 세우고 시간을 관리하는 미국인으로서는 생각할 수조차 없는 일(p. 126)이라며 같은 내용을 서술하고 있다. 마스모토(2000) 역시 미국인 비즈니스맨이 그리스를 방문해서 맨 먼저 놀라는 일이 상사가 여러 명의 부하와 동시에 이야기하는 것(p. 94)이라고 했다. 이 '놀라움'이 상대방에 대한 '부정적 평가'로 바뀌지 않게 하려면 상대방 문화의 시간 해석 방식을 이해하는 것이 반드시 필요하다.

05 지각의 감각

우리는 보통 몇 분 정도 늦으면 '지각'이라고 생각할까. 레빈(1997)의 조사에 따르면 일본은 세계에서도 가장 성격이 급한 국가에 들어간다고 한다(표 8-3 참고). 일본에서는 불과 몇 분 늦은 전철을 제

• 표 8-3 **각 국가의 생활 속도 순위**

국가	전반적인 생활 속도	걷는 속도	우체국의 일처리 속도	시계의 정확도
스위스	1	3	2	1
아일랜드	2	1	3	11
독일	3	5	1	8
일본	4	7	4	6
이탈리아	5	10	12	2
영국	6	4	9	13
스웨덴	7	13	5	7
오스트리아	8	23	8	3
네덜란드	9	2	14	25
홍콩	10	14	6	14
프랑스	11	8	18	10
폴란드	12	12	15	8
코스타리카	13	16	10	15
대만	14	18	7	21
싱가포르	15	25	11	4
미국	16	6	23	20
캐나다	17	11	21	22
한국	18	20	20	16
헝가리	19	19	19	18
체코	20	21	17	23
그리스	21	14	13	29
케냐	22	9	30	24
중국	23	24	25	12
불가리아	24	27	22	17
루마니아	25	30	29	5
요르단	26	28	27	19
시리아	27	29	28	27
엘살바도르	28	22	16	31
브라질	29	31	24	28
인도네시아	30	26	26	30
멕시코	31	17	31	26

ロバート・レヴィーン著 『あなたはどれだけ待てますか』(草思社) p. 175

시간에 맞추려고 하다가 큰 사고가 난 일이 있다. 그러나 바르가스(1986)에 따르면 볼리비아에서는 '공공 교통기관이 15분 또는 2시간마다 운행되고는 있지만 그 발착시간이 시각표대로 운행되리라고 생각하는 사람은 아무도 없다(p.181)'고 한다. 레빈(1997)은 캘리포니아의 대학교수가 객원교수로 브라질의 대학에 갔을 때의 경험을 예로 들어 시간감각에 대한 차이를 설명하고 있다. 사정이 있어서 10시부터 시작되는 수업에 교수 자신이 20분 정도 늦게 들어갔으나 아무도 와 있지 않았고, 12시에 수업이 끝나는데도 11시가 넘어서 교실에 들어오는 학생도 있는가 하면 수업종료 예정시각이 되어도 아무도 바로 돌아가려고 하지 않더라고 한다.

또, 마루야마(丸山, 2006)는 대학 강의의 경우 브라질에서는 33분, 캘리포니아에서는 19분이 지나면 지각으로 생각한다는 조사 결과를 소개했다. 미야하라(宮原, 2006)도 대학원 시절에 공학부 실험을 하기 위해 미국인 학생과 남미에서 온 학생과 약속을 잡았던 친구의 에피소드를 소개했다. 그에 따르면 친구는 약속시간보다 20분이나 일찍 실험실에 도착했는데, 미국인 학생은 약속시간보다 조금 늦게 도착하고서도 미안해하는 기색이 없었고 남미에서 온 학생은 약속시간보다 2시간 후에 도착해서는 이미 실험이 시작된 것을 보고 깜짝 놀라더라(p.83)는 것이다.

네하시(根橋, 2000)도 타이에 거주하는 여동생에게서 약속시간보다 한 시간이나 늦게 온 친구가 "그게 뭐 어때서."라고 하더라는 말을 듣고 깜짝 놀랐다고 적고 있다. 바르가스(1986)는 자신이 볼리비아에서 경험한 여러 가지 일들이 미리 정해 놓은 시각보다 훨씬 늦게 시작되며, 사람들이 '시계시간'이 가리키는 시각보다 얼마나 늦어도 신경을 쓰지 않는지(혹은 시계시간이 가리키는 시각보다 늦는 것을 당연시하고 있는지)에 대한 많은 예를 들고 있다.

한편, 바르가스(1986)와 기타데(1998)가 인용하고 있는 홀의 말에 따르면, 미국 동부의 중산층 백인 비즈니스맨은 그다지 친하지 않은 사람과 미팅 약속을 할 경우, 5분 정도의 지각은 가벼운 사과로 끝나지만 10분 늦으면 정중하게 사죄할 필요가 있고, 15분 늦었을 경우에는 사죄뿐만 아니라 지각한 이유를 설명해야 하고, 30분 지각은 상대방에 대한 모욕으로 간주한다고 한다. 바르가스(1986)에 따르면 남부나 서부에서는 이 정도로 엄격하지는 않은 것 같으나 그래도 앞서 기술한 남미나 타이 사람에 비하면 상당히 시간을 엄수한다고 볼 수 있다. 마스모토(2000)의 저서에는, 영국인과 칠레인이 결혼을 하게 되어 청첩장을 보낼 때 영국인 하객에게는 식이 시작되는 시각을, 칠레인 하객에게는 시작되기 2시간 전의 시각을 인쇄해 보내야 예정대로 식을 올릴 수 있다는(p.93), 칠레에서 온 유학생의 에피소드가 실려 있다. 글로벌 사회라고는 하지만 세상에는 시간감각에 대해 이렇게 큰 차이가 있다는 사실을 알고 있어야 할 것이다.

참고·인용문헌

- 石井敏(1996)「言語メッセージと非言語メッセージ」古田暁〈監修〉石井敏・岡部朗一・久米昭元〈著〉『異文化コミュニケーション：新国際人への条件』改訂版 第4章(pp.81-100) 有斐閣
- 池田理知子(2006)「時計時間の支配」池田理知子〈編〉『現代コミュニケーション学』第1章(pp.21-37) 有斐閣
- 池田理知子・クレーマー、エリック(2000)『異文化コミュニケーション・入門』有斐閣
- ヴァーガス、マジョリー(1987)/石丸正〈訳〉(1987)『非言語コミュニケ

ーション』新潮社
- 大森文子(2004)「認知・談話・レトリック」大堀壽夫編『認知コミュニケーション論』第6章(pp.161-210) 大修館書店
- 北出亮(1998)「非言語コミュニケーションの範囲」鍋倉健悦〈編著〉『異文化間コミュニケーションへの招待：異文化の理解から異文化との交流に向けて』第4章 第4節(pp.112-130) 北樹出版
- 小泉保(2001)「直示」小泉保〈編〉『入門語用論研究：理論と応用』第2章(pp.5-34) 研究社
- 末田清子・福田浩子(2003)『コミュニケーション学：その展望と視点』松柏社
- 根橋玲子(2000)「王様と私：タイ」国際行動学会〈編〉『文化摩擦における戸惑い』(pp.108-114) 創元社
- プリブル、チャールズ(2006)『科学としての異文化コミュニケーション：経験主義からの脱却』ナカニシヤ出版
- ホール、エドワード(1976)/岩田慶治・谷泰〈訳〉(1993)『文化を超えて 新装版』TBSブリタニカ
- 桝本智子(2000)「非言語」西田ひろ子〈編〉『異文化間コミュニケーション入門』第2章(pp.75-100) 創元社
- 丸山真純(2006)「時間と文化：『時計時間』と『自然時間』『出来事時間』」橋本満弘・畠山均・丸山真純『教養としてのコミュニケーション』第4章(pp.148-179) 北樹出版
- 宮原哲(2006)『新版 入門 コミュニケーション論』松柏社
- リッチモンド, バージニア・マクロスキー、ジェームズ(2004)/山下耕二〈編訳〉(2006)『非言語行動の心理学：対人関係とコミュニケーション理解のために』北大路書房
- レヴィーン、ロバート(1997)/忠平美幸〈訳〉(2002)『あなたはどれだけ待てますか:せっかち文化とのんびり文化の徹底比較』草思社
- Lakoff, G., & Johnson, M.(1980) *Metaphors we live by.* The University of Chicago Press

Chapter 09 물품

오하시 리에

• 학습 포인트 •

- 기본적 가치지향의 사고방식을 이해한다.
- 물품에 의한 메시지를 이해한다.
- 커뮤니케이션의 디지털·아날로그성, 불가역성, 선행성, 진행성, 콘텍스트성을 이해한다.

01
하다·되다·있다

2010년 8월에 받은 결혼피로연 초대장에는 신랑 신부의 이름으로 '우리는 결혼식을 올리게 되었습니다.'라고 적혀 있었다. '우리는'이라는 주어가 분명하게 나타나 있는 문장인데도 술어 부분에는 주어인 '우리'가 결혼식을 올리기로 <u>했다</u>가 아니라 결혼식을 올리게 <u>되었다</u>고 적혀 있었다. 이는 인간이 '함으로써' 모든 일이 일어난다고 생각하는 문화와, 모든 일은 자연히 그렇게 '되는' 것이라고 생각하는 문화, 그리고 모든 일은 원래 '존재하는' 것이라고 생각하는 문화가 있다고 한 클러크혼(F. R. Kluckhohn)과 스트로드벡(F. L. Strodtbeck)의 '기본적 가치지향'을 상기시킨다.

　클러크혼과 스트로드벡은 모든 문화는 인간 공통의 문제에 대해 해결책을 제시해야 하지만 그 해결책은 유한하며 모든 문화와 사회에는 그 유한한 해결책 중에서 우선적으로 선택하는 답이 있다는 '기본적 가치지향' 가설을 세웠다(岡部, 1996b; 樋口, 2001; 守崎, 2000). 인간 공통의 문제란 '인간성 지향, 대(対)자연지향, 시간지향, 활동지향, 관계지향'의 다섯 가지다. 인간성 지향이란 인간은 선한가 악한가, 또 살아 있는 동안에 그것은 변할 수 있는가 없는가라는 물음에 대한 답 중에서 그 문화가 어느 것을 채택하는가에 대한 문제다. 대자연지향이란 인간은 자연에게 복종하는 존재인가, 자연을 지배하는 존재인가, 자연과 조화를 이루어 나가는 존재인가라는 선택지 중에서 그 문화가 어느 것을 채택하는가에 대한 문제다. 시간지향이란 과거를 중시하는가, 미래를 중시하는가, 현재를 중시하는가 중에서 그 문화가 어느 것을 채택하는가 하는 문제다. 활동지향이란 만물은 '있는' 것인가, '하는' 것인가, '되는' 것인가 중에서 그 문화가 어느 것을 채택하는가에 대한 문제다. 관계지향이란 그 문화가 인간관계를 종적 유대를 중심으로 파악하는가, 횡적 유대를 중심으로 파악하는가, 개인중심으로 파악하는가에 관한 문제다(岡部, 1996b; 守崎, 2000).

클러크혼과 스트로드벡의 가설에 비추어 보면 '결혼하게 되었습니다.'라는 일본어 표현은 당사자끼리 결혼을 '하기로' 결정했다기보다는 일이 자연히 그렇게 '되어' 결혼이 이루어진 것으로 생각한다고 볼 수 있다. 예전부터 사용해 오던 '인연이 있어서'라는 말과 연결되는 표현이라고 할 수 있다.

그런데 일본에서는 결혼식이라면 으레 축하선물이나 답례품이 오가는 것으로 생각하는데 이것은 단순한 습관이라기보다는 메시지로 기능한다고 해석할 수 있다. 다음 절에서는 여러 가지 물품이 어떻게 메시지로 기능하는지에 대해 고찰해 보고자 한다.

02 메시지로서의 물품

제5장에서 살펴본 바와 같이 소지품은 복장과 함께 '인공물'이라

는 비언어적 메시지에 속한다. 복장에 관해서는 제7장에서 다루었으므로 여기서는 그 밖의 것들을 다루기로 한다.

(1) 자신의 소지품

소지품은 대개의 경우 소유자의 가치관을 반영한다. 특정 브랜드의 핸드백을 들고 다니는 사람은 자신이 그 브랜드를 좋아한다는 메시지를 발신하고 있는 셈이다. 비교적 저렴해서 손쉽게 구입할 수 있는 핸드백을 들고 다니는 사람과 명품으로 알려진 신상품 핸드백을 들고 다니는 사람은 표현하는 가치관이 다르다고 할 수 있다. 다만 그것이 구체적으로 어떤 가치관인가를 파악하는 것은 메시지를 받아들이는 쪽의 해석에 달려 있다. 저렴한 핸드백을 들고 다니는 사람이 핸드백 같은 데 돈을 쓰는 일은 낭비라는 가치관을 가지고 있는지 또는 핸드백이란 수수하고 튼튼해야 한다는 가치관을 가지고 있는지는 단순히 가방만 보아서는 알 수 없다.

자가용으로 어떤 차를 가지고 있는가도 가치관을 반영하는 예가 될 것이다. 자가용으로 소위 고급차를 타는 사람과 값싼 중고차를 타는 사람은 차를 타는 이유가 다를 수 있다(잉여 가처분소득의 활용 대상으로 자가용을 선택한 사람도 있을 테고, 꼭 필요해서 차를 사용한다는 사람도 있을 것이다). 그러나 그 차를 선택한 이유가 무엇이든 간에 자동차 자체는 메시지로서 기능한다(자동차에까지 돈을 들일 수 있을 만큼 경제적 여유가 있다는 메시지일 수도 있고, 자동차 같은 데 돈을 들이는 것은 어리석은 짓이라는 가치관을 표현하는 메시지일 수도 있을 것이다).

(2) 타인에게 주는 선물

우리는 어떤 경우에 다른 사람에게 선물을 할까. 생일, 크리스마스, 밸런타인데이, 화이트데이 같은 때 다른 사람에게 선물을 주는 습관은 일본사회에서도 꽤 넓게 퍼져 있다. 생일선물에는 상대방의 생일을 축하하는 마음이 담겨 있다. 부모가 자녀에게 주는 크리스마스 선물에는 자녀의 소원을 이루어 주고 싶은 부모의 마음이 선물이라는 물품으로 표현되어 있으며, 친구나 어른 사이에 주는 크리스마스 선물에는 상대방을 특별하게 생각한다는 메시지가 담겨 있다고 할 수 있다. 밸런타인데이에 의례적으로 주는 초콜릿에는 늘 신세를 지고 있다는 메시지가, 진심으로 좋아하는 사람에게 주는 초콜릿에는 각별한 사랑의 메시지가 담겨 있을 것이다. 화이트데이의 경우에는 '답례'의 메시지가 강하다.

그 밖에도 일본에서 습관화된 선물 풍습으로는 백중선물(中元)과 연말선물(歲暮)이 있다. 백중선물은 평소에 신세진 친척이나 지인과 상사에게 백중날에 보내며(岡田・阿久根, 1993, p.100), 연말선물은 일 년 동안의 감사한 마음을 담아 연말에 보내는데(岡田・阿久根, 1993, p.287) 이는 '신세 많이 지고 있습니다.', '앞으로도 잘 부탁드립니다.'라는 메시지를 선물을 빌려 전달하고 있는 좋은 예다. 예전에 흔히 그랬듯이 선물을 직접 가지고 가서 전한다면 당연히 언어 메시지와 함께 전할 것이므로 그 물품은 '보완'의 기능을 하는 비언어 메시지라고 할 수 있다. 또, 실제로 갖고 가지는 않더라도 편지와 함께 전한다면 그 물품 역시 '보완'의 기능을 하는 비언어 메시지가 된다. 한편 편지를 동봉하지 않고 물품만 보내는 경우에는 '대용'의 기능을 하는 비언어 메시지가 될 것이다.

(3) 축하선물과 답례품의 메시지

결혼이라는 형태의 인적 결합과 관련해 여러 가지 물품을 주고받는 일(납폐, 답례 등)에 대해서는 논외로 하고 여기서는 현대의 결혼 피로연 때 주고받는 메시지에 초점을 맞추려고 한다. 결혼 피로연에 초대받은 하객은 '축의금'을 전달하고 답례품(불과 십여 년 전까지는 식기 같은 것이었으나 최근에는 카탈로그에서 고르는 형식도 많다)을 받아 돌아가는 경우가 대부분인데, 이를 물품을 매개로 한 커뮤니케이션으로 다시 살펴보고자 한다. 축의금에는 신랑 신부의 새로운 출발을 축하하는 메시지가 담겨 있으나 대체로 신랑 신부에게 직접 건네주지는 않으므로 이때 현금은 '대용'의 기능을 한다고 볼 수 있다. 한편 답례품에는 결혼식에 참석해 준 하객에 대한 답례의 메시지가 담겨 있다고 할 수 있다. 답례품을 언어 메시지와 함께 주게 되면 '보완'의 의미를 지니는데(실제로 서두에서 예로 든 피로연에서 받은 답례품에는 사례의 편지가 함께 들어 있었다), 피로연에서 하객들이 해 준 인사말에 대한 '보완'이라고 할 수 있다. 식기 같은 답례품은 그것을 고른 사람의 가치관이 반영되어 있다는 의미에서 또 하나의 메시지라고 할 수 있다. 카탈로그에서 고르게 하는 경우는 그런 메시지는 읽을 수 없지만 손님의 편의(무거운 식기를 답례품으로 갖고 가게 하는 것을 피하고 본인이 원하는 물건을 고르게 한다)를 중시하는 메시지가 담겨 있다고 볼 수 있다.

그런데 한 가지 주목할 일은 일본에서 축의금은 주는 사람이 정한다는 점이다. 현대 일본에서는 초대받은 쪽에서 신랑 신부와의 대인관계(친척·친한 친구·회사의 상사 등)를 고려하여 적절하다고 생각되는 금액을 축의금으로 내는 것이 보통이다. 그러나 미국에서는 신랑 신부 쪽에서 원하는 가전제품 등을 가게에 미리 등록해 두면 축하선물을 주는 쪽은 그중에서 적당한 것을 골라 선물하는 방식을 취하기도 한다. 이런 방식에서는 같은 선물이 중복되는 일을 피하고 낭비를 없애고 실용성을 중시하는 메시지를 읽을 수 있다. 한편 선물을 주는 쪽에서는 신랑 신부에 대한 축하와 함께 '갖고 싶다고 한 물건을 선물하니 꼭 유용하게 써 주세요.'라는 메시지를 그 속에 담는 셈이다. 이렇게 생각하면 같은 축하선물이지만 그 속에 담는 메시지는 다를 수도 있음을 알 수 있다.

 이런 방식이 보급되어 있다는 사실은 미국사회가 위와 같은 합리성을 공유하고 있음을 보여 준다. 미국의 백화점에는 12월 26일 이후부터 받은 선물을 반품 또는 교환하려는 고객이 찾아온다. 크리스마스 선물로 같은 물건을 두 개 이상 받았거나 자신이 원하지 않는 물건을 받은 경우에는 반품을 해도 괜찮다는 가치관을 사회 전체가 공유하고 있는 것이다. 이런 현상은 미국에서는 크리스마스가 되면 작은 배려의 표시로 선물을 하는 범위가 꽤 넓다는 관습과 무관하지 않다. 배려의 표시로 크리스마스 선물을 주는 경우 그 물건은 '나는 당신에게 마음을 쓰고 있어요.'라는 메시지는 전달하지만 '당신을 위해서 열심히 이 선물을 골랐어요.'라는 메시지는 아니다. '당신에게 마음을 쓰고 있어요.'라는 메시지 자체가 중요하지 실제 물건은 그렇게 큰 가치를 지니지 않는다. 따라서 별 저항감을 느끼지 않고 반품이나 교환을 할 수 있는 것이다. 그런 의미에서 물건이 메시지로 기능하기 위해서는 기호(記號)로서의 기능과 함께 특정한 관습에 의한 일정한 가치관을 그 사회가 공유하고 있어야 한다.

03
관습 속의 물품

관혼상제나 계절 축제 등 여러 관습 속에 다양한 물품이 등장하는 것은 어느 문화나 마찬가지다. 일본의 명절을 예로 들자면 모모노셋쿠(桃の節句: 삼월삼짇날의 명절)의 히나인형(雛人形), 단오절의 투구(兜)와 고이노보리(鯉幟: 종이나 천으로 잉어 모양을 만들어 장대에 높이 매다는 것) 같은 것은 그 명절 특유의 물품이다. 이들은 모두 각 명절을 축하하는 물품으로서의 유래를 가지고 있다. 예를 들어 히나인형은 헤이안시대의 삼월삼짇날 명절에 종이로 인형을 만들고 온갖 부정한 것들을 그 인형에 옮겨서 강이나 바다에 흘려보내 부정을 쫓은(岡田·阿久根, 1993, p.102) 나가시비나(流し雛)라는 풍습이 기원이라고 하는데 지금은 여자아이의 건강한 성장을 바라며 장식을 한다. 그런 의미에서는 여자아이의 건강한 성장을 기원하는 메시지가 담긴 기호라고 할 수 있다. 단오절에 장식하는 투구와 고이노보리 역시 남자아이의 건강한 성장을 기원하는 메시지가 담긴 기호다. 마찬가지로 정월의 가도마쓰(門松: 새해에 문 앞에 장식으로 세우는 소나무)·가가미모치(鏡餅: 설날에 신불에게 올리는 크고 작은 두 개의 동글납작한 찰떡)·오세치(御節: 새해에 먹는 조림요리)와 떡국 역시 신년축하 메시지의 기호라고 할 수 있다.

물품이 어떤 메시지를 전달하는 기호로 기능하는 것을 좀 더 깊이 고찰해 보면 특정 물품이 종교적인 상징이나 주술적인 기호로 쓰이는 것과 관련이 있다. 역사적인 흐름을 보면 어떤 상징으로 쓰이던 물품이 그 본래의 의미를 잃고 기호화된 경우가 오히려 더 많을 것이다. 즉 종교적·주술적 상징으로서의 물품과 기호로서의 물품은 서로 경계를 접하고 있는 셈이다.

04 커뮤니케이션의 특징

여기서는 제1장에서 서술한 커뮤니케이션의 여덟 가지 특징 가운데 네 번째부터 여덟 번째까지를 설명하고자 한다(岡部, 1996a; 末田·福田, 2003; 宮原, 2006; 외).

(1) 커뮤니케이션에는 디지털·아날로그적인 면이 있다

디지털과 아날로그라는 말을 들으면 우선 시계를 상상할 것이다. 디지털 시계는 시, 분, 초가 숫자로 표시된다. 10시 58분 46초는 이 중에서 숫자가 하나라도 바뀌면 다른 시각을 나타내게 된다. 이와 같이 구성요소 하나하나가 서로 분리되어 있어 무언가를 바꿔 넣으면 전체의 의미가 달라지는 것이 디지털이다.

그에 비해 아날로그 시계는 시계바늘의 위치로 시각을 짐작할 수 있게 되어 있다. 짧은 바늘과 긴 바늘의 각도가 30도 조금 못 되고 긴 바늘이 시계의 위쪽을 향해 수직으로 서 있을 때보다 10도쯤 왼

쪽으로 기울어 있을 경우, 11시가 조금 못 되었다고 생각하여 대략 10시 58분 후반대로 판단한다. 물론 문자판에 더 세밀한 눈금이 있으면 그 판단은 디지털 시계에 표시된 시각에 좀 더 가까워질 것이다. 결국 아날로그 시계에서는 기준이 되는 위치(상·하·좌·우 등)와 얼마나 차이가 나느냐로 시간을 판단하는데 이것이 아날로그의 원리다. 즉 각 구성요소가 연속체로 되어 있으며 차이나 어긋난 정도에 따라 의미내용이 달라진다.

제1장에서 살펴본 바와 같이 커뮤니케이션은 언어와 비언어를 사용하게 되는데, 언어는 디지털적 상징이며 비언어는 아날로그적 상징이다. 언어는 그 구성요소 중의 한 부분(단어나 어미 등)을 바꾸기만 해도 의미가 달라진다. 그에 비해 비언어는 '어느 정도'인지가 중요하다. 상대와의 이별을 아쉬워한다는 것을 나타내기 위해 손을 크게 흔드는 경우를 떠올려 보자. 만약 손을 흔드는 동작을 크게 하면 상대방과 헤어지기가 몹시 섭섭함을 표현한다고 할 수 있다.

(2) 커뮤니케이션은 결코 원래대로 되돌릴 수 없다

"아아, 그 사람에게 그런 말은 하지 말았어야 하는데!"라고 후회한 경험이 누구에게나 있을 것이다. 그러나 말이란 한번 입 밖으로 내어 버리면 되돌릴 수가 없다. 아무리 "이전에 했던 말은 안 들은 걸로 해 줄래?"라고 부탁해 봐야 일단 상대방에게 해 버린 말을 되돌릴 수는 없다. 이는 우리가 일상생활에서 흔히 겪는 일인데 커뮤니케이션학 용어로는 커뮤니케이션의 불가역성(不可逆性)이라고 한다. 커뮤니케이션은 시간에 따라 이루어지므로 시간을 되돌릴 수 없다고 생각하는 문화에서는 한번 이루어진 커뮤니케이션을 원래대로 되돌릴 수가 없는 것이다.

또한 이는 한번 이루어진 커뮤니케이션은 재생할 수 없음을 의미하기도 한다. 같은 상대에게 같은 이야기를 하는 경우라도 완전히 똑같게 이야기하지는 않으며, 상대방 역시 처음 들을 때와 두 번째 들을 때 받아들이는 느낌이 다르다. 라쿠고(落語)·연극·연주와 같은 퍼포먼스에서는 같은 부분을 몇 번이나 보고 듣더라도 매번 다르게 받아들일 수가 있다. 이는 단순히 즉흥적인 요소가 더해져서 그런 것이 아니라 같은 커뮤니케이션을 완전히 그대로 재현하는 일은 불가능하다는 원리가 있기 때문이라 할 수 있다. CD나 DVD처럼 완전히 똑같은 것을 재생하는 경우조차도 매번 조금씩 다르게 받아들이는 것이다.

(3) 커뮤니케이션은 인생의 경험을 반영한다

커뮤니케이션이 시간에 따라 이루어진다는 것은 그 시간에 따라 우리가 쌓아 온 경험을 바탕으로 커뮤니케이션이 이루어진다는 의미다. 예를 들어 한번 만나서 커뮤니케이션을 가진 상대와 다시 만나면 처음 만났을 때와 같은 커뮤니케이션을 하지는 않으며 전에 한번 만난 상대로서 커뮤니케이션을 하게 된다. 이처럼 시간에 따라 인간관계가 변하므로 커뮤니케이션도 필연적으로 변한다.

또한 같은 상대를 만나는 경우에도 전에 만났을 때부터 이번에 만날 때까지 그동안에 우리는 여러 가지 경험을 쌓는다. 예를 들어 그동안에 상대에 관한 정보를 다른 사람한테서 얻었을 수도 있다. 그렇게 되면 물론 이번에 만나서 갖는 커뮤니케이션은 그 정보를 근거로 하게 된다. 이처럼 뚜렷한 변화가 없다 하더라도 인간은 살아 있으므로 필연적으로 날마다 여러 가지 경험을 축적해 가고 있으며, 어느 시점에서의 커뮤니케이션은 그 시점까지 축적된 경험을 반영할 수밖에 없다. 이를 커뮤니케이션의 선행성이라고 한다.

(4) 커뮤니케이션은 고정되지 않으며 끝나지 않는다

인간은 살아 있는 한 언어적·비언어적 메시지를 계속 발신한다. 그것이 의도적인 경우도 있고 의도하지 않은 경우도 있다는 것은 지금까지 살펴본 바와 같다. 또한 시간을 멈추게 할 수는 없으므로 커뮤니케이션은 항상 변한다. 이것을 커뮤니케이션의 진행성이라고 한다.

절교한 상대와 말을 하지 않으면 상대방에게 자신이 아직 화가 나 있음을 표현할 수 있다. 즉 상대에게 일부러 메시지를 보내지 않는 것 자체가 강렬한 메시지로서 기능하는 것이다. 메시지를 발신하지 않는 것조차도 메시지가 된다면 커뮤니케이션을 종료하는 일은 거의 불가능에 가깝다는 것을 알 수 있다.

(5) 커뮤니케이션은 반드시 어떤 상황 속에서 이루어진다

제6장에서도 언급했지만 무슨 커뮤니케이션이든지 어떤 콘텍스트(상황) 안에서 이루어진다. 대표적인 콘텍스트로 제6장에서는 물리적인 환경(실내인지 실외인지, 조용한 곳인지 시끄러운 곳인지)과 대인관계(친소관계, 상하관계)를 예로 들었는데, 친소관계나 상하관계에 따라 말씨가 달라진다는 것은 콘텍스트가 커뮤니케이션에 영향을 미친다는 사실을 가장 알기 쉽게 보여 준다고 할 수 있다. 한편,

방 안과 밖에서는 말소리의 크기가 자연스럽게 달라지며, 시끄러운 곳과 조용한 곳에서도 저절로 달라진다. 따라서 같은 크기의 목소리라 할지라도 실내인지 실외인지에 따라 받아들이는 인상이 다르다(실외에서 하던 말소리와 같은 크기로 실내에서 말한다면 상대에게 위압감을 주게 된다). 더욱이 주위가 시끄러운 곳과 조용한 곳에서는 당사자 사이의 거리감도 다를 것이다. 상대방이 같은 거리에 있다고 해도 조용한 곳과 시끄러운 곳에서는 그 대인거리에서 받아들이는 메시지가 다르다(시끄러운 곳에서 자연스럽게 취하던 대인거리를 그대로 유지한 채 조용한 곳으로 이동한다면 꽤 친밀한 관계로 보일 것이다).

또 한 가지 콘텍스트로서 중요한 것은 커뮤니케이션에 관련된 당사자가 어떤 역할을 하고 있는가이다. 예를 들어 의사인 동급생과 동창회에서 만나 체중 증가 이야기를 나누다가 "그건 안 좋은데…" 하는 말을 들었을 경우와, 진찰실에서 자신이 요즘 건강에 이상이 있는 것 같다면서 체중 증가 이야기를 꺼내고 나서 "그건 안 좋은데…"라는 말을 들었을 경우는 같은 상대가 한 똑같은 말이지만 받아들이는 느낌이 다를 것이다. 동창회에서는 상대가 친구라는 대등한 관계지만 진찰실 안에서는 동일한 상대가 의사 역할을 하고 자신은 환자 역할을 하게 된다. 똑같은 메시지지만 역할이라는 콘텍스트의 차이 때문에 수신자가 받아들이는 의미가 달라지는 것이다.

명품 핸드백이나 자동차의 경우도 특정 브랜드나 차종이 지니고 있는 가치(금전적 가치나 희소가치 등)가 사회 내에서 공유되지 않으면 그것은 메시지로서 기능할 수 없다. 차종을 예로 들자면 어느 차종이 고급차이고 어느 차종이 그렇지 않은지가 사회 내에서 통하지 않으면 특정 차종이 금전적 여유를 나타내는 메시지로 기능할 수 없다. 이와 같이 인공물이 메시지로서 기능하기 위해서는 그 인공물이 그 사회 내에서 어떠한 기호로 인식되어야 한다(阿部, 2000). 이것이 바로 콘텍스트를 공유한다는 의미다.

백중선물이나 연말선물은 적합한 시기에 보내기 때문에 인사로서의 메시지가 전달된다. 시기가 지난 뒤 보낸다면 전혀 다른 메시지로 읽힐 가능성이 있다. 이것은 절기라는 콘텍스트가 메시지를 읽는데 중요한 포인트가 되는 예다. 물품의 메시지가 콘텍스트의 공유에 의존한다는 것을 생각하면 콘텍스트와 관습 역시 서로 연결되는 것이다.

참고·인용문헌

- 阿部潔(2000)『日常のなかのコミュニケーション：現代を生きる「わたし」のゆくえ』北樹出版
- 岡田芳明・阿久根末忠〈編著〉(1993)『現代こよみ読み解き事典』柏書房
- 岡部朗一(1996a)「コミュニケーションの基礎概念」古田暁〈監修〉、石井敏・岡部朗一・久米昭元〈著〉『異文化コミュニケーション：新国際人への条件』改訂版 第1章(pp.15-38) 有斐閣
- 岡部朗一(1996b)「文化とコミュニケーション」古田暁〈監修〉、石井敏・岡部朗一・久米昭元〈著〉『異文化コミュニケーション：新国際人への条件』改訂版 第2章(pp.39-59) 有斐閣
- 末田清子・福田浩子(2003)『コミュニケーション学：その展望と視点』松柏社
- 樋口容視子(2001)「基本的価値志向」八代京子・荒木晶子・樋口容視子・山本志都・コミサロフ喜美〈著〉『異文化コミュニケーションワークブック』第5章 第3節(pp.109-113) 三修社
- 宮原哲(2006)『入門 コミュニケーション論』松柏社
- 守崎誠一(2000)「価値観」西田ひろ子〈著〉『異文化間コミュニケーション入門』第4章(pp.132-181) 創元社

터부와 완곡표현

Chapter 10

다니엘 롱

• 학습 포인트 •

- 터부와 완곡표현이 무엇인가를 파악하고, 인간 커뮤니케이션 입장에서 그러한 것이 왜 발생하는가를 이해한다.
- 터부가 국가와 언어, 지역과 방언, 나아가 세대나 시대에 따라 어떻게 변하는가를 생각해 본다.
- '차별적인 말을 하면 다른 사람이 상처를 받을 수 있으므로 피해야 한다'는 의견과 '무엇이 차별적인지는 다양한 요인에 따라 다르므로, 자신이 차별적이라고 생각하는 표현을 사용한다고 해서 바로 차별론자로 단정하지 않는 것이 중요하다'는 모순되는 두 의견의 근거를 이해한다.

01
터부와 완곡표현

이 장에서는 '터부'를 주제로 일본어의 문화에 대해 살펴보고자 한다. 언어에서 터부란 금기어, 해서는 안 될 말, 입 밖에 내어서는 안 되는 단어나 표현, 다루어서는 안 되는 문제 등을 가리킨다. 터부와 관계가 깊은 것이 '완곡표현'이다. 즉 터부시되는 사항이 많지만 그래도 꼭 언급해야 할 경우에는 완곡표현을 사용하는 경우가 있다.

예를 들면 죽음에 관한 터부가 있는데 '죽다'라는 동사가 주는 언짢은 어감을 피하기 위해 '돌아가셨다'라든가 '아버지를 여읜 사람'이나 '전쟁으로 아들을 잃었다' 등으로 표현한다. 죽는 것을 '가다', '일찍 가다'라고도 한다. 황실에 대한 경의를 표하기 위한 완곡표현도 있는데 쇼와(昭和) 일왕이 사망했을 때는 「お隠れになった(돌아가셨다)」는 표현이 사용되었다. 영어권에도 죽음을 가리키는 'pass away'라는 표현이 있듯이 죽음에 대한 터부는 많은 언어에서 볼 수 있는 현상이다.

성행위(섹스)에 관한 터부도 마찬가지다. 성행위를 했다는 의미의 속된 표현이나 저속한 표현도 많지만 "그 사람과 잤다"는 표현은 대부분의 문맥에서 단순한 '수면'만이 아닌 의미가 포함되어 있다. 이처럼 터부시되는 말이나 하기 힘든 표현 대신 완곡표현이 사용된다.

대부분의 사회에서 터부시되는 것으로 배설물에 관한 표현이 있다. 이는 배설물은 불결하고 질병의 감염원이라는 것이 하나의 이유다. 그러나 애초부터 인간은 성행위나 배설하는 모습을 다른 사람에게 보이고 싶어 하지 않았다. 즉 성행위나 배설물에 관한 단어를 사람들 앞에서 사용하는 것에 당혹스러움을 느낄 뿐만 아니라 이러한 행위를 다른 사람에게 보이기를 꺼린다. 이는 성행위나 배설을 할 때는 무방비 상태에 놓이기 때문이다. 이러한 경계 심리가 부끄러움으로 발전한 것으로 생각할 수 있는데 결국 일본을 비롯한 세계의 각 사회에서 배설물에 관한 사항은 터부시되고 있다.

우리는 자신이 소속되어 있는 사회에서 금기시되는 것이 무엇인지를 알아야 한다. 이는 한 인간이 사회인으로서 제구실을 할 수 있게 되는 '사회화'라는 과정 중 하나의 요소다. 어린아이들은 일상생활을 하면서 배설물이나 배설물과 관계가 있는 신체 부위를 표현해야 할 경우가 있다. 이는 자연스러운 일로 아무런 문제가 되지 않지만 아이가 어느 정도 자라서 공적인 장소에서 그런 표현을 사용하면 사람들은 거부감을 느낀다. 초등학교에 들어간 아이가 전철 안에서 "오줌 눌 거야." 또는 "똥 마려워." 한다든가, 병원 대합실에서 "고추가 가려워."라고 한다면 주위에 있는 어른들은 장소에 맞지 않는 말에 대해 위화감을 느끼게 된다. 물론 변소라는 장소 그 자체에 대한 터부도 있어 이를 나타내는 완곡표현이 많다는 것은 잘 알려져 있다. '화장실(化粧室)'이나 '손 씻는 곳(お手洗い)' 등이 이에 해당된다.

일본 사람이 외국에 가서 곤란을 느끼는 일이 화장실에 대한 호칭이다. 일본 사람이 영어권에서 "화장실이 어디예요?"라는 의미로 "Where is the toilet?"이라고 했더니, 이 표현을 "변기는 어디에 있나요?"라는 의미로 해석하고는 "It's in the bathroom, of course!(변기는 당연히 화장실에 있죠)"라는 대답이 돌아왔다는 이야기가 있다. 즉 영어권에서 'toilet'이라는 단어는 화장실이라는 장소를 가리키는

것이 아니라 변기라는 물건 그 자체를 가리킨다. 일본어의 「トイレ(toilet의 약칭)」는 영어의 의미가 변한 것이다. 본래는 '변기'라는 물건만을 나타내던 단어가 변기가 있는 장소 전체를 가리키게 된 것이다. 이는 제6장에서 배운 여러 가지 비유의 분류 중에서 '제유(提喩)'에 해당된다.

　터부시되는 단어가 있을 경우, 그것을 대신해서 사용하는 표현이 완곡표현인데 대부분의 완곡표현은 일종의 비유다. 예를 들면 미국에서 일반적으로 화장실이라는 의미로 사용되는 'bathroom'도 완곡표현이라고 할 수 있다. '용변을 보는 장소'라고 하면 어감도 좋지 않고 불결한 이미지가 있지만, '목욕하는 방'이라고 하면 반대로 청결한 느낌을 줄 수 있다.

　앞에서 언급한 일본어의 '화장실(化粧室)'이나 '손 씻는 곳(お手洗い)'도 이와 마찬가지다. 이런 표현은 '더러운 배설물을 내보내는' 이미지가 아니라 '화장을 고쳐서 더 아름답게 하는 방'이라든가 '손을 깨끗이 하여 몸을 청결하게 하는 방'이라는 이미지를 나타낸다. 영어권에서 화장실이란 뜻으로 사용되는 'restroom'도 휴게실을 의미한다.

　기존의 표현이 어떠한 이유로 인해 말하기 곤란하다든가 어감이 좋지 않을 때 그것을 다른 단어로 치환하는 경우가 가끔 있다. 예를 들어 일본의 경우에는 묘지 이름으로 외래어가 자주 사용되는데 '메모리얼 가든(memorial garden)'이 이에 해당한다. 죽음에 대한 터부를 완화시키려는 완곡표현의 예다.

　그 밖에 은둔형 외톨이 젊은이를 NEET(일하지 않고 일할 의지도 없는 청년 무직자를 뜻하는 신조어. not in education, employment or training의 준말), 정신병원을 멘탈클리닉이라고 하는 것 등을 들 수

있다. 여러 해에 걸쳐 정착된 표현으로 '메타보(メタボ: metabolic syndrome의 준말, 대사증후군)'라는 말이 있다. 이것도 역시 기존의 '비만'이나 '뚱보', '살쪘다'는 표현을 대신하기 위한 완곡표현으로 사용되기 시작했다. 용모와 관계가 있는 완곡표현으로 일본에서는 '링클(wrinkle)'이라는 단어가 들어간 화장품이 있다. 영어를 모르는 사람들에게는 이러한 외래어 표현이 세련되게 들릴지 모르겠지만 영어에서 링클이란 주름 그 자체를 가리키므로 영어권에서는 상품 명으로 사용하는 경우가 없다.

그런데 이와 반대로 메모리얼 가든은 영어권에서도 묘지명으로 사용해도 어감이 좋아 실제로 사용되고 있다. 즉 완곡표현으로 사용되는 외래어에도 두 가지가 있다고 할 수 있다. [그림 10-1]을 참고하여 두 종류의 완곡표현을 살펴보자.

분명 메모리얼 가든과 링클은 모두 외래어로서 일본어에서는 완곡표현으로 사용되고 있다. 그렇지만 이 둘 사이에는 큰 차이가 있

• 그림 10-1 **외래어와 완곡표현**

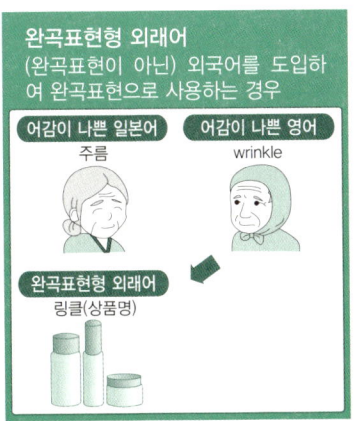

다. 메모리얼 가든은 영어에서도 완곡표현으로 사용되고 있으며 일본어에서도 받아들이고 있다. 반면 링클은 영어에서는 어감이 좋다고 할 수 없는 일반단어다. 그런데 일본어에서는 이 단어를 선입견 없이 받아들였기 때문에 본래의 의미인 '주름'보다는 부난한 일종의 완곡표현 역할을 한다고 할 수 있다.

wrinkle이라는 영어는 터부까지는 아니더라도 영어에서는 분명히 이미지가 좋지 않다. 일본에서는 'cheap'이라는 말이 가격이 싸다는 의미로 사용되고 있으며 온라인 판매에서도 인터넷 주소에 cheap이라는 단어를 포함한 잡화 판매 사이트가 있지만 영어권에서 cheap이라는 단어는 어감이 좋지 않아 '싸다'라기보다는 '싸구려 같다'든가 '하찮다'는 느낌을 준다. 영어권에서는 인터넷 주소에 cheap을 사용하면 역효과가 날지도 모른다.

그 외에도 일본에는 '슬로우 푸드'라는 말이 있다. '여유롭다'는 이미지가 있을지 모르지만 이 표현은 영어권에서는 어감이 좋지 않은 말이다. 점원의 작업이나 동작이 '굼뜨다'는 느낌을 준다. 역효과의 예로는 이 외에도 '무디(moody)한 가게'라는 표현을 들 수 있다. 분위기 있는 가게라는 의미로 사용하지만 영어에서 'moody'는 '기분이 언짢은, 무뚝뚝한 표정을 하고 있는, 변덕쟁이' 등의 어감이 있기 때문에 원래는 상당히 부정적인 말이다. 그리고 컴패니언(companion: 일본에서는 국제행사 등에서 내빈의 안내나 접대를 담당하는 여성이란 의미로 사용하는 말)의 경우 영어에서는 '창부'로 들리기 때문에 큰 차이가 난다.

일본에서는 이미지가 나빠 터부시되는 단어 대신에 외래어가 사용되는 경우가 많다. 필자가 일본에 처음 왔을 때인 1980년대에는 '부랑자'라는 말을 흔히 들을 수 있었는데 어느 사이에 외래어인

'홈리스(homeless)'로 대체되었다.

　단어의 의미에는 사전에 실려 있는 '문자 그대로의 의미, 명시적 의미(외연적 의미=denotation)'와 '언외(言外)의 의미, 함축, 함의, 뉘앙스, 정적 의미(내포적 의미=connotation)'라는 두 가지 측면이 있다. 예전부터 사용되고 있는 단어는 문자 그대로의 의미(외연적 의미) 외에 다양한 내포적 의미가 들어 있는 상태다. 그러나 외래어는 본래 일본어로 사용된 적이 없는 새로운 단어이기 때문에 처음에는 내포적 의미가 들어 있지 않은 순수한 외연적 의미만으로 그 단어를 사용할 수 있다.

　'부랑자'들은 늘 고생스런 삶을 살고 있다. 이 말의 외연적 의미는 비참한 상황에 내몰린 사람들을 가리키지만 '부랑자'라는 내포적 의미는 그들을 더욱 비참하게 만든다.

　일본에 『홈리스 중학생』이라는 자서전이 있다. 여기에서 '홈리스'라는 말이 사용된 것은 단지 기존의 일본어가 갖는 경멸적인 내포적 의미를 탈피하기 위해서가 아니라 오히려 기존의 일본어로 나타낼 수 없었던 새로운 상황을 좀 더 정확하게 표현하기 위해 사용되었을 것이다.

　외래어가 새로 도입될 때는 기존의 일본어에서는 외연적 의미로 표현할 수 없었던 새로운 외연적 의미를 나타내는 수도 있다. 그러나 경우에 따라서는 시간이 흐르면서 거의 같은 외연적 의미를 가리킬 뿐 기존의 부정적인 내포적 의미에서 벗어나는 경우도 있다. '메타보'라는 말도 처음에는 단순히 너무 뚱뚱하다는 의미가 아니라 특정한 상태를 가리키는 말이었다.

　최근 '메타보'라는 말을 사용하는 사람들은 메타보를 '비만' 중에서도 특별한 하위분류로 사용할까 아니면 그저 '뚱보'의 완곡표현으로 사용할까? 그 밖에도 '튀기'는 차별적으로 들리므로 '하프'나 '더블'로 하자는 운동이 일어나고 있지만, 나의 친구는 명칭을 바꾸려 하지만 명칭을 붙이는 그 자체가 싫다고 한다. 언어에 의한 커뮤니케이션과 사회의 관계를 생각할 때 언어의 나쁜 점을 개선하면 그것이 사회문제의 해결로 이어진다는 사고방식과, 이와는 반대로 사회를 먼저 바꾸지 않으면 언어의 나쁜 점은 사라지지 않는다는 서로 상반되는 두 가지 사고방식이 있는데 다른 사람이 싫어하는 표현을 굳이 계속해서 사용할 필요는 없다는 것을 대전제로 해서 생각해야 할 것이다.

지금까지 터부와 완곡표현에 대한 구체적인 예를 들어 가면서 몇 가지 살펴보았는데 다음에서는 터부의 분류에 대해 생각해 보고자 한다.

일본어에는 다른 언어와 마찬가지로 '해서는 안 되는 말', '꺼내서는 안 되는 화제', '언급해서는 안 되는 금기어'들이 있다. 현대 일본어에서 '터부'는 이러한 것들을 가리키지만 본래 터부의 의미와는 약간 차이가 있다.

일본어의 '터부'는 남태평양 통가어의 '타푸(tabu)'라는 말에서 유래한다. 타푸는 본래 금지된 행동을 하거나 또는 어느 성역에 발을 들여놓으면 신이나 자연계의 제재를 받는다는 사고방식이었다. 현재 일본어에서 사용되고 있는 '터부' 역시 어떤 행동(금기시된 또는 하지 말아야 할 표현)을 하면 세상의 비난을 받는 등 사회에서 무언가 제재를 받는다는 의미로 사용되고 있다.

그런데 이러한 터부는 언어의 여러 레벨에서 나타난다. 지금까지는 터부의 예로 개별 단어(화장실을 의미하는 단어, 성행위를 뜻하는 단어, 인간에 대한 차별적인 표현 등)에 대해 살펴보았지만, 화제 그 자체가 터부시되는 경우도 있다. 국가나 문화권에 따라 터부가 어떤 식으로 변하는지에 대해 알아 둘 필요가 있다.

예를 들면 일본에서는 저항감이야 있겠지만 처음 만난 사람에게 나이를 물어도 크게 이상하지 않은 상황도 있으며—결혼과 관계가 있는 화제에서 여성에게 나이를 묻는 경우는 제외한다고 해도—기본적으로 나이를 묻는 것은 '터부'는 아니다.

그러나 미국에서 나이에 대한 질문은 터부 영역이다. 시대에 따라 터부의 질과 영역은 변하지만 적어도 현재의 미국사회에서는 처음 만난 사람에게 결혼 여부를 묻는 것은 그야말로 터부다. 하지만 불과 수십 년 전까지만 해도 나이를 묻지 않고서도 호칭을 통해 여성의 결혼 여부를 짐작할 수 있었다. 즉 성인 남성은 전부 미시즈(Mr.)로 불렸으며 기혼 여성은 미세스(Mrs.), 미혼 여성은 미스(Miss.)라고 해서 호칭을 구분해 사용했다. 기혼·미혼과는 관계없이 사용되는 미즈(Ms.)라는 호칭이 최근에 급격히 증가한 이유 중의 하나가 바로 이러한 구분을 피하기 위해서다.

예전에 중국에서 열린 한 국제학회에 참석했을 때의 일이다. 그곳에는 미국이나 유럽 등지에서 학위를 취득한 학자도 있었지만 중국 국내에서만 연구 활동을 한 사람도 있었다. 그런 사람 중 한 명이 학회가 끝난 후 친목회에서 초면인 유럽인 참가자에게 "결혼하셨나요?"라고 질문한 적이 있었다. 질문을 받은 유럽인은 놀랐지만 정중하게 "아니요."라고 대답했다. 그러나 그 다음 질문인 "왜 결혼 안 하셨어요?"가 문제였다. 이때 미국에서 유학을 마치고 귀국한 중국인이 끼어들어 그런 질문은 구미에서는 하지 않는다고 설명해 주었다. 악의가 있어서가 아니라 그저 문화에 따라 커뮤니케이션 방식에 차이가 있을 뿐이라는 것을 알 수 있다.

반대로 미국이나 중국에서는 가볍게 이야기할 수 있는 화제를 일본에서 거론하면 주위의 일본인들이 충격을 받는 경우도 있다. 미국에서는 민족에 관한 것이 자주 화제가 된다. 처음 만난 사람에게 상대의 직업이나 출신지를 물어보듯이 "어디 계통 미국 사람이세요?"라고 묻는 경우가 있다. 이는 그저 화제를 찾고 있을 뿐 별다른 의미는 없다. 예를 들면 학회에서 "라보프 선생님이세요? 처음 뵙겠습니다. 라보프는 프랑스계 성씨인가요? 예? 동유럽 이름이라고요? 그렇습니까?" 같은 대화를 자주 들을 수 있다.

또 다른 에피소드로 이전에 일본에서 '인(イン)'이라는 성(姓)을 가진 사람을 만난 적이 있다. 외자 성인 데다 다카하시(高橋)나 고이즈미(小泉) 같은 훈독이 아니라 음독 성씨였다. 상대는 분명히 일본어를 모어로 하는 사람이기 때문에 외국인이 아니라는 것도 알고 있었다. 자기소개 후 나는 "특이한 성씨네요. 도래인(渡来人: 고대 중국이나 한국에서 일본으로 건너와 정주, 귀화한 사람) 계통의 성씨인가요?"라고 물었더니 그는 불쾌한 기색도 없이 "아니요, 아닙니다. 실은 규슈(九州)에서는….." 하며 선선히 대답해 주었다. 그런데 나중에 옆에 있던 일본인 친구한테 "처음 보는 사람에게 그런 것을 물어보면 안 된다."고 주의를 받은 적이 있다.

그 밖에 또 다른 예로 처음 보는 중국인과 이야기할 기회가 있었다. 보통 중국인의 성씨는 외자인데 그는 성씨와 이름을 합해 모두 5~6글자나 되었다. 나는 "이름이 긴 걸 보니 한족이 아니신가 봐요?"라고 물었다. 중국에서는 어느 민족이라는 것이 본인의 신분증명서에도 명기되어 있다는 것을 알고 있었기 때문에 이런 질문을 한 것뿐이었다. 그때 그 중국인도 그런 질문에 대해 별로 언짢은 기색도 없이 "아뇨, 저는 ○○족이에요." 하며 당연하다는 듯이 대답했다. 그러나 그때 같이 있던 일본인 지인이 나중에 "롱 선생님, 그런 걸 화제로 삼으면 안 돼요." 하면서 나에게 주의를 준 적이 있다.

다민족 사회인 미국이나 중국과는 달리 일본사회에서는 민족에 대한 직접적인 질문은 터부시된다고 할 수 있을 것이다.

그런데 터부시되는 화제가 있다면 터부시되는 단어도 있다는 것은 방금 언급한 바와 같은데 구체적으로 어떤 종류의 단어가 터부시되는가에 대해 생각해 보고자 한다. 또한 그러한 분류를 통해서 일본어의 특징적인 부분과 다른 언어와 공통적인 부분에 대해서도 살펴보고자 한다.

우선 앞에서 언급한 바와 같이 배설물에 관한 단어를 사람들 앞에서 사용할 때는 주의해야 한다. 또 다른 의미 영역은 성(sex)에 관한 단어, 성행위나 성기를 나타내는 말이다. 이러한 말은 영어나 중국어 같은 유럽과 아시아 문화권의 언어를 비롯해 세계의 많은 언어에서 공통적으로 나타나는 터부의 두 가지 의미영역이다. 또한 '죽음'에 관한 말이 터부시되는 문화가 많다는 것도 다시 언급해 둘 필요가 있다.

그리고 이러한 의미영역 이외에 특정 집단의 성질과 관계가 있는 단어가 터부시되는 경향도 보인다. 이러한 분류에는 인종과 민족집단을 나타내는 단어와 신체장애를 나타내는 단어가 포함되어 있다. 인종을 나타내는 차별어로는 예전에 일본에서 백인이나 흑인을 비하하는 毛唐(코장이)나 黒ん坊(깜둥이)라는 표현을 예로 들 수 있다. 또 이와는 반대로 필자의 모국인 미국에서 사용하는 'Jap', 'Nip' 같은 차별어를 들 수 있다. 이는 특히 제2차 세계대전 중에 일본인이나 일본계 미국인에 대해서 공공연하게 사용된 역사를 갖고 있다. 각각 'Japanese'와 'Nipponese'를 축약한 말이다.

각종 장애를 나타내는 단어가 차별적으로 들려 차별어가 된 경우도 있다.

반대로 일본에서는 볼 수 없는 터부를 예로 들자면 종교와 관련이 있는 단어다. 유럽의 기독교 사회에서는 종교와 관련 있는 말에 관한 터부가 많다. 유명한 예를 들자면 놀란 감정을 표현하기 위해 'God', 즉 '하느님'이라는 말을 감탄사로서 사용하는 것은 기독교 문화권에서는 터부시되어 왔다. 그런데 이러한 터부는 일본사회에서는 특히 눈에 띄게 나타나는 현상은 아니라고 할 수 있다.

02 국가(문화권, 언어권)에 따른 차이

외연적 의미를 갖는 단어라 하더라도 그것을 다른 언어로 번역하면 내포적 의미가 다른 경우가 있다. 어떤 언어에서는 그 단어가 차별적인 의미가 없는데 다른 단어로 번역하면 차별적인 의미를 갖게 되어 터부시되는 경우가 있다. 예를 들면 일본어의 '족(族)'이라는 표현에 대해 생각해 보자. 대만 원주민들 중에 '파이완족'이라는 부족이 있다. 일본어에서는 '족'이라는 말을 사용하고 있다. 중국어에서도 같은 '족'이라는 말을 사용한다(排湾族).

과거 필자가 참석한 일본의 언어학 관련 학회에서 어떤 발표자가 'ㅇㅇ족'이라는 표현을 사용한 적이 있다. 질의응답 시간에 청중 가운데 한 명이 '족'이라는 말은 차별적인 표현이므로 사용해서는 안 된다고 주장했다. 처음에는 그 자리에 있던 다른 사람들도 무엇이 문제인지 잘 몰랐는데 차츰 'ㅇㅇ족'이라는 말에 대한 감각의 차이가 문제 발생의 원인이었음이 드러났다. 그 발언을 지적한 사람은 미국에서 교육을 받은 일본인 연구자였는데 일본어의 '족'이 영어의 'tribe'에 해당한다고 생각한 모양이었다. 미국 연구자들 중에는 tribe라는 영어가 차별적이라고 주장하는 사람이 있다. 중국어권이나 일본어에서는 '족'이라는 단어를 일반적으로 사용하지만, 발언을 지적한 일본인 연구자의 감각으로는 'tribe는 '족'과 똑같은 외연적 의미를 갖고 있다. 따라서 tribe에 포함되어 있는 차별적인 내포적 의미가 일본어의 '족'에도 해당된다.'고 생각한 것이다. 학회장에 있던 많은 연구자들은 일본어 전문가였기 때문에 일본어의 '족'에 아무런 차별적인 분위기를 느끼지 못했던 것이다. 언어권·문화권에 따른 터부의 차이가 감각 차이의 배경이 되었던 예다.

차별어가 본래의 대상(어떤 특정 장애를 가진 사람)에서 일시적으로 거리를 두고 비유적으로 사용되어 복합어가 되는 경우가 있다. 사람의 장애에 관한 표현이 어류 명칭에 다수 사용되고 있다.

어류 명칭에는 1차 어류 명칭(도미, 쥐치, 곰치)과 2차 어류 명칭(구갈돔, 톱쥐치, 뱀장어목 곰치)이 있다. 복합어인 2차 어류 명칭 중에는 장님 장어(メクラウナギ)와 같은 차별적인 표현이 포함되어 있는 것도 있다.

어류 명칭에는 여러 종류가 있으므로 잠시 언급하면 우선 '학명'이라는 것이 있는데 라틴어로 된 이름이다. 라틴어 이름은 세계적으로 전문가들 사이에서 인정받고 있는 이른바 세계 표준어 이름에 해당한다. *Eptatretus burgeri*(장님 장어)는 세계적으로 사용되는 라틴어 명칭이자 학명이다. 또한 '표준 일본명(標準和名)'이란 일본 전국에서 표준적인 명칭으로 인정받은 것이다. 2007년에 일본어류학회에 의해 개정된 것이 표준 일본명이다. 그리고 '방명(方名)'이라는 것은 '지역명'이나 '방언명'이라고도 하는데 이는 일본 각지에서 예부터 사용된 다양한 명칭을 말한다.

> 학명 : *Eptatretus burgeri*(장님 장어)
> 표준 일본명 : ヌタウナギ ← メクラウナギ
> 방언명 : ドロマキ(에히메), ドロウチ(오키), ドロ, ドロチ, ヌル(시마네), コソ(나가사키), ドロボウ(시모노세키), アナゴ(아키타), イソメクラ, ネバエ 등

물고기의 방언명에도 위의 イソメクラ처럼 メクラ(장님)라는 차별적인 표현이 포함되어 있는 경우가 있다. 그러나 방언명은 표준 일본명과 달라서 정식으로 정해진 것이 아니기 때문에 없애기는 어렵다.

03
시대에 따른 차이

시대의 흐름에 따라 이러한 어류 명칭이 눈이 안 보이는 사람들에게 상처를 주는 좋지 못한 말이라는 인식이 강해졌다. 즉 무엇이 터부이며 무엇이 차별적인 말로 인식되는가는 시대에 따라 다르다는

것이다.

일본어의 '合の子(튀기)^{あいのこ}'는 차별어에 가까운 말이다. 컴퓨터에서 한자로 변환할 수 없다는 점에서도 차별어로 등록되어 있음을 알 수 있다. 그 대신 '하프'라는 표현이 생겨나기도 했지만 지금은 '하프'보다는 오히려 '더블'이라는 표현이 허용되고 있다. 수십 년 후에는 '더블'의 뉘앙스가 나빠질 가능성도 있다.

과거에는 그다지 거부감을 느끼지 않던 단어가 공적인 자리에서는 점점 사용되지 않는 경우도 있다. 그렇다고 하더라도 앞에서 예로 든 물고기 이름 중에는 아직도 이러한 표현들이 남아 있다. 언어관의 시대적인 변화에 대응하기 위해서 이러한 어류 명칭을 바꾸자는 움직임이 몇 년 전부터 나타나기 시작했다.

04 지역에 따른 차이

국가나 언어에 따라 또는 시대의 흐름에 따라 터부시되는 말이나 차별어가 서로 다르듯이 일본 내에서도 지역 차이가 있다. 앞에서 살펴본 어류 명칭에도 지역적인 차이가 있듯이 어떤 것이 차별어인지 인식하는 감각에도 지역적인 차이가 있다.

'부락(部落)'이라는 단어에도 지역차가 있다. 필자의 한국인 친구도 이 표현 때문에 곤란을 겪은 적이 있다. 그는 오카야마 현(岡山県)

의 한 시골마을에 잠시 머무른 적이 있었는데 그 지역 사람들은 마을이나 취락을 가리켜 '부락'이라는 표현을 사용한다고 했다. 이 말을 일상적으로 사용하게 된 한국인 친구는 나중에 오사카 부(大阪府)로 이사를 갔는데 그 지역에서는 이 말이 차별어로 인식된다는 것을 알고 놀랐다고 한다.

필자처럼 일본에 살고 있는 외국인도 언어상의 터부와 지역적인 차이에 대해서 주의해야 할 것이다.

05 전공에 따른 차이

인문학을 전공하는 연구자와 자연과학계열의 연구자는 서로 다른 관점을 갖는 경우가 있기 때문에 이것이 터부나 차별어를 둘러싼 또 다른 하나의 변수가 되기도 한다. 즉 무엇을 차별어로 인식하는가는 그 사람의 전공(전문)이 무엇이냐에 따라서 달라질 수 있다는 말이다.

최근 일본에서 문제가 되고 있는 것은 '방언'이라는 용어다. 본래의 의미 그리고 국어사전에 실려 있는 의미, 즉 외연적 의미는 '방언'이란 단지 어떤 언어체계의 하위분류일 뿐이다. 그러나 내포적 의미로 상당히 부정적인 뉘앙스로 느끼는 사람들도 있다. 방언이라는 말에서 표준어에 비해 열등하다는 느낌을 받거나 제대로 된 체계를 갖지 못했다는 차별적인 뉘앙스를 느끼는 사람도 있다. 그러한 사람들은 방언이라는 경멸적인 용어 대신 '지역 언어'라는 용어를 사용할 것을 요구하는데, 우리 같은 언어학자 입장에서 보면 '방언'이라는 용어는 결코 그렇게 마이너스적이고 차별적인 이미지를 지닌 말은 아니다.

참고·인용문헌

- 柴田武(1978)「差別語とコトダマ思想」『社会言語学の課題』三省堂
- 澁澤敬三(1944)『日本魚名集覧 第2部』生活社
- 中井精一(2005)「魚名文化論」谷内透他編『魚の科学事典』朝倉書店 pp.557-563
- 日本魚類学会標準和名検討委員会(2007)「日本産魚類の差別的標準和名の改名最終勧告」http://www.fish-isj.jp/info/070201.pdf
- 籾山洋介(2009)『日本語表現で学ぶ 入門からの認知言語学』研究社

Chapter 11

인간관계

오하시 리에

• 학습 포인트 •

- 일본사회 속의 수직성을 이해한다.
- 경어가 담당하는 역할을 이해한다.
- 장(場)과 자격의 개념을 이해한다.
- 인간관계 발전의 5단계를 이해한다.
- 조하리의 창(Johari window)을 살펴본다.
- 개방영역 확장방법(피드백, 자기개시, 발견)을 살펴본다.

01
사람을 부를 때 쓰는 표현

일본어에는 1인칭과 2인칭을 가리키는 표현이 많지만 영어에는 I와 You밖에 없다는 이야기를 항간에서 자주 듣는다. 분명히 일본어의 2인칭은「あなた, あんた, おまえ, 君, お宅」등 다양해서 별도로 언급해야 할 정도다. 사람을 부를 때 쓰는 표현으로까지 범위를 확대하면「ねえ」와「あのー」도 포함된다. 그러나 사람을 부를 때 쓰는 표현은 영어에도 'My dear, Darling, Honey' 등 의외로 여러 가지가 있다(「あのー」는 'Excuse me.' 에 해당). 그러나 부부나 연인처럼 특별히 친밀한 관계가 아니라면 대부분 성이나 이름을 사용한다. 친구라면 이름이나 별명으로 부르고 선생님이라면 Mr.나 Ms.의 뒤에 성을 넣어서 부른다.

일본어의 경우 선생님은 성에 '선생님'을 붙여서 '○○ 선생님'이라고도 부르지만 그냥 '선생님'만으로 부를 수도 있다. 일본어에서는 교사나 의사뿐만 아니라 국회의원이나 미용사에게도 '선생님'이라는 칭호를 사용할 수 있지만 영어에서는 이처럼 동일한 칭호로 여러 분야의 사람을 부를 수는 없다.

또 일본어에서는 상대방의 직함으로 부를 수도 있으므로 '계장님·부장님'이라고 부르는 경우도 많지만 영어에서는 그렇게 부를 수가 없다. 영어에서는 Mr.나 Ms. 뒤에 상대방의 성을 붙여서 불러야 하며 상대방이 상사라 하더라도 이름을 부르는 경우가 드물지 않다. 일본에서는 상사를 이름으로 부르면 거부감을 주겠지만 미국 같은 곳에서는 꽤 자주 볼 수 있다.

　친족명칭은 일본어와 영어의 사용법이 비슷한 점도 있다. 영어에서도 'mother, father, grandmother, grandfather'나 또는 그 변형인 'mom, dad, grandma, grandpa' 같은 친족명칭을 그대로 사용해 상대를 직접 부를 수 있다. 그러나 부모의 형제자매는 영어에서는 'uncle ▽▽, aunt △△'처럼 친족명칭 뒤에 상대방의 이름을 넣어서 부르거나 이름만으로 부른다. 일본어에서는 伯父/叔父, 伯母/叔母가 여러 명이어서 구분할 필요가 있을 때는 당사자의 이름에 伯(叔)父さん, 伯(叔)母さん 등을 붙여서 부르지만 상대를 직접 부를 때는 간단하게 伯(叔)父さん, 伯(叔)母さん만을 사용해도 무방하다. 이런 점에서 일본어와 영어는 다르다. 형과 누나에 대해서도, 일본어에서는 직접 「おにいちゃん, おねえちゃん, 兄貴, 姉貴」라는 친족명칭을 사용하여 부를 수 있다. 그러나 영어에서는 예외 없이 이름으로 부른다는 점도 차이라 할 수 있다. 반대로 남동생과 여동생, 딸과 손자는 일본어나 영어 모두 친족명칭으로 부를 수는 없고 이름이나 애칭으로 부른다. 한 가지 재미있는 일은 영어에서는 아들을 'son'이라고 부를 수 있으나 일본어에서는 대부분 「息子よ」라고 부르지는 않고 본인의 이름이나 애칭으로 부르는 점이다. 한편, 영어에서도 딸에게는 'daughter'라고 부를 수 없다는 것을 생각하면 한층 흥미롭다.

02
일본사회의 수직성

　영어와 일본어의 친족명칭에서 크게 차이가 나는 것 중의 하나는 일본어에서는 형제자매의 연령의 상하를 구별(兄/弟, 姉/妹, 伯父/叔父, 伯母/叔母)하는 데 비해 영어는 연령의 상하에 따른 구별이 없다는 점이다. 이는 기본적으로 대인관계에 관한 일본인의 사고방식에 상하관계라는 개념이 있음을 반영하는 것이라고 한다.

　일본사회에서는 '동질성'과 마찬가지로 '수직성'도 전제되어 있다(岡部, 1996a). 수직성이라는 개념은 대인관계에서 서로가 양해하는 상하관계라 해도 무방할 것이다. 예를 들면 일본의 거의 모든 조직에서는 먼저 들어온 사람은 '선배'로 대우받고 나중에 들어온 사람은 '후배'가 된다. 중학교나 고등학교 클럽활동 때의 선배와 후배는 졸업을 해도 결코 동년배가 되는 일은 없다(물론 학교에 따라 그 구별이 얼마나 엄격한지는 다르겠지만). 졸업을 해도 선후배 관계가 이어지는 것은 중학교·고등학교라는 장을 떠나서도 상하관계가 유지된다는 것을 의미한다. 그 후 대학에 들어가면 연구실 선후배, 기업에 취직하면 입사 선후배 등 다양한 상하관계와 부딪치게 되는데, 그중에서 연령이나 들어온 순서가 아니라 조직 내의 직위에서 생기는 상하관계가 문제가 된다. 계원 위에 계장, 계장 위에 과장, 과장 위에 부장, 그리고 가장 지위가 높은 사장이라는 상하관계는 그 조직 내에서 서로 양해가 이루어져 있고 동시에 그 자리를 떠나서도 유지되는 것이다.

경어는 어떤 커뮤니케이션과 관련이 있는 사람들의 상하관계를 언어적으로 명시하는 수단이다. 상대방에게 존경어를 사용하거나 자신을 낮춰 말한다면 상대방이 자신보다 위이며 자신이 아래라는 것을 언어적으로 분명하게 드러내는 것이다('이 책을 드리겠습니다.'라는 표현은 책을 드리려고 하는 상대방이 자신보다 윗사람임을 분명하게 나타낸다). 또, 화제에 등장하는 제3자에게 경어를 사용하는 경우는 제3자가 자신보다 윗사람이고 자신은 그보다 아랫사람이라는 사실이 말투에서 드러나고 있다('선생님이 말씀하셨다.'라는 표현은 선생님이 자신보다 윗사람임을 나타낸다). 경어 사용이 일본어 언어체계 속에 들어 있고 또 그것이 예의로 공식화되어 있다는 점에서도 일본사회가 수직성을 중시한다는 사실을 엿볼 수 있다.

여기서 제1장에서 언급한, 커뮤니케이션에서는 전달하려는 내용과 대인관계가 동시에 전해진다는 사실을 상기해 주기 바란다. 대화 중인 상대에게 경어를 사용한다면 자신의 입장이 상대보다 아래임을 상대방에게 전하는 것이다. 대화에 등장하는 제3자에게 경어를 사용한다면 제3자보다 자신이 아래임을, 반대로 경어를 사용하지 않는다면 제3자와 자신을 대등하게 인식하고 있음을 상대방에게 전하는 것이다.

일본어에는 경어체계가 있으므로 상대방과의 상하관계나 친소관계를 언어적으로 명시하는 일이 간단하지만 영어에는 경어체계가 없으므로 상대방과의 상하관계를 언어적으로 명시하기가 어렵다. 영어의 경우 상대방과의 상하관계를 가장 단적으로 드러내는 것이 상대방을 부를 때 쓰는 표현법이다. Prof.나 Dr.는 물론 Mr.나 Ms.도 상대방에 대한 경칭이므로 이를 붙인다면 상대방을 자신보다 높게 인식하고 있음을 나타낸다(영어에서는 특수한 상황에서 자기 자신에게도 Mr.나 Mrs.를 붙일 수 있다. 이전에는 "I am Mrs. Smith."라고 자신을 소개하는 표현도 있었지만 최근에는 별로 쓰지 않는다. 이 부분은 상대방과의 관계가 아니라 자기규정에 대한 문제이므로, 자신을 어떻게 파악하는가와 관계가 있으나 여기서는 언급하지 않기로 한다). 반대로 상대방을 이름으로 부르는 것은 상대방과 자신을 대등하게 인식하고 있음을 상대방에게 전하는 것이다. 따라서 상하관계(상사와 부하직원, 교사와 학생 등)인데도 상대방을 이름으로 부르는 것은 원래 존재하는 상하관계를 표면상으로나마 수평적으로 하려는 노력의 표현이라고 할 수 있다.

일본사회의 인간관계가 수직성을 전제로 한다는 의미는 상하관계가 존재한다는 것뿐만 아니라 이러한 상하관계가 먼 훗날까지 지속적으로 유지된다는 것을 의미한다. 동시에 인간관계를 유지하기 위해서 이러한 상하관계를 계속 표현하는 것이 상대방에 대한 예의라는 의미이기도 하다. 한편 수평성을 전제로 하는 사회에서는 인간관계에는 상하가 없다고 생각하므로 처음에는 상하관계로 만나더라도 가능하면 빨리 그 관계를 수평화하는 것을 바람직하게 여긴다. 이런 경우는 상하관계를 나타내는 표현을 대등한 관계를 나타내는 표현으로 가능한 한 빨리 바꾸는 것이 예의에 맞다.

여기서 유의할 점은 무엇이 예의에 맞는지가 사회에 따라 다르다는 것이다. 이런 사정을 알지 못하면 상대방은 예의 바르게 표현하는데도 이쪽에서는 오해할 수가 있다.

03
장(場)과 자격

　일본사회의 대인관계를 특징짓는 다른 측면으로 장(場)의 중요성을 지적한다(石井, 1996; 中根, 1967). 장이라는 개념은 자격이라는 개념과 대비된다. 자격은 성씨나 가문, 학력, 지위, 직업 등 어느 개인을 다른 사람과 구별할 때 기준이 되는 속성을 말한다. 한편 장은 지역이나 소속기관 등 어떠한 테두리를 나타낸다. 물론 개인은 다양한 자격을 가지고 여러 장에 속해 있지만 일본사회에서는 장을 공유하는 사람들 사이의 인간관계를 자격에 근거한 인간관계보다 훨씬 중요시하는 경향이 있다고 한다(中根, 1967).

　예를 들어 일본에서는 결혼 피로연에 회사의 상사는 초대하지만 상사의 부인은 초대하지 않는 것이 일반적이다. 이는 상사는 신랑 혹은 신부와 회사라는 장을 공유하는 관계이므로 초대하지만 상사의 부인은 그렇지 않기 때문에 초대하지 않는다고 볼 수 있다. 한편 상사의 부인은 회사라는 장을 공유하고 있는 상사의 부인이라는 개인적인 자격을 갖고 있으므로 만약 자격에 의한 인간관계를 중시한다면 장을 공유하지 않더라도 자격을 근거로 그 장소에 참석하게 된다. 유럽에서는 사회적인 행사에 부부동반으로 참석하는 일이 보편적인데 이런 경우는 자격이라는 사고방식으로 설명할 수 있다. 결국 부부동반으로 참석한다는 사고방식은 장을 공유하고 있는 사람의 남편이나 부인이라는 자격에 근거하는 것이다.

04
인간관계 발전의 5단계와 조하리의 창(Johari window)

인간관계의 발전은 크게 다섯 단계로 나눌 수 있다고 한다(宮原, 2006). 각 단계를 만남단계, 탐색단계, 관계강화단계, 통합단계, 결속단계라고 한다.

제1단계인 만남단계는 처음으로 상대의 존재를 인식해 인사를 나누고 날씨 같은 일상적인 이야기를 나누는 단계다. 커뮤니케이션은 말을 주고받기 전부터 이미 이루어지므로 우리가 타인의 겉모습을 보고 첫인상을 형성하는 과정에서 이미 메시지의 발신·수신은 이루어진다. 첫인상이 나쁘면 인사조차 나누고 싶지 않으므로 그렇게 되면 상대방과의 인간관계는 다음 단계로 발전하지 못한 채 끝나 버린다.

제2단계인 탐색단계는 이름, 연령, 취미 등 서로 개인적인 정보를 교환하거나 어떤 내용에 흥미를 나타내는가를 시험해 보는 단계다. 아직은 상당히 조심스러우므로 서로를 관찰하고 나서 커뮤니케이션을 도모하겠다는 생각을 한다. 이 단계에서는 아직 이야기의 범위도 제한되어 있으며 자유롭게 커뮤니케이션할 수 있는 데까지는 나아가지 못한다.

제3단계인 관계강화단계에서는 서로 상대방을 신뢰하게 되고 커뮤니케이션의 내용도 표면적인 데 머무르지 않고 각자의 성격과 가족, 과거의 비밀 등을 서로 이야기할 정도가 된다. 또 서로를 '우리'

로 인식하게 되어 특별한 별명으로 부르기도 한다. 직장과 같은 공적인 대인관계에서도 이 단계까지는 진행될 수 있으며, 역으로 대인관계가 이 단계까지 진행된 직장이라면 분위기가 상당히 좋은 직장이라고 할 수 있다.

제4단계인 통합단계까지 가면 직장이라는 공적인 대인관계 단계를 넘어 개인적인 단계로까지 진행되었다고 할 수 있다. 주위에서도 두 사람이 친하다는 것을 잘 알아 둘 중의 한 사람에게 상대방에 대해서 물을 정도가 된다. 많은 부분을 공유하고, 상대방을 대신해서 매사를 판단하거나, 상대방에게 물어보지 않고 상대방이 좋아할 것 같은 물건을 사거나 주문하기도 하고, 미리 양해를 구하지 않고 상대방의 소지품을 빌리기도 한다. 이 단계가 되면 거의 모든 내용에 대해 서로 자유롭게 이야기할 수 있게 된다.

제5단계인 결속단계에서는 두 사람의 관계가 사회적·법적으로 공식화된다. 약혼·결혼·계약과 같은 형태를 취해서 어느 한쪽의 사정 때문에 간단히 파기할 수 없게 되며 약속 불이행이 허용되지 않는다. 또 당사자뿐만 아니라 주위 사람들과 사회에 대해서도 서로에 대한 책임을 약속하게 된다. 이 단계에서 공적인 수속을 밟으면 그 대인관계는 법적인 특권을 부여받는다.

인간관계를 발전시켜 나가다 보면 자신에 관한 일을 상대방에게 이야기하는 과정이 반드시 포함되는데 이 과정을 설명할 때 자주 이용되는 것이 '조하리의 창'이라는 개념이다(岡部, 1996a; 宮原, 2006). 이 개념에 따르면 인간에게는 자신이 알고 있는 부분과 모르는 부분이 있고, 또 타인이 알고 있는 부분과 모르는 부분이 있다. 자신과 타인이 모두 알고 있는 부분을 개방영역, 타인은 알고 있지만 자신은 모르는 부분을 맹점영역, 자신은 알고 있지만 타인은 모르는 부

• 그림 11-1 **조하리의 창**

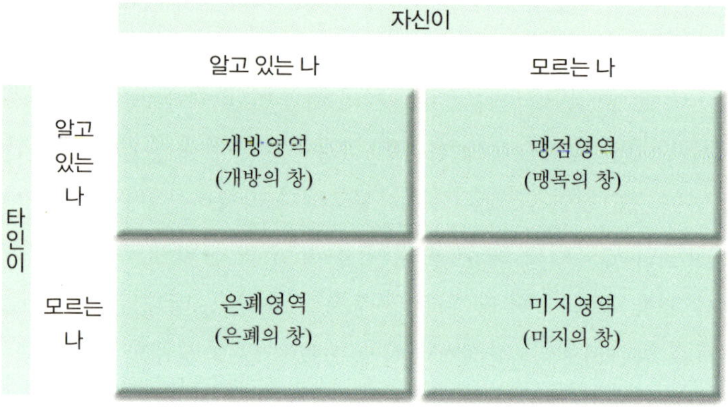

	자신이 알고 있는 나	자신이 모르는 나
타인이 알고 있는 나	개방영역 (개방의 창)	맹점영역 (맹목의 창)
타인이 모르는 나	은폐영역 (은폐의 창)	미지영역 (미지의 창)

• 岡部, 1996b, p. 108; 宮原, 2006, p. 158

분을 은폐영역, 타인도 자신도 알지 못하는 부분을 미지영역이라고 한다.

　개방영역에 속하는 것은 자신도 타인도 모두 알고 있는 사항, 즉 자신의 이름이나 소속 등이다. 사람에 따라 처음부터 이 부분을 어느 정도까지 확장해 두는지는 차이가 있지만 경우에 따라서는 성별, 출신지, 생년월일 같은 것을 여기에 포함시키기도 한다. 맹점영역에 속하는 것은 타인은 알고 있지만 자신은 모르는 사항으로 결국 자신이 깨닫지 못하는 버릇이나 행동패턴 및 사고방식 등이다. 은폐영역에 속하는 사항은 자신은 알고 있지만 타인에게 알려져 있지 않은 것으로 예를 들면 과거의 비밀이나 자신의 취향 등이다. 미지영역에 속하는 사항은 자신도 타인도 알지 못하는 일로 예를 들면 자신도 타인도 알지 못하는 성격이나 심리 테스트를 하지 않고서는 알 수 없는 자신의 경향 등이다.

우리가 타인과의 대인관계를 발전시켜 나간다는 것은 어느 특정 상대에게 자신에 관한 정보를 전하고 자신도 그 상대방의 정보를 얻는 것이다. 이 '조하리의 창' 개념을 이용하면 특정 상대와의 개방영역을 서서히 확대해 가는 일이 대인관계를 발전시키는 것이라고 할 수 있다.

05 개방영역의 확장방법

(1) 피드백(feed back)

맹점영역에 해당하는 사항을 개방영역으로 끌어내기 위해서는 타인에게서 배울 필요가 있다. 이처럼 자신이 깨닫지 못하는 사실을 상대방에게서 배우는 것을 '피드백'이라고 한다. 서로가 신뢰할 수 있는 상대라면 조금 귀에 거슬리더라도 순수하게 들을 수 있고, 상대가 순수하게 들어줄 것이라고 믿기 때문에 상대가 알지 못하는 점을 지적해 줄 수도 있다. 그러므로 피드백을 주고받음으로써 인간관계가 발전한다.

(2) 자기개시(自己開示)

은폐영역에 해당하는 사항을 개방영역으로 끌어내기 위해서는 스스로 그에 대한 이야기를 해야 한다. 자신에 관한 거짓 없는 정보를 특정한 타인에게 언어적으로 전달하는 것을 자기개시라고 한다(深田, 1999, p.115). 자기개시는 자신에 관한 일을 상대방에게 말하는 것이며 대인관계를 발전시키는 데 꼭 필요한 과정이다(石井, 1996; 畠山, 2006; 深田, 1999; 宮原, 2006). 자기개시는 받아들이는 쪽도 부담이 크기 때문에 자기개시를 할 때는 상대방의 입장을 생각해야 한다.

가장 먼저 신경을 써야 할 일은 TPO(Time, Place, Occasion)를 염두에 두어야 한다는 점이다. 상대방이 바쁘거나 느긋하게 이야기를 들을 수 없는 상황에서는 자기개시를 피하는 편이 좋다. 그 다음으로는 너무 많은 자기개시를 하지 말아야 한다는 점이다. 너무 무거운 이야기를 한꺼번에 많이 들어야 되는 상대방의 입장을 생각해 보면 이는 당연한 일이다. 자기개시를 할 때는 상호주의의 원칙이 작용한다는 점에 유의할 필요가 있다. 제9장에서도 언급했듯이 상호주의의 원칙이란 상대방이 무엇인가를 해 주면 자신도 거기에 보답해야 한다고 생각하는 원칙이다. 자기개시의 경우 이 상호주의의 원칙에 근거해 상대방이 자신에 대한 이야기를 해 주면 나도 상대방에게 나에 관한 이야기를 해 주어야 한다는 생각을 갖게 된다. 따라서 나는 아직 그 정도까지는 말하고 싶지 않은데 상대방이 자기개시를 너무 많이 해 버리면 난처해진다.

세 번째는 이야기의 순서를 지키는 일이다. 인간관계의 발전단계에서도 어떤 화제를 어느 단계에서 꺼내야 하는가에 대해 언급했지만 자기개시를 할 때는 대체로 이야기의 순서가 정해져 있다고 한다. 미야하라(2006)에 따르면 초기단계에서 개방영역에 나타나는 사항은 이름, 출신지, 학생인지 아니면 사회인인지 하는 정도의 신분,

20대인가 30대인가 하는 대략적인 연령이며, 다음으로 취미나 기호, 그리고 개인적인 관심사항이 이어진다. 사상이나 신념처럼 개인에게 중요한 부분은 개시되는 순서가 비교적 늦다. 금전적인 것과 가치관에 관한 사항은 더 늦으며 마지막에 개시되는 것이 자신의 신체에 관한 사항, 즉 건강상태와 질병, 장애, 성적인 관심 등이다. 이것이 모든 사람에게 꼭 해당되지는 않는다 해도 처음 만난 상대방에게 느닷없이 자신의 성적인 관심사를 이야기한다는 것은 자연스러운 순서가 아니라고 누구나 생각할 것이다.

자기개시를 해서 좋은 점은 자신에 관한 이야기를 상대방에게 함으로써 대인관계가 강화된다는 것만이 아니다. 타인에게 이야기를 함으로써 자신의 생각과 느낌을 정리할 수 있는 이점과 상대방이 나의 이야기를 들어주었다는 것만으로도 유익했다고 느끼는 효과도 있다. 후카다(1999)는 자기개시의 기능을 개인적 기능과 대인적 기능으로 분류하고 있다.

〈개인적 기능〉
1) 감정정화 기능 : 고민과 갈등을 누군가가 들어주는 것만으로도 마음이 가벼워지고 감정이 정화된다.
2) 자기명확화 기능 : 타인에게 이야기함으로써 자신의 태도와 의견이 명확해진다.
3) 사회적 타당화 기능 : 자신의 의견과 태도 등에 대해 상대방의 평가를 받음으로써 사회적인 비교가 가능해지고 자기 타당성을 확인할 수 있다.

〈대인적 기능〉
1) 양자 관계의 발전 기능 : 상호주의의 원칙에 따라 상대방 역시

자기개시를 하게 되므로 대인관계가 발전한다.
2) 사회적 컨트롤 기능 : 내가 상대방을 특별한 존재로 생각하고 있다는 인상을 줌으로써 나에 대한 상대방의 인상을 향상시킨다.
3) 친밀감 조정 기능 : 자기개시 외에도 친밀감을 주는 다른 수단(눈맞춤 등)을 소정함으로써 두 사람 사이의 전체적인 친밀감을 일정하게 유지한다.(深田, 1999, p.117)

자기개시를 하는 방식의 문화적 차이를 살펴보면 일본에서는 비교적 자기개시 진행이 느리고 미국은 상당히 빠르다고 한다. 이는 일본에서는 '탐색단계'를 길게 잡아 상대가 신용할 수 있는 사람임을 확인한 후 다음 단계인 '강화단계'로 들어가는 데 비해 미국에서는 자기개시를 해야 신뢰를 받을 수 있다고 생각하기 때문으로 보인다. 이런 차이를 모르면 일본의 상황에 익숙한 사람은 미국의 자기개시 속도가 너무 빨라 자신의 마음속으로 성급하게 들어오려 한다고 느낄지도 모른다. 반면 미국의 상황에 익숙한 사람이라면 일본의 자기개시 속도가 느려서 아무리 시간이 지나도 자신을 신뢰해 주지 않으므로 상대방을 믿어도 될지 어떨지 망설일 가능성이 있다.

(3) 발견

개방영역을 확장하는 방법으로는 미지영역에 속한 사항을 줄이는 방법도 있는데 이를 '발견'이라고 한다. 이때 자신의 미지영역에 속하는 사항을 자신과 상대방이 동시에 깨달아 개방영역으로 유도해 내거나, 자신이 먼저 깨달아 미지영역에서 은폐영역으로 유도한 다음 자기개시에 의해 개방영역으로 이끌어 내거나, 상대방이 먼저 깨달아 미지영역에서 맹점영역으로 유도한 다음 피드백을 통해 개방영역으로 이끌어 내는 방법이 있다.

06
인사의 문화 차이

　자기개시를 하는 방식에 문화적 차이가 있다는 것은 이미 말했지만 이보다 더 전 단계인 대인관계의 첫 단계에서 사용하는 인사가 상당히 중요하다는 것은 쉽게 추측할 수 있을 것이다. 그러나 어떤 질문이 인사로 적절한지는 문화에 따라 상당히 다르다. 우리는 그다지 이상하게 생각하지 않는 '인사'지만 문화적 배경이 다른 사람 쪽에서 보면 몹시 놀랄 수도 있다. 우리가 가벼운 마음으로 묻는 "어디 나가세요?"라는 질문은 행선지를 캐묻는 느낌이 들어서 기분이 좋지 않다고 말하는 재일외국인도 있다(直塚, 1980). "아직 아이가 없어요?"라는 질문이 요즘은 프라이버시 침해에 해당되지만 과거에는 '인사'로 통용되었다. 인사도 사회규범의 하나이므로 상대에 대해 부정적인 평가를 내리지 않기 위해서는 문화나 시대에 따른 인간관계 규범의 차이를 항상 염두에 둘 필요가 있다.

참고·인용문헌

- 石井敏(1996)「対人関係と異文化コミュニケーション」古田暁〈監修〉石井敏・岡部朗一・久米昭元〈著〉『異文化コミュニケーション：新国際人への条件』改訂版 第6章(pp.121-140) 有斐閣
- 岡部朗一(1996a)「文化とコミュニケーション」古田暁〈監修〉石井敏・岡部朗一・久米昭元〈著〉『異文化コミュニケーション：新国際人への条件』改訂版 第2章(pp.39-59) 有斐閣
- 岡部朗一(1996b)「個人と異文化コミュニケーション」古田暁〈監修〉石井敏・岡部朗一・久米昭元〈著〉『異文化コミュニケーション：新国際人への条件』改訂版 第5章(pp.101-120) 有斐閣
- 直塚玲子(1980)『欧米人が沈黙するとき：異文化間のコミュニケーション』大修館書店
- 中根千枝(1967)『タテ社会の人間関係：単一社会の理論』講談社
- 畠山均(2006)「コミュニケーションとは何だろうか」橋本満広・畠山均・丸山真純『教養としてのコミュニケーション』第1章(pp.19-51) 北樹出版
- 深田博己(1999)「コミュニケーションの対人心理学」深田博己〈編著〉『コミュニケーション心理学：心理学的コミュニケーション論への招待』第7章(pp.112-127) 北大路書房
- 宮原哲(2006)『新版 入門コミュニケーション論』松柏社

Chapter 12 언어접촉

다니엘 롱

• 학습 포인트 •

- 언어가 접촉하면 어떤 현상이 일어나는지 그 분류를 생각해 본다.
- 지금까지 일본어의 역사 속에서 일본어와 다른 언어의 접촉으로 발생한 피진(pidgin)에는 어떤 언어적 특징이 있는지 살펴본다.
- 피진이 어떤 사회적 상황으로 발생했는지 살펴본다.

01
언어가 접촉하면 어떤 현상이 일어나는가?

　언어접촉이란 두 언어를 사용하는 사람이 접촉을 반복함으로써 한쪽 혹은 양쪽 언어가 어떤 영향을 받아 변하는 것을 말한다.
　그 영향은 여러 가지 형태로 나타나는데 가장 흔히 볼 수 있고 정도가 가벼운 언어접촉의 산물은 차용어. 일본에서는 서양 언어에서 들어온 단어를 외래어라고 하는데, 실은 한자어도 옛날 중국에서 들어온 차용어다.
　차용어를 받아들이는 언어를 '받는 언어', 원래 언어를 '보내는 언어'라고 한다. 일본어의 차용어는 시대에 따라 '보내는 언어'가 다르다. 여러 시대에 간행된 국어사전에 해당되는 서적에 새롭게 등장한 차용어를 계산한 자료가 있다. 헤이안시대(794~1192)에는 산스크리트어(고대 힌두어), 무로마치시대(1338~1573)에는 포르투갈어, 에도시대(1603~1867)에는 네덜란드어, 메이지시대(1868~1912)에는 프랑스어와 독일어, 근대 이후에는 주로 영어가 차용어의 공급원으로 되어 있다.
　차용어는 개별 단어이기 때문에 이들이 도입되어 일본어의 어휘가 풍부해졌지만 일본어의 문법구조에 대한 영향은 거의 없었다. 그러나 문법구조까지 변해 버린 언어접촉현상도 있다. 피진(pidgin)이라고 하는 언어접촉현상으로 문법체계까지 단순화된다. 이 장에서는 외국어와 일본인과의 접촉에 의해 발생한 피진 일본어의 실례를 살펴보고자 한다. 피진을 사용하는 사람들은 모두 각각의 모어가 있으며 피진은 임시 변통적인 커뮤니케이션 수단이다.

피진은 접촉한 언어(이것을 기점언어라고 한다)에 비해 문법이 단순화되어 있으며 어휘도 극단적으로 감소하고 있다. 때문에 피진을 '브로큰(broken)'이라고도 한다. 피진을 듣고 자란 아이들의 커뮤니티가 있을 경우 신기하게도 피진의 '붕괴된' 점이나 결여된 문법사항 등이 보충된다. 이처럼 모어화가 되면서 다른 언어의 영향을 받지 않고 복잡해진 피진을 '크레올(creole)'이라고 한다.

피진이나 크레올, 차용어 이외의 접촉언어에는 두 언어가 단순화되지 않은 채로 융합한 혼합언어, 외국어 학습자의 불완전한 언어체계인 중간언어, 외국인에게 사용되는 포리너 토크(foreigner talk) 등이 있다.

02
일본어와 언어접촉

종래 일본이라는 나라와 일본어라는 언어는 고립된 것으로 묘사되는 경우가 많았다. 그러나 일본어의 긴 역사 속에서 다른 언어와의 접촉이 거의 없었던 시기는 쇄국시대[1] 정도이고 그 이외에는 언

---

[1] 도쿠가와(德川) 막부가 일본인의 해외교류를 금지하고 외교·무역을 제한한 시기

어접촉이 반복되었다고 할 수 있다.

　일본어 그 자체는 언어접촉에 의해 생겨났을 가능성이 있다는 지적이 있다. 일본어의 기원을 둘러싼 여러 가지 설은 오스트로네시아어족의 기층언어(基層言語)와 알타이어족의 상층언어(上層言語)에서 생겨났다는 크레올 언어설과, 이 두 언어를 기층언어와 상층언어로 규정하지 않는 혼합언어설 등 여러 가지가 있다. 어쨌든 기원전의 일본열도에 복수의 언어를 사용한 사람들이 서로 커뮤니케이션을 한 언어접촉 상황이 각각의 밑바탕에 깔려 있다.

　일본어는 복수의 언어가 접촉한 결과 하나의 언어가 된 것이다. 그 후에도 다른 언어와의 접촉이 결코 드물지는 않았던 것 같다. 이러한 언어접촉이 일어난 형적(形跡)으로 들 수 있는 것이 일본어에 들어와 있는 차용어다. 문자가 아시아에서 도입되기 이전부터 대륙의 화자로부터 「こめ(쌀)」나 「うま(말)」, 그리고 일본어의 「かみ(신)」가 같은 의미를 가진 아이누어의 kamuy에서 유래했다는 설도 있지만 반대로 일본어에서 아이누어로 유입되었다는 설도 있다.

　대륙에서 도입된 문자와 함께 많은 단어가 일본어에 유입되었다. 그리고 이 단어를 전달한 것은 사람이기 때문에 구두언어에서 도래인(渡来人)과 일본인 사이에 언어접촉이 일어난 것은 틀림없다. 일본측에서도 면학이나 무역을 위해 대륙으로 건너갔다. 그들은 필담으로 의사소통을 한 경우도 있었지만 구두언어 수준에서도 임시적으로(혹은 습관화된) 간략화된 언어체계(피진과 같은 것)가 사용되었다고 생각하는 것이 자연스러울 것이다.

　근세에는 일본인과 아이누인이 커뮤니케이션을 할 때 아이누어를 사용했다. '에미시쓰지(蝦夷通辞)'라고 불렸던 것은 마쓰마에 번(松前藩) 출신의 아이누어 통역사였다. 일본인으로 태어난 남자아이를 사춘기를 맞이할 즈음에 아이누인 마을에 맡겼다. 자연스럽게 이중언어 화자(bilingual)가 된 이들이 성인이 되어 통역 업무를 담당했다. 그러나 이러한 통역을 통하지 않고 아이누인과 통상을 한 외국인은 피진 아이누어를 사용했다고 여겨지는 사료(史料)가 남아 있다. 이탈리아인 선교사 안젤리스가 기록한 아이누어 중에는 공통어(lingua franca)로서 성립된 단어가 포함되어 있다.

일본어와 타 언어와의 접촉무대가 이윽고 일본 국내에서 국외로 확대되었다. 계약 노동자나 이주 노동자라는 신분으로 수십 만 명의 일본인이 오세아니아(하와이 등), 남북아메리카(브라질 등), 그리고 동남아시아(말레이 반도 등)에서 생활하고 있었다. 이들 지역 중에서 하와이의 언어접촉에 관한 연구가 가장 활발하게 이루어지고 있다.

대동아문화권(大東亞文化圈)을 제창한 대일본제국이 탄생하자 예전까지는 유례를 찾아볼 수 없을 정도로 일본어와 타 언어의 접촉이 이루어진다. 이 경우 일본이 통치한 지역에서 접촉언어가 발생할지 아닐지를 결정하는 여러 가지 요인(일본어를 사용한 학교교육의 유무, 현지언어의 수효, 통치기간 등)을 고려해야 한다. 현지인들이 거의 완벽하게 일본어를 습득하여 사용한 경우(한반도 등)와 일본인이 현지언어를 습득해서 사용하는 경우(파푸아뉴기니 등) 등 다양하다. 또 지배자의 언어와 현지어 사이에 생겨난 간략화된 일본어가 공통언어로 사용된 경우도 있다(미크로네시아 제도 등).

일본의 통치를 받은 여러 지역에서 언어접촉이 발생했을 가능성은 높지만 이에 관한 자료는 거의 없다. 1940년대의 구만주국에서 현지 일본인 주민과 중국어 화자 사이에서 일어난 접촉언어의 대화 예가 남아 있는데 이와 같은 접촉언어의 실태나 사용상황은 파악되어 있지 않다.

언어학 분야에서도 제2차 세계대전 이전에는 식민지에서 어떠한 이중언어 사용(bilingualism)이 있었는지, 제2차 세계대전 이후에는 일본어가 어떤 흔적을 남겼는지 학문적인 탐구과제가 남아 있다. 최근 구남양 군도(미크로네시아)의 일본어 잔존상황 및 일본어와 현지어와의 접촉에 관한 연구가 이루어지고 있다.

　제2차 세계대전 이전 식민지의 일본어의 영향을 살펴보기 위해 팔라우의 예를 들어 보기로 한다. 팔라우어에서는 일본어 기원의 차용어가 많이 사용되고 있다. 젊은 팔라우인의 대화에도 자연스럽게 나오는 예로는 다음과 같은 단어들이 있다.

- hadashi　　裸足(맨발)
- okyak　　　お客(손님)
- skoki　　　飛行機(비행기)
- skojio　　　飛行場(비행장)
- tamatsuki　玉突き(당구)
- osoi　　　　おそい(늦다)
- yasui　　　安い(싸다)
- takai　　　高い(비싸다)
- karui　　　軽い(가볍다)
- daijob　　　大丈夫(괜찮다)

　흥미롭게도 일본어의 의미가 확대되거나 축소되거나 차이가 나는 경우가 있다. 예를 들어 osoi는 일본어의 「おそい(늦다)」에서 유래된 것인데 본래의 의미인 스피드가 늦다는 의미나 늦었다는 의미로는 사용하지 않는다. 팔라우어의 osoi에는 「夜遅く(밤늦게)」라는 의미밖에 없다. 또 karui도 일본어의 「軽い(가볍다)」에서 온 말이지만 무게 등의 의미로는 사용되지 않는다. 팔라우어의 karui에는 'へっちゃらだ(태연하다)'라는 의미밖에 없다.

팔라우어·영어사전에 실려 있는 단어 중에서 일본어에 기원을 둔 단어는 508개에 이른다. 사전이 347쪽이기 때문에 10쪽당 14개 이상 일본어 기원의 단어가 실려 있는 셈이다.

03 일본인이 외국인과 이야기할 때의 행동(포리너 토크)

일본인 중에는 외국인(특히 일본어가 능숙하지 않다고 생각되는 외국인)과 이야기할 때 말을 쉽게 이해할 수 있도록 단순화된 일본어로 바꾸어 말하는 사람이 있다. 이러한 언어현상을 포리너 토크(대외국인 언어행동)라고 한다.

예전에 필자가 길을 가던 사람에게 길을 물어 그 대답을 기록했는데 몇몇 사람의 대답에서 필자가 외국인이라는 것을 의식한 포리너 토크가 나타났다. 그 예를 소개하면 다음과 같다.

> 필자 : すみません。○○大学はどこですか。
> (미안합니다. ○○대학은 어디입니까?)
>
> 화자 : ○○はこつからまつすぐ行ってね、ええと、バスでないと あかん、ちょっと歩くと しんどいね。
> (○○은 여기에서 똑바로 가세요. 으음, 버스가 아니면 안 되겠는데. 걸어가기는 좀 힘들어.)
>
> 필자 : あそうですか？
> (아 그렇습니까?)
>
> 화자 : 歩くとやね、時間長いね。
> (걸어간다면 말이지, 시간 오래 걸려.)
>
> 필자 : あそうですか。
> (아 그렇습니까?)
>
> 화자 : 歩いてね、ウォーク、ウォークでね。あのうね。
> (걸어서, 워크, 워크로요. 그런데 말이지.)
>
> 필자 : はい。
> (네.)
>
> 화자 : あのうバスね、乗つたほうがいいなぁ。
> (저~, 버스, 타는 게 좋겠어.)

이처럼 문장을 짧게 해서 알기 쉽게 설명한다든지, 「歩く(걷다)」 뒤에 「ウォーク(work)」라는 번역어를 넣거나, 「ね(-요)」라는 '이해 확인표현'을 자주 사용하는 행동 등은 전형적인 포리너 토크라고 할 수 있다.

포리너 토크가 피진과 다른 점은 크게 두 가지다. 첫째는 사용하는 사람의 차이이다. 피진은 그 언어를 모어로 하는 사람이나 그렇지 않은 사람이나 단순화된 말을 사용한다. 그러나 포리너 토크는 모어화자만이 사용하는 말투다. 둘째는 언어구조에 있다. 포리너 토크는 피진과 마찬가지로 비문(非文)이 될 정도로 단순화되는 경우도 있는데 포리너 토크는 모어화자만이 만들어 내기 때문에 외국어에 영향을 받은 표현은 특별히 나타나지 않는다.

04
19세기 요코하마에서 사용된 피진 일본어

19세기에 쇄국정책이 폐지되자 항구를 개방한 요코하마(横浜)에서 '요코하마・다이어렉트(Yokohama dialect)'라는 피진 일본어가 항구도시만이 갖는 다민족사회(일본인, 중국인, 영국인, 미국인)의 커뮤니케이션 수단으로 널리 사용되었다. 구체적인 예를 들어 보자.

- オマイ マー ナニ イロ アリマス？
  (당신의 말은 무슨 색깔입니까？)
- アツイ サミー イロ ピギ ナイ？
  (계절에 따라 색깔이 바뀝니까？)

여기에서 「オマイマー」는 '당신의 말(お前の馬)'이라는 의미의 명사구다. 표준 일본어의 명사구는 대명사와 명사 사이에 소유격의

「の」가 들어가지만, 피진 일본어에서 「の」가 생략되는 것은 영어의 영향이라고도 볼 수 있다. 다시 말해 영어에서는 'your horse'라는 대명사와 명사 두 단어만으로 이루어진 명사구다. 그리고 표준 일본어라면 「です」가 사용될 곳에 피진 일본어로는 「アリマス」가 사용되는 것은 영어나 중국어에서는 「です」도 「あります」도 같은 단어(be나 '在')에 해당되기 때문으로 본다. 「ピギ」는 현대 일본어의 「ペケ」의 원형이며 당시의 피진에서는 '안 돼', '상담이 성립되지 않다', '떠나가다', '제거하다' 등 광범위한 의미로 사용된 '다의어화(多義語化)'라는 현상에 해당한다.

피진은 언어의 간략화, 단순화로서 요코하마 피진 일본어에도 이러한 현상이 보인다. 피진은 자주 '브로큰'이라고 경시된다. 확실히 요코하마 피진 일본어에도 '브로큰 재패니스(broken Japanese)'라 할 수 있을 정도로 문법구조가 파괴된 측면이 있다. 예를 들면 「ワタクシ テンポ ハイキン ナイ ナンガイ トキ」라는 문장은 '오랫동안 덴포를 보지 못했다(長い間天保を拝見していない)'라는 의미로 사용되었다. 일본어의 부정표현 「~ない」가 동사와 접속할 때 문법적 규칙(미연형에 접속)을 지켜야 하지만 요코하마 피진일본어에서는 이 문법규칙이 파괴되고 무시된다.

피진 일본어는 19세기 후반 요코하마에서 무역상이나 외교관 등 영어권을 비롯한 서양인과 빈번히 접촉했던 그 지역 일본인이나 화교(가게 주인, 심부름꾼 등) 사이에서 사용되었다. 다음 예문에서 알 수 있듯이 기본적인 문장의 구조(어순 등)는 일본어지만 어휘(내용 형태소)는 영어나 피진 영어, 프랑스어 등에서도 유입되어 있다.

- ワタクシ ナンガイ シャポー アリマス

  (나의 긴 chapeau 있습니까?)

- ハウス アリマセン スコシ ハイキン マロマロ アリマス

  ＝House ありません、少し拝見回る回るあります。

  (나의 집은 여기가 아닙니다. 나는 조금 둘러보고 있습니다.)

- マー チャバチャバ シンジョー

  ＝馬 chobber chobber 進上。

  (말에 먹이를 주세요.)

이 피진 일본어에는 세계의 피진에서 공통적으로 나타나는 요소가 여럿 있다. 그것은 1) 어휘가 적고, 2) 다의적으로 되어 있으며(하나의 단어가 복수의 의미나 문법적 역할을 담당한다), 3) 문법이 단순화되어 '분석적'으로 되어 있다는 세 가지로 요약할 수 있다.

요코하마 피진 일본어는 적어도 십여 년에 걸쳐 사용되었다. 외국인뿐만 아니라 일본인도 어느 정도 사용했다. 요코하마 이외에도 나가사키(長崎)나 고베(神戶) 등 개항지의 커뮤니케이션 수단으로 사용되었다. 그리고「チャンポン(짬뽕)」,「チャブ台(다리가 낮은 밥상)」,「ポンコツ(폐품)」라는 전국 공통어도 피진 일본어에서 유래되었음을 알 수 있다.

05
형태소의 분류

　여기서 언어학 용어를 좀 더 소개하고자 한다. 언어학에서는 언어의 '의미를 갖는 최소의 단위'를 '형태소'라고 한다. 경우에 따라 형태소는 단어와 일치한다. 예를 들면 「うま(말)」, 「あたま(머리)」, 「しかし(그러나)」는 형태소로 '의미를 갖는 최소 단위'라고 정의할 수 있다. 「あたま」는 신체의 윗부분이며 「あ」만으로는 아무런 의미가 없다. 「た」도 의미가 없으며 「ま」만으로는 무슨 의미인지 알 수 없다. 「あたま」가 의미를 가진 최소 단위라고 할 수 있다. 한편 「食べさせられました」에는 복수의 형태소가 포함되어 있다. 「食べ」는 어간이며 「させ」는 '하게 하다'라는 의미의 사역형이다. 「られ」는 '수동'의 의미이며, 「た」가 붙어 있으면 '과거형'이라는 의미가 되며 「まし」가 있으면 '공손'하다는 의미가 된다.

　형태소는 독립된 단어로 되어 있는 '자유형태소'와 독립적으로 사용할 수 없는 '구속형태소'로 분류할 수 있다. 자유형태소는 사전에 단어로 실려 있지만 '구속형태소'는 사전에 단어로 실려 있지 않은 경우가 많다. 그리고 '자유형태소'는 '내용형태소(명사, 형용사, 동사 등)'와 '기능형태소(조사, 접속사 등)'로 분류할 수 있다. '구속형태소'는 '파생형태소(접두사, 접미사 등)'와 '굴절형태소(동사, 형용사의 활용 부분 등)'로 또다시 분류할 수 있다.

　이상에서 살펴본 19세기 요코하마의 피진 일본어에는 기능형태소가 제외된 경우가 많은데 다음에 살펴보는 피진 말레이어는 일본어의 기능형태소를 일부러 받아들이고 있다.

06 호주의 일본인 진주잡이의 피진

일본어와 관계가 있는 '피진'은 호주 북부에서도 보고되고 있다. 19세기 말부터 20세기 초에 걸쳐 프룸 지역에서 사용된 '진주잡이 피진'이다. 이 접촉언어의 문법기반은 말레이어였는데 원주민인 애버리지니가 사용한 피진 영어나 주류 영어에서 어휘가 들어왔다. 일본어에서도 상당수의 어휘가 들어왔다. 예를 살펴보기로 한다.

- Banyā *saki* -*rra* mionm *yō* (술 등을 자주 마셔요.)
- Burē masa *sē* (빵을 구워라.)
- Pōrr kicchī - *ya* (진주가 작다.)
- Ujan banyā ratang -*kā* tera karaja dekko angkā
  (비가 더욱 세게 내리면 일을 그만두고 닻을 내린다.)

banyā *saki* -*rra* mionm *yō*(술 등을 자주 마셔요.)에서 '술'은 내용형태소이므로 이것을 받아들이는 것은 이상하지 않지만, '등(など)'의 의미로 사용된 'rra'는 일본어의 「そこらじゅう(그 부근 일대)」나 「僕ら(저희들)」의 「ら(복수를 나타내는 접미사)」에서 유래한다. 강조를 나타내는 문말사인 *yō*도 일본어 「よ」가 기원이다. 이와 같은 기능형태소는 이 밖에도 나타난다. Burē masa sē(빵을 구워라)에서 '굽다'를 의미하는 말레이어 기원의 masa는 동사인데 이것을 명령형으로 하기 위해 일본어「せ」가 기원인 sē가 사용되고 있다. Pōrr kicchī-ya(진주가 작다)에는 서일본의 단정조동사「や」가 나타난다. 여기서는 술어를 나타내는 표지로 사용되어 만약 이것이 없으면 Pōrr kicchī는 '작은 진주'라는 의미가 된다. 문법적 기능이 일본어의 기원어에서 상당히 변화된 예도 볼 수 있다. Ujan banyā ratang-kā tera karaja dekko angkā(비가 더욱 세게 내리면 일을 그만두고 닻을 내린다)에서의 kā 는 일본어의 의문사에서 유래하는「か」인데 여기서는 조건문에 사용되고 있다.

07

일본어가 섞인 피진 영어

20세기 중반에도 일종의 피진 일본어가 미국 병사와 일본인 사이에서 사용되었다는 보고가 있다. 제2차 세계대전 이후 하마마쓰(浜松) 등에서 사용된 피진은 사용기간이 짧을 것으로 생각되지만 미국 병사와 그들과 관계가 있는 일본인 사이에서 사용되었기 때문에 피진이라고 할 수 있을 것 같다. 다음 두 문장은 미군이 사용한 것으로 논문에 들어 있는데 문장의 구성요소는 영어보다 일본어에 가깝다.

- This you speak *sayonara*
  (당신이 없어졌다고 말했던 것이 이것 아니야?)
- *Sayonara. Meter-meter dai job u; testo dammey – dammey.*
  ([여성을 데리고 돌아가려는 일본 남성에게] 잘 가,
  [그녀를] 보기만 한다면 괜찮지만 테스트는 안 돼요.)

1950년대 한반도에서 한국인과 미군 사이에서 사용된 뱀부 영어(Bamboo English)에는 일본어적 요소가 포함되어 있다.

이런 피진 일본어는 한반도(즉 일본인이 없는 곳)에서도 공통언어로서 역할을 했다. 문헌에 따르면 미국 병사의 주변에서 심부름을 한 한국 소년이 다음과 같이 말했다고 한다.

- Laundry hava-no. Water *taksan* cold. You speak <u>*taksan*</u> cigarettes catchie one day?
  (의역: 물이 차가워서. 세탁물은 가져오지 않았어요. 하루에 가지고 오면 담배를 많이 준다고 했나요?)

미군 병사의 표현에 '*meda-meda* one time. Number one *jo-san takan chi chi* hava-yes(좀 봐요, 그 아름다운 여성은 가슴이 예뻐)'를 들 수 있다. 「見た見た(meda-meda)」, 「お嬢さん(jo-san)」, 「沢山(takan)」, 「乳'(chi chi)」도 물론 일본어 기원인데 어순까지 일본어의 영향을 받고 있다. 문말에 오는 hava-no, hava-yes는 영어의 동사와 위치가 달라서 수수께끼 같은 요소인데「ありません(갖고 있지 않습니다)、あります(갖고 있습니다)」를 번역했다고 생각하면 수수께끼가 풀린다.

한국전쟁 이후 한국에 있는 미군 숫자가 감소하고 그들이 현지인과 접촉할 기회가 감소하면서 불필요한 피진어는 사라졌다.

참고·인용문헌

- 荻野綱男(1988)「日本語における外来語の流入時期と原語」『計量国語学』16-4
- カイザー、シュテファン(2005)「Exercises in the Yokohama Dialectと横浜ダイアレクト」『日本語の研究』1巻1号
- ロング、ダニエル(1992)「日本語によるコミュニケーション―日本語におけるフォリナー・トークを中心に―」『日本語学』13：24-32 明治書院
- ロング、ダニエル(1998)「日本における言語接触とバイリンガリズム―アイデンティティーと言語使用―」『日本語学』17-9：108-117 明治書院
- ロング、ダニエル(1999)「地域言語としてのピジン・ジャパニーズ 文献に見られる19世紀開港場の接触言語」『地域言語』11：1-10

Chapter 13 아이덴티티

다니엘 롱

• 학습 포인트 •

- 아이덴티티가 화자의 소속이나 다른 언어의식과 어떻게 다른지를 파악한다.
- '자기확인행위' 이론의 내용을 이해한다.
- 아이덴티티와 언어(방언)행동과의 관계가 어떻게 측정되는지를 알아본다.
- 오키나와나 오가사와라 제도(小笠原諸島)를 비롯해 일본 각지에서 아이덴티티가 언어행동과 어떤 관계가 있는지를 이해한다.
- 아이덴티티의 형성과 유지에는 어떤 요인이 나타나는가를 생각한다.

01
아이덴티티란?

'아이덴티티(identity)'는 본래 사회심리학에서 제창된 개념인데, 사회언어학이나 방언학에서는 특히 복수의 방언 등 언어변종의 사용 구분(이른바 '코드교체')을 분석할 때 아이덴티티라는 요인의 영향에 대해서 고려한다(小野原·大原, 2005). 지역방언이나 사회방언 연구에서 자주 사용되는 '의식', '지향', '속성' 등과 깊은 관계가 있는데 어느 쪽 용어와도 완전히 일치하지는 않는다.

'의식'이란 (화자의) 사물에 대한 사고방식이므로 그러한 의미에서 아이덴티티는 의식의 일종이라고 할 수 있다. 사회언어학에서 '지향'은 언어(언어와 관계가 있는 사물)에 대한 태도·평가의 변수군(群)으로 사용될 때가 많다. 한편, '속성'은 실제로 관계가 있는 객관적인 성질을 나타내는 용어다. 그런데 화자의 속성과 화자 자신이 갖고 있는 아이덴티티는 다를 경우가 적지 않다. 예를 들면 도쿄에서 태어나서 자란 사람의 속성은 '도쿄인'이지만 자신을 특별히 '도쿄인'이라고 생각하지 않는 사람이라면 아이덴티티와 속성 사이에 차이가 생긴다. 따라서 아이덴티티는 '자기의 속성에 대한 의식'이라고 볼 수 있다.

[표 13-1]에서 제시한 것처럼 화자가 갖고 있는 아이덴티티와 실제의 속성은 일치하는 경우와 그렇지 않은 경우가 있다. 여기서는 도쿄인·오사카인이라는 속성과 아이덴티티를 예로 들고 있지만 같은 모델을 사용하여 복수의 언어변종 중에서 어떤 것을 왜 선택하고

• 표 13-1 　아이덴티티와 속성의 관계(도쿄인·오사카인을 예로)

자신의 (실제) 속성	자신의 속성에 대한 의식	
	'도쿄인'의 의식	'오사카인'의 의식
도쿄인	속성·귀속의식의 일치	속성·귀속의식의 불일치
오사카인	속성·귀속의식의 불일치	속성·귀속의식의 일치

사용하는지를 추구할 수 있다. 예를 들면 미국의 민족방언 연구에서는 비흑인(스페인계) 화자가 흑인의 속된 영어를 즐겨 사용하는 원인은 그 화자의 흑인사회에 대한 귀속의식 때문이라는 보고가 있는데(Poplack, 1978) 이러한 현상은 이 표로 설명할 수 있다. 또한 성(性)과 언어사용의 관계에서도 화자의 (생리학적) 성이라기보다는 그 화자가 (언제나, 혹은 그 장면에서) 여자답게 또는 남자답게 보이고 싶은가 그렇지 않은가라는 아이덴티티의 요인과 관계가 깊다고 할 수 있다(井出祥子 외, 1992). 그리고 한국계 일본 거주자·미국 거주자의 이중언어 병용에서도 화자의 아이덴티티가 중요하다는 것을 지적하고 있다(임영철, 1993).

그런데 언어에는 단순히 상대에게 정보만을 전달하는 정보기능 외에 상징적 기능이 작용하고 있다. 상징적 기능이란 같은 내용의 이야기라 할지라도 다른 표현을 사용함으로써 전해지는 이면의 메시지다. 예를 들면 「ウチ、行ケヘンネン」과 「オレ、行カネーンダ」라는 두 발화에서는 '가지 않는다'는 정보 외에도 화자가 긴키(近畿) 지역의 여성이라는 메시지와 동일본 지역의 남성이라는 메시지가 전달된다. 만일 이 두 발화의 화자가 한 가지 발화밖에 사용하지 못하는 사람(단일변종 사용자)이라면 어떤 경우라도 한쪽 발화만 사용할 것이다. 하지만 그런 사람이 과연 있을 수 있을까? 대부분의 사람

들은 두 가지 이상의 형식으로 발화할 수 있다. 그것은 두 개의 언어이거나 두 개의 방언이거나 혹은 두 개의 스타일일 수도 있지만 어찌됐든 두 가지 이상의 코드를 구분해서 사용할 수 있다는 것이다.

이러한 사용구분은 다양한 요인에 따라 규정되지만 그 최대 요인은 자신이 상대방에게 어떻게 보이고 싶은가, 어떻게 여겨지고 싶은가라는 점일 것이다. 즉 코드교체를 좌우하는 요인으로서 아이덴티티를 들 수 있는 것이다.

일부 언어학자에 따르면 아이덴티티는 단순히 갖고 있는 것뿐만 아니라 '표현하는' 것이다. 크레올 연구자인 르파주(R. LePage)가 제창한 자기확인행위(acts of identity) 이론에 따르면 제각기 다양한 언어(방언)집단과 접촉할 때, 상대방에게 어떻게 보이고 싶은지에 따라서 자신의 언어행동을 조정한다.

사람은 이따금 귀속하고 싶은 하나 혹은 그 이상의 집단과 서로 비슷해지려고 자신의 언어행동 시스템을 만들어 낸다. 그 시스템은 각자가

  a. 어떤 집단의 행동 시스템이 있는지 확인할 수 있고

  b. 그러한 집단의 행동 시스템을 관찰하고 분석하는 기회와 능력도 있으며

  c. 알아서 자신의 행동을 선택하고 적합하게 하려는 강한 의욕이 있어

  d. 더욱 더 자신의 행동을 적합하게 할 수 있도록 하지 않으면 안 된다.

(허드슨, 1988에서 인용)

또한 사회언어학에서는 위신(prestige)이라는 개념이 자주 사용된

다. 일반적으로 여성은 표준어〔현재적(顯在的) 위신이 있는 형식〕를 좋아하는 경향이 있는 데 비해 남성은 비표준어〔잠재적(潛在的) 위신이 있는 형식〕를 자주 사용한다고 한다(트러드길, 1975). 이러한 모든 현상에도 아이덴티티의 역할이 나타난다고 할 수 있다. 즉 여성이든 남성이든 자기 자신을 가장 잘 표현한다고 생각되는 형식을 선택하여 사용하고 있는 것이다.

02 아이덴티티와 방언 사용

여기서 화자의 아이덴티티와 그 사람이 사용하는 특정한 언어변이형의 출현율과의 상관관계를 구체적으로 추구한 논문을 살펴보기로 하자. 미국 텍사스 주의 방언학자 G. 언더우드는 「사투리와 아이덴티티」(真田・ロング, 1992 참조)라는 논문에서 아이덴티티와 속성은 반드시 일치한다고는 할 수 없다는 점을 강조하고 있다. 즉 대부분의 경우 개인은 자신이 속한 그룹에 대해 아이덴티티를 갖고 있지만 한편으로 지향하는 그룹에 들어갈 수 없다고 판단하여 좌절하는 경우나 자신이 속한 그룹에서 이탈하고 싶어도 이탈할 수 없는 경우가 있다는 것이다.

조사에서는 텍사스 방언의 대표적인 변이형인 이중모음 /ai/가 62개 포함된 문장을 134명의 피조사자를 대상으로 조사를 실시하여, 그 음성을 수록한 뒤에 /ai/의 방언음성(단모음화한 [a·])의 출현율을 개인별로 측정했다.

이 논문에서는 아이덴티티를 '개인이 어떤 집단의 성원에 대해 느끼는 동일감'이라고 정의하고 화자가 갖고 있는 다른 텍사스인에 대한 동향의식의 측면을 측정할 수 있는 세 가지 질문 항목을 제시하고 있다.

(1) 당신은 다른 텍사스인과 공통점이 많아서 친밀감을 느끼는가?

    a. 다른 지방 사람과 비교해 텍사스인에게 친밀감을 느낀다

                                                                   (2점)

    b. 다른 지방 사람보다 친밀하게 느낄 이유가 없다 (0점)

    c. 모른다/ 말할 수 없다 (1점)

(2) 당신의 회사에서 과학자를 한 명 고용한다고 하자. 두 명의 응모자 중에서 한 명은 텍사스 출신으로 텍사스의 대학을 졸업했으며, 또 다른 한 명은 다른 지방 출신으로 다른 지방 대학을 졸업했다. 그 이외의 점수는 동점이라 한다면 어느 쪽을 고용할 것인가?

    a. 텍사스인을 고용한다 (2점)

    b. 다른 지방 사람을 고용한다 (0점)

    c. 경우에 따라 다르다/ 모른다 (등) (1점)

(3) 당신의 선거구에서 두 명이 입후보했다. 두 명 모두 당신의 선거구에 온 지 5년이 지났지만, 한 명은 텍사스에서 태어나서 자랐으며 다른 한 명은 다른 지방에서 태어나서 자란 사람이다. 어느 쪽에 투표할 것인가?

a. 텍사스인에게 투표한다 (2점)
b. 다른 지방 사람에게 투표한다 (0점)
c. 경우에 따라 다르다/ 모른다 (등) (1점)

이상 세 가지 질문에 대한 점수의 합계를 '아이덴티티 지수(identification index)'라 하고 피조사자(informant)별로 이 지수를 산출하여 [aㆍ] 출현율과의 상관관계를 살펴보았다(그림 13-1). 이 그림은 피조사자를 [aㆍ] 출현율에 따라 네 그룹으로 분류하여 각 그룹의 아이덴티티 지수를 제시하고 있다. [aㆍ]출현율이 가장 낮은 그룹(0~25%)인 16명의 아이덴티티 지수를 평균하면 3.38이 되고, [aㆍ] 출현율이 26~50%인 31명의 평균은 4.00이다. [aㆍ]의 출현율이 51~75%인 그룹은 아이덴티티가 더욱 강해지고(5.05), [aㆍ]라는 방언음성을 가장 자주 사용하는 그룹에서는 아이덴티티가 최대인 5.60

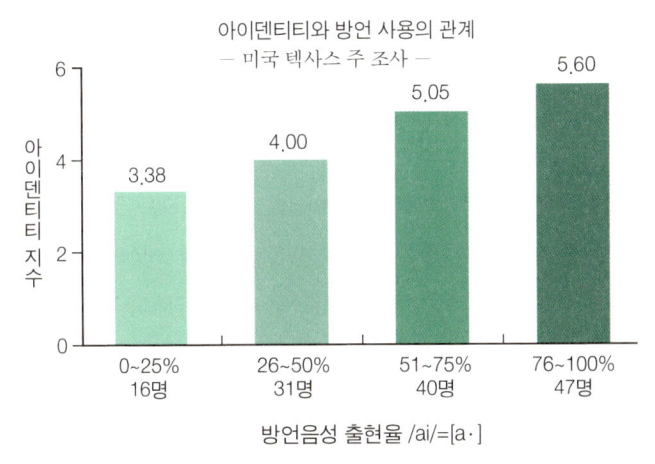

• 그림 13-1 /ai/=[aㆍ]의 출현율에 따른 아이덴티티 지수의 평균치

• Underwood, G. (1988) Accent and Identity. *Methods in Dialectolog*. Multilingual Matters.

이 된다. 즉 텍사스인으로서의 아이덴티티의 강함과 텍사스 방언의 사용빈도의 상관관계가 증명되었다는 것이다.

03
아이덴티티와 언어 유지

　일본에는 한국인, 화교, 오가사와라(小笠原) 섬에 사는 구미게 도민 등 오래전부터 살고 있는 이민계 주민과 최근에 증가한 브라질 등에서 온 남미 출신의 주민들이 있다. 그리고 이민은 아니지만 홋카이도의 아이누도 소수파라는 의미에서 이들 다른 민족집단과 같다고 생각할 수 있다. 이러한 이민자들이 어떻게 이주지역의 언어를 습득하고 그리고 다음 세대가 어떻게 선조의 언어를 유지할 것인지에 대한 과제는 아이덴티티와 깊은 관계가 있다. 화자의 아이덴티티는 자기 자신이 형성하는 것이지만 그것은 어디까지나 어떤 사회적 환경 속에서 형성된다. 또한, 이른바 재일한국인과 같은 황색인종의 경우 화자가 자신의 정체를 밝히지 않으면 어느 정도는 일본인처럼 행동할 수 있다. 따라서 다른 사람들 앞에서 선조의 언어를 사용한다는 것은 단순한 언어선택뿐만 아니라 자신의 신분을 밝히는 행위도 된다. 이러한 의미에서 재미한국인의 언어선택과 비교해 보면 문제의 중요성이 완전히 다르다는 것을 알 수 있다.

　당연한 일이지만 어떤 민족의 언어를 말할 수 있는 사람이 없어져

언어가 완전히 소멸되었을 경우 민족적 아이덴티티가 아무리 강하다 할지라도 언어를 통해서는 아이덴티티를 나타낼 수가 없다. 아이누인이 아무리 민족적 아이덴티티가 강하다 하더라도 아이누어를 못한다면 자신의 아이덴티티를 나타내기 위해서는 다른 방법(아이누의 전통예능을 하는 등)을 찾아야 한다. 따라서 민족적 아이덴티티를 유지하기 위해 언어 사용이 반드시 필요하다고 할 수는 없다. 미국의 흑인은 최근 자신들을 '아프리칸-아메리칸', 즉 아프리카계 미국인이라고 스스로 칭하게 되었지만, 아프리카 언어를 할 수 있는 미국인 흑인은 극소수에 불과하다. 이것은 선조의 언어를 지켜 가지 않으면서 자신들의 아이덴티티를 유지하겠다는 행위다.

그렇다면 반대현상은 어떨까? 예를 들면 어떤 집단이 자신들의 아이덴티티를 언어 사용에 의존하고 있는데도 그 언어가 약해져서 사용되지 않는 경우를 아일랜드 등에서 볼 수 있다. 일본의 언어적 마이너리티의 경우에도, 언어적 아이덴티티가 강하면 그 언어 유지가 가능한지 여부를 해명하는 연구를 기대한다.

04

오키나와 사람들의 아이덴티티와 언어

오키나와는 언어적인 면에서나 문화적·역사적인 면에서나 일본에서 독특한 위치를 차지하고 있다. 이러한 특수한 상황이 오키나와 사람들의 아이덴티티나 언어 사용, 언어의식에도 반영되어 있다. 오키나와의 아이덴티티와 언어의 관계에 대해서 고찰하기 전에 오키나와 말에 대해서 먼저 살펴볼 필요가 있다.

오키나와 말은 일본어의 방언인가 그렇지 않으면 일본어와 다른 언어인가라는 문제는 언론에서도 예전부터 지금까지 계속 논의되고 있다. 이에 세 가지 중요한 사실을 확인해야 한다.

첫째는 오키나와 말은 일본 본토의 여러 방언과 같은 계통의 언어라는 것이다. 아이누어는 전혀 계통이 다르다고 여겨지지만 오키나와 말은 일본어 계통이라는 것이 학회의 상식이다. [그림 13-2]에서 알 수 있듯이 일본어는 크게 본토의 여러 말(이것을 '언어변종'이라고 한다)과 오키나와의 언어변종으로 대별할 수 있다. 후자를 류큐제어(琉球諸語)라고 할 때도 있고, 전자를 종합해서 '본토제방언(本土諸方言)'이라는 표현을 사용하기도 한다.

둘째는 오키나와의 전통적인 말은 야마토 언어(가고시마나 오사카, 도쿄의 언어 등)와 서로 통하지 않는다는 것이다. 즉 도쿄 사람은 특별히 오키나와 말을 공부하지 않으면 그 말을 이해할 수 없다. 반대로 옛날 오키나와 사람은 도쿄 말을 공부하지 않았기 때문에 도쿄 말을 이해할 수 없었다. 언어학에서 '방언'과 '언어'의 분명한 경계선은 없으나 서로 이해를 할 수 있는지 여부가 하나의 기준이 된다. 이러한 관점에서 보면 오키나와 말은 일본어의 방언으로 생각하기보다는 '일본어족' 내에서 본토의 여러 방언과 같은 자매 언어로 보는 것이 실태에 가깝다고 할 수 있다.

셋째로 중요한 점은 오키나와 말끼리도 상호이해가 안 되므로 상호이해를 '언어'의 기준으로 삼는다면 오히려 일본어족 중에서 류큐제언어(琉球諸言語)라고 생각하고, 그 안에 아마미어(奄美語), 야마

• 그림 13-2 **오키나와와 일본 본토에서 사용하는 언어변종의 관계**

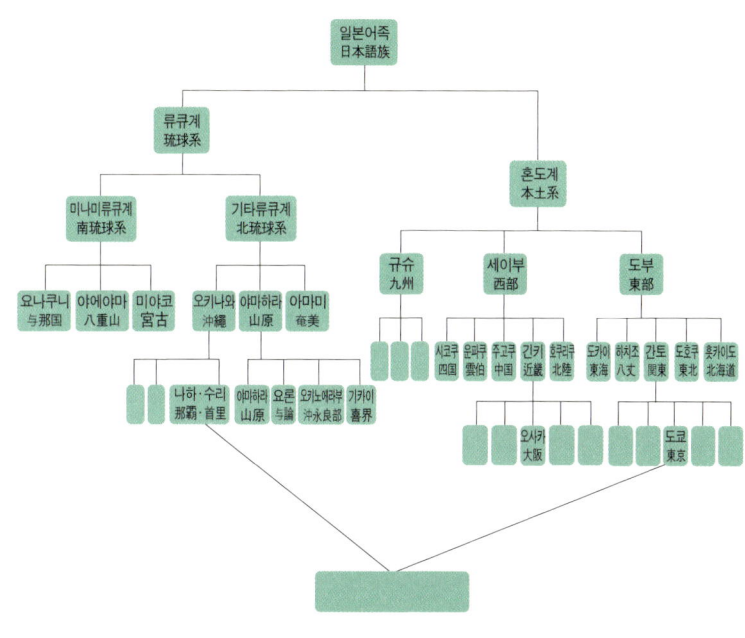

• 東條操(1954), 狩俣繁久(2002) 등을 참조하여 작성

하라어(山原語: 오키나와 본토 북부의 여러 방언), 오키나와어(오키나와 본토 남부의 여러 방언), 미야코어(宮古語), 야에야마어(八重山語), 요나쿠니어(与那国語)의 여섯 개로 분류하는 편이 좋을 것이다.

그러면 이러한 언어변종이 사용되어 온 오키나와 사람들의 언어의식과 아이덴티티에 대해 생각해 보자. 1979년의 NHK방송 여론조사가 실시한 전국 현민(県民)의식 조사에서는 '표준어를 말할 수 없거나 지방 사투리가 나오는 것이 부끄러운가?'라는 질문에 대해 '예'라고 대답한 비율이 전국에서 가장 높은 곳이 오키나와였다. 한

• 그림 13-3 지방 사투리가 부끄럽다(1979)

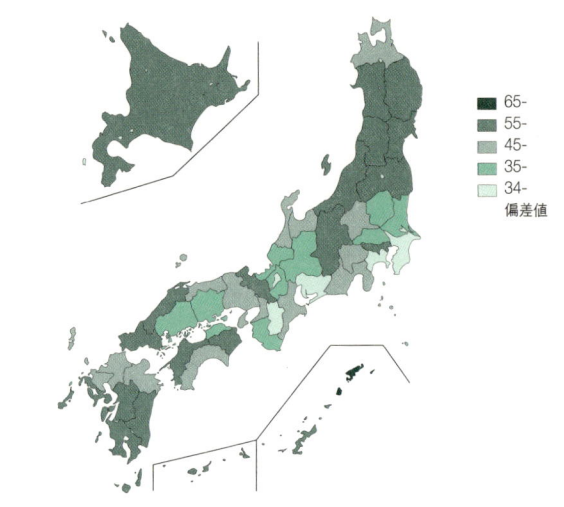

• NHK 放送世論調査所 (1979) 日本人の県民性−NHK 全国県民意識調査 (日本放送出版協会)

• 그림 13-4 자기 지역 말이 좋다(1979)

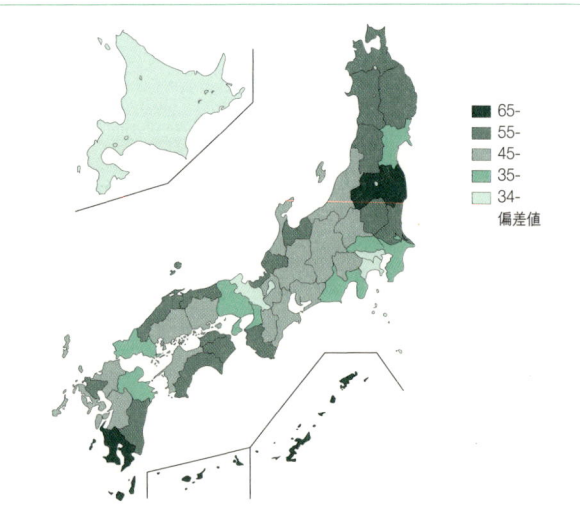

• NHK 放送世論調査所 (1979) 日本人の県民性−NHK 全国県民意識調査 (日本放送出版協会)

편 '자기 지역의 말을 좋아하는가'라는 질문항목이 있었는데 상식적으로 생각해 보면 이 두 질문은 같은 문제의 표리관계에 있다고 생각할지 모르겠다. 즉 방언을 좋아하는 현(県)은 방언을 부끄럽게 여기지 않을 것이며, 자기 지역의 방언을 싫어하는 현은 방언을 부끄럽게 여길 것이라고 생각할 수 있다. 실제로 지바 현(千葉県)에서는 이러한 패턴이 나타났는데 이 지역 사람들은 자기 지역 방언을 좋아하지 않으며 자기 지역 방언이 나오면 부끄럽게 여긴다. 교토에서도 이러한 관계가 나타났지만 교토는 반대로 방언을 좋아하고 부끄럽게 여기지 않는다는 결과가 나타났다.

그러나 오키나와에서는 이러한 상관관계가 무너졌다. 왜냐하면 오키나와 현은 '방언이 부끄럽다'에서도 제1위이지만 '방언이 좋다'에서도 전국 제1위다. 이 조사를 실시한 몇 년 후에 실시한 NHK의 또 다른 조사에서는 변화가 나타났다. 1996년의 조사에서도 오키나와 현에서는 '방언을 좋아하는가'에 대해 좋아한다고 대답한 사람이 '매우 많은' 현이었다. 그러나 1996년의 조사에서 '부끄럽다'라는 항목에서 오키나와 현이 전국 최악의 랭킹에서 '평균적인' 랭킹으로 바뀌었다.

그런데 1996년의 조사 이후 오랜 시간이 지났기 때문에 현재 오키나와의 언어의식이 어떻게 변했는지 궁금하다. 그리고 이러한 조사는 대규모 조사였으므로 신뢰성이 높은데 '부끄럽다·부끄럽지 않다'라는 단순한 응답의 배경에 어떠한 언어의식이 있는지를 알아보기 위해 오키나와의 청년층 화자와 이야기를 나누어 보았다. 다음에서 그 의식을 살펴보자.

오키나와를 비롯한 소수파 언어 사용자 대부분은 자신의 아이덴티티를 표현하기 위해 음악을 이용한다. 아이덴티티와 음악의 관계

• 그림 13-5 지방 사투리가 부끄럽다(1996)

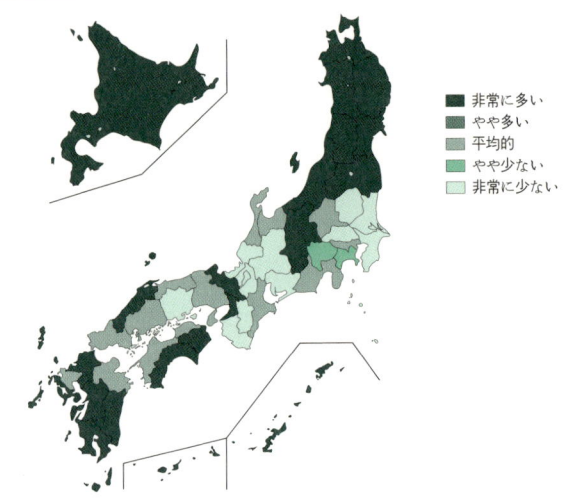

• NHK 放送世論調査所 (1979) 日本人の県民性-NHK 全国県民意識調査 (日本放送出版協会)

• 그림 13-6 자기 지역 말이 좋다(1996)

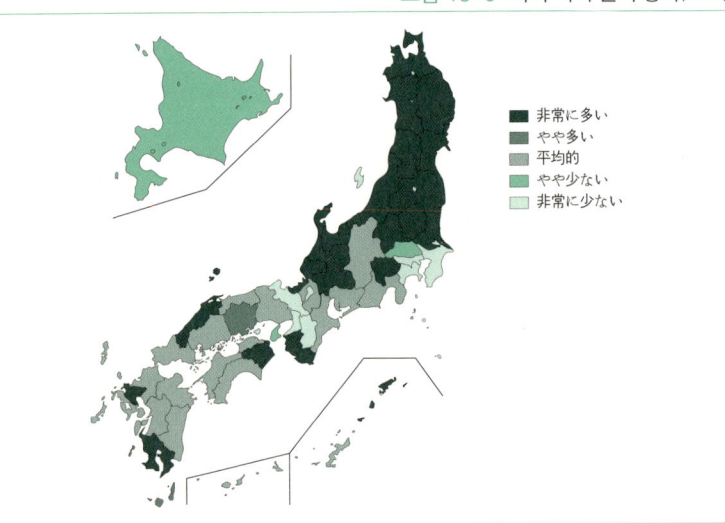

• NHK 放送世論調査所 (1979) 日本人の県民性-NHK 全国県民意識調査 (日本放送出版協会)

를 연구하고 있는 야마노하(山入端太一)에 따르면, 오키나와 사람들은 옛날부터 류큐(琉球)어 민요를 불렀는데 오키나와 사람들이 류큐어로 된 가사로 새로운 노래를 적극적으로 만들기 시작한 것은 1970년대 이후라고 한다. 현재 음악가의 활동은 아이덴티티를 표현하는 데 그치지 않고 '임파워먼트(empowerment)'로 이어지고 있다고 한다. '임파워먼트'란 원래부터 가지고 있는 능력을 발휘하는 일인데 샤미센(三味線:세 개의 줄이 있는 현악기)을 가미한 록이나 오키나와 사투리로 랩을 만드는 활동에서 나타나고 있는 현상이다. 미국의 음악 스타일을 흉내 내거나 일본 본토의 언어로 노래할 뿐만 아니라 그 지방다운 음악을 만들어서 자기결정권을 상징적으로 되찾고 있는 것이다.

이러한 오키나와의 신세대 음악가인 DUTY FREE SHOPP(知花竜海)와 가쿠마쿠샤카(安村磨作紀)는 류큐어가 들어간 힙합과 랩을 만들고 있다. 1980년대 출생인 이 두 사람 세대는 이미 표준어화가 보급되어 류큐어를 할 수 없게 되었다. 그들이 만든 앨범인 〈音アシャギ〉의 표준어와 영어가 섞인 가사에는 「ナンダバ(뭐니?)」나 「ヤッター(너희들)」와 같이 젊은이들이 사용하는 오키나와 일본어도 포함되어 있다. 하지만 다음과 같이 전통적인 오키나와 고유의 말을 사용한 곡도 만들고 있다.

でぃちゃよー行かや太陽ぬ島!
でぃちゃバンみかしぇー太陽ぬ島!
波切り風連り皆し色混んちゃーひんちゃーし行っていんだdrive!
沖縄 Rock & Hip Hop いちゃんだ Step 銭うっぴーな儲きたい
ハリキリなりきり皆し音混んちゃーひんちゃーし break border line

본인들이 류큐어 사전을 조사하면서까지 오키나와 말을 사용하고 싶어 하는 배경에는 두 사람이 오키나와 사람으로서의 강한 아이덴티티가 있기 때문이다.

한편 오키나와 고유어로 노래를 부를 뿐만 아니라 일상적으로 그것을 사용하여 커뮤니케이션하기를 고집하는 언어활동가도 있다. 항상 오키나와의 말을 사용하고 있는 라디오 프로그램 진행자인 히가 바이론(比嘉バイロン)은 오키나와를 비롯해 유럽에서도 류큐어 강좌를 열고 있다. 그러나 1970년대 출신인 그도 어렸을 때부터 자기 고장의 언어를 사용할 수 있었던 것은 아닌 것 같다. 히가는 미국인 병사 아버지와 오키나와 어머니 사이에서 태어났는데 성인이 될 때까지 주변의 다른 오키나와 젊은이들처럼 모두가 사용하는 표준 일본어밖에 못했다. 성인이 되고 나서 영어공부와 록 음악활동을 위해 미국에 건너갔는데, 외국 땅에서 오히려 오키나와 사람으로서의 아이덴티티를 강하게 느끼게 되었다. 귀국 후에 그는 오키나와의 전통음악과 전통언어에 눈을 떴다고 한다.

05
오가사와라 구미계 도민의 아이덴티티

여기에서는 오가사와라의 구미계 도민을 예로 들어 말과 아이덴티티의 관계에 대해 생각해 보기로 한다. 그들은 일본에서 대단히 특수한 예이지만, 일반적인 일본인에게 나타나는 언어(방언)와 아이덴티티에 관한 근본적인 구성 요인은 비슷하다. 구미계 도민을 예로 들어 생각해 보면 그 요인이 뚜렷하게 나타나므로 알기 쉽다.

구미계의 개인이 아이덴티티를 유지할 필요성은 오가사와라 제도의 혼합언어의 발달과 사용에서 중요한 역할을 한다. 또한 도민의 아이덴티티를 결정하는 요소는(구미계 도민이든 일본계 도민이든) '혈통'만이 아니다. 1870년대에 일본인이 오가사와라에 도착하기 이전에 오가사와라 도민은 민족적으로 매우 다양했다. 그들의 역사를 통해 비일본계 도민의 아이덴티티는 '그들이 그런 것'이 아니라 '그들이 그렇지 않은 것'에 의해 정의되어 왔다. 예를 들면 '일본인이 아니다' 라든가 '미국인이 아니다'와 같은 것이었다. 그들 자신이 스스로를 단일 그룹으로 여겼다는 증거는 없지만 많은 일본인 이주자가 밀려들어온 19세기 후반부터 그들은 자기 자신을(1875년부터 1945년까지 주위를 둘러싸게 된다) 일본인과 구별하기 위해 고유의 아이덴티티를 형성하게 되었다.

얄궂게도 제2차 세계대전 이후에 들어온 미군은 도민들에게 민족적인 범위에서 반대 측에 속하는 듯한 '다른 아이덴티티'를 부여하여, 오가사와라 도민이란 어떤 것이며 어떤 것이 아닌지를 정의하게 하였다. 젊은 도민들은 또 그들이 괌의 고등학교에서 만난 다양한 집단(미국 본토 군인의 자녀들이나 그 지역의 차모로인 등)과는 다른 아이덴티티를 유지하게 되었다. 어떤 구미계 도민은 자기 자신을 일본인이라기보다는 미국인이라고 생각하고 있었는데, 그들만의 독특한 아이덴티티 유지 방식은 4반세기 동안이나 미군 병사의 가족과 함께 지내는 데 도움이 되었다. 미 해군 세대의 대부분의 도민은 오히라렌스(大平レンス)의 태도로 대변된다. 그들에게 자신들이 일본인과 미국인 중 어느 쪽인지를 물어보았더니 "일본인도 미국인도 아

니다. 오가사와라인이다."라고 대답했다.

구별된 언어의 사용은 아마도 이 아이덴티티의 유일하고도 가장 중요한 상징일 것이다. 구별된 아이덴티티가 혼합언어의 발생과 유지에 중요한 요소라는 것은 충분히 있을 수 있는 일이다. 1968년 오가사와라가 일본으로 반환된 이후 도민들이 생각하는 독자적인 아이덴티티 유지의 중요도는 급속히 약해지고 있는 것처럼 보이는데, 이것이야말로 혼합언어 사용(어떤 형식이든 영어의 사용)의 급격한 감소와 관계가 있는 하나의 요인일 것이다.

다음은 오가사와라 도민의 집단 아이덴티티 형성과 유지에 관련된 다양한 요인을 고찰해 보기로 한다.

1) 역사적 요인 : 그들은 19세기 초반부터 중반에 걸쳐 오가사와라에 도착한 선조를 예로 들 수 있다는 점에서 공통된 문화적 루트를 공유하고 있다.
2) 가계(家系)적 요인 : 그들은 숫자가 한정되어 있는 공통의 선조로 거슬러 올라갈 수 있는 특정한 일족(一族)에 속해 있다. 그들은 구미계 가족의 이름을 지켜 나가며 구미계 이름을 사용하고 있다.
3) 인종적 요인 : 그들은 비아시아인의 신체적 특징을 갖고 있다.
4) 종교적 요인 : 모든 구미계 도민이 종교를 갖고 있지는 않지만, 19세기에 일본인이 도착하기 전까지는 교회가 그들의 공동체에서 중요한 역할을 하였다.
5) 정치적 요인 : 구미계 도민은 19세기 후반에 '귀화인'이라 해서 일본계 도민과는 다른 법률상의 권리를 갖고 있었다. 오늘날에는 마을 자치기구의 임원을 선출하기에 충분한 인구는 아니지

만, 정치가에 따라서는 그들의 표를 얻기 위한 정치적인 통일체 또는 정치적인 블록으로 여기고 있다.

6) 경험적 요인 : 그들은 제2차 세계대전 때 겪은 편파적인 대우와 미해군 통치하에서의 생활, 괌에서의 학교교육과 같은 공통된 경험을 갖고 있다.

7) 문화적 요인 : 그들은 노래나 춤, 카누기술이나 낚시하는 방법, 의식적 아이콘(특별한 의장(意匠)에 따라 만들어진 장례식용의 화환), 요리방법(구미게 도민은 일본인처럼 거북이 스튜에는 설탕을 넣지 않는다.) 등 공통되면서도 독특한 혼합문화를 소유하고 있다.

8) 언어적 요인 : 영어(구별된 언어로서나 혼합언어의 구성요소로서도)는 도민이나 외부인들에게 현저한 사회언어학적 요인 중에서 높은 순위를 차지한다. 도민이나 외부인들은 구미게 도민이 주로 영어를 사용한다는 점에서 하나의 명확한 집단으로 파악하고 있다. 이 관계는 상호순환적(相互循環的)인데, 언어는 아이덴티티를 형성하는 데 중요한 요인이 되고 공통적인 아이덴티티를 지켜 나가는 것은 언어 유지에 한몫을 한다.

구미게 도민의 아이덴티티의 복잡성과 가계(家系)가 유일한 결정적 요인은 아니라는 사실을 나타내기 위한 구체적인 예를 찾을 수 있다. 도민들에게 "현재 구미게 도민 중에서 제일 나이가 많은 분이 누구냐?"고 물으면 많은 사람들이 "고로헤이 씨."라고 대답한다. 그는 일본게 도민으로 태어나 본토에서 자랐으며 결혼을 통해 구미게 가계의 일원이 되었다는 것이 알려져 있는데도 그렇다. 일본게 도민은 가끔 결혼을 통해 구미게 공동체에 들어가면서 '구미게화'

된다. 또 다른 사례는 구미계인 남편을 둔 일본계 도민의 아내한테서 나타난다. 그녀들은 구미계에 대해 말할 때에는 일인칭 복수형(our people)을 사용한다. 이 사람들의 아이덴티티에는 요인 6), 요인 7), 요인 8)이 관여하고 있다. 결혼이라는 관점에서 생각하면 요인 2)는 아이덴티티와 관련이 있다고 할 수 있다. 또 이러한 관계에서 요인 1)도 해당될 것이다(구미계와 결혼한 일본계 도민 배우자의 경우, 본인은 구미계 선조가 없지만 자신의 아이는 구미계의 선조를 갖는 것이다).

반환 후에 태어난 오늘날 가장 젊은 세대는 제2차 세계대전 이전 세대인 그들의 조부모나 미해군 세대의 부모와는 전혀 다른 아이덴티티를 갖고 있다. 노년세대는 자신들이 독특한 존재라는 감각을 갖고 있지만, 젊은 세대(문화적 뿌리에 관심이 있는 젊은이들조차)는 자신들이 독특한 선조를 가진 존재이기는 하지만 스스로가 독특한 존재라고는 생각하지 않는다. 양자가 자신을 바라보는 방법에는 큰 차이가 있다고 할 수 있다.

오늘날 구미계 도민의 아이덴티티가 점점 쇠퇴하는 것처럼, 공동체 언어로서의 영어도 급속히 쇠퇴하는 다양한 징후들이 나타나고 있다. 그 소멸 여부가 이들의 독특한 민족적 아이덴티티와 문화적 아이덴티티 의식의 앞날을 좌우하고 있다.

참고·인용문헌

- 井出祥子、井上美弥子(1992)「女性ことばにみるアイデンティティー —会社の女性の場合—」『言語』9月, 大修館
- 任栄哲(1993)『在日・在米韓国人および韓国人の言語生活の実態』 くろしお出版
- 小野原信善、大原始子(2005)『ことばとアイデンティティー ことばの選択と使用を通してみる現代人の自分探し』三元社
- 真田信治、ダニエル・ロング(1992)「方言とアイデンティティー」『言語』(特集:アイデンティティーとしての言語) 21.10 : 72-79
- トラッドギル、P. (土田滋訳)(1975)『言語と社会』岩波新書
- ハドソン、R. (松山幹秀・生田少子訳)(1988)『社会言語学』未来社
- Poplack. Shana.(1978) On Dialect Acquisition and Communicative Competence:The Case of Puerto Rican Bilinguals. *Language in Society* 7 : 89-104

Chapter 14 언어습득

다니엘 롱

· 학습 포인트 ·

- 일본인의 언어습득 배경에 있는 사회적 요인(문화, 경제)을 생각해 본다.
- 외국인의 일본어 습득과 관련된 요인을 생각해 본다.
- 예전에 일본어 교육을 실시했던 팔라우 제도의 잔존 일본어의 실태를 파악한다.
- 외국인의 오용을 통해 일본어의 구조를 생각해 본다.

01
외국어에 대한 동경

일본인의 외국어 학습에 대한 강한 의욕 또는 외국어 능력에 대한 동경을 통계자료와 의식조사 결과를 통해 살펴보자.

일본인의 외국어 학습에 대한 열의는 놀라울 정도다. 이노우에 후미오(井上史雄)는 '경제언어학적'이라는 연구 분야에서 학습자들이 일본에서 배우고 있는 각종 언어에 대한 인기를 측정했다. 그중 하나의 지표인 NHK의 어학교재를 예로 들어 보면 1990년대의 경우 영어 교재는 해마다 수백만 부 단위로 팔렸으며, 영어 이외의 외국어 교재도 수십만 부 단위로 팔렸다고 한다.

언어학습에 대한 열의를 다른 관점에서 살펴볼 수도 있다. 외국어 학원에서 가르치는 언어 중 가장 많이 배우는 언어는 역시 영어라고 한다. 그런데 일본인이 놀랄 만한 사실이 있다. 인기 베스트10에는 예상대로 중국어, 프랑스어, 독일어, 한국어 등이 등장하는데 놀랍게도 2위가 일본어다. 실제로 일본에서 외국어 학습에 대해 이야기할 때 일본어가 상당히 큰 비중을 차지한다는 것을 알 수 있다. 더욱이 회화학원이 유료라는 점을 고려하면 일본 국내에서 일본어를 배우는 외국인이 일본의 어학산업을 지탱하고 있는 부분이 크다는 것을 알 수 있다.

02 외국어 교육의 경제학

일본어 학원이 1980년대부터 급격히 증가한 상황의 배경에는 일본 국내의 일본어 학습자 증가현상을 들 수 있는데 같은 시기에 국외에서 일본어를 공부하는 학습자도 급증했다. 이는 세계에서 일본 경제력이 크게 신장한 시기와 일치한다. 학습자 중에는 일본의 전통문화(가부키, 다도, 가라테 등)에 대한 관심에서 일본어 학습을 선택한 경우도 있지만 대체로 일본의 경제력이 결정적 요인이었다.

즉 일본어를 할 줄 알면 자기 나라 또는 일본으로 가서 일을 할 때 더 많은 수입을 올릴 수 있고 더 좋은 생활을 할 수 있다고 생각한 것이다. 외국어로 일본어를 선택하려는 시점에 경제력과 언어(특히 언어학습)의 접점이 생긴 것이다. 게다가 경제적 원인으로 외국어 학습을 선택하는 결과도 나타나지만, 반대로 어학학습이 원인이 되어 발생하는 경제적 결과(효과)도 있다. 경제와 언어의 관계는 순환적이기 때문이다. 이는 앞에서 살펴본 어학학원의 학비, 그리고 인쇄와 녹음·녹화 교재의 매출을 비롯해 그들 산업이 만들어 내는 제3차적인 경제효과(유학생이 구입하는 항공권 요금, 유학생의 집세 등)를 보아도 알 수 있다. 일본어 자체를 외국인 학습자에게 상품으로 팔아서 일본도 이익을 얻는 것이다.

말하자면 일본어가 외국인들이 공부하고 싶은 외국어가 된 이유도 경제적 요인 때문이지만, 일본어는 일본의 '수출품'이기도 하므로 어학학습과 경제는 복잡하게 결합되어 있음을 알 수 있다.

03

제2차 세계대전 전의
팔라우 제도의 일본어 학습

　방송교재 촬영 팀이 촬영한, 제2차 세계대전이 일어나기 전인 일본통치 시절에 일본어를 배운 사람들의 인터뷰를 보면서 그 체험담을 기초로 당시의 일본어 학습상황과 일본어 사용의식을 고찰해 보았다. 외국의 일본어 교육의 역사적인 배경은 현재와 미래의 일본어 교육을 예측하는 데 유용하고 중요한 자료가 된다. 인터뷰에서는 이 책의 여러 주제와 관련된 이야기가 나왔다. 예를 들면 본서 제2장의 주제는 '이름'인데 제2차 세계대전 전의 팔라우 제도[1] 사람들 중에는 본래의 자기 이름 외에 일본이름을 가진 사람이 있다. 그리고 제3장의 주제는 '지명'인데 일본통치 시대에 붙여진 지명이 지금도 여전히 현지어로 된 지명과 함께 사용되고 있다. 또 제10장에서는 터부와 관련하여 차별어에 대해 살펴보았는데, 「島民」이라는 일본어가 팔라우 제도에서는 다소 차별적으로 들린다는 이야기도 나왔다. 게다가 제13장에서 다룬 '아이덴티티'를 연상시키는 '나는 일본인이라고 생각한다'는 화제도 있었다.

---

[1] 태평양 캐롤라인 제도 서쪽에 있는 섬의 무리.

04
오가사와라 구미계 도민의 혼합언어

이 책에서 이미 오가사와라의 구미계 도민(欧美系島民)을 소개했으나 그들의 일본어 습득은 상당히 긴 역사를 가지고 있다. 여기서는 그 역사적 배경을 소개하고자 한다.

구미계 도민은 도쿄 도(東京都) 오가사와라 제도의 선주(先住)민족에 해당된다. 무인도였던 이 섬에 그들의 선조가 정착한 것은 1830년경이었다. 메이지시대에 일본의 영토가 되었을 때 섬에 살고 있던 사람들이 일본 국적으로 귀화했다. 하치조지마(八丈島)를 중심으로 일본에서 이주해 오는 사람들이 늘어나자 일본인 개척자 자녀들이 귀화인 자녀들과 함께 학교를 다니게 되었다. 귀화인을 위한 영어 수업도 개설되었지만 또 그들을 대상으로 하는 일본어 교육도 이때쯤 시작되었다. 외국인을 대상으로 한 근대적 일본어 교육은 여기서 시작되었다.

그리하여 귀화인은 서서히 일본어를 사용할 수 있게 되었다. 그들은 학교나 직장 또는 일본인이 경영하는 가게 등에서는 일본어를 사용하지만 가정이나 교회, 귀화인이 집중되어 있는 지역에서는 영어를 계속 사용했다.

나이가 어린 귀화인들은 오가사와라 특유의 영어를 제1언어로 배우지만 성장하면서 일본어를 습득하여 두 언어를 구별해서 사용했다. 그러나 쇼와 초기부터 일본어와 영어를 섞어 사용하게 되자 두 언어가 얽히면서 점점 복잡해져 하나의 융합된 언어체계로 발전하게 되었다. 이를 '오가사와라 혼합언어'라고 한다. 이 혼합언어는 문장구조는 일본어로 되어 있으나 단어뿐만 아니라 구(句)에도 영어가 섞여 있다.

현재 구미계 도민이 사용하는 실례를 살펴보자.

- [태풍에 대해] Me の Sponsorのあのう, 何と言うの? その French door, あのう glass doorが割れて, waterが up to the kneeだった。
- [귀신에 대해] うちのママは no leg man も見たつってたぞ。あのう, 兵隊の clothes 着て。
- You のおじいさん too, he had lots of stories.
- [옛날 사진의 피사체에 대해 질문을 받고] 分からないよ, みんな back side of the kids だけど, それ, 父島の Santa Claus だじゃ。
- Mata miru yo!

앞의 예를 보면 영어와 일본어가 여러 형태로 복잡하게 섞여 있다. 1인칭으로 me가 사용되고 있다. 지극히 일상적인 명사인 water와 clothes를 영어로 발음하고 있다. 게다가 영어는 단어뿐만 아니라 up to the knee, back side of the kids처럼 구(句) 단위로도 나온다. 여기서 중요한 것은 일본어의 「ヒザまで(무릎까지)」나 「子どもの後ろ側(어린이 뒤쪽)」와는 어순이 다르다는 점이다. 이때 결코 「kneeまで」처럼 명사만을 일본어 문장구조에 포함시키지는 않는다. 또한 일본어 어순대로 「kidのback side」라고 말하는 것이 아니라 영어 어순으로 나열하며 때로는 복수형인 's'나 관사인 'the'까지도 사용한다.

또한 오가사와라 말 전부가 영어와 일본어를 그대로 섞어 놓은 것은 아니다. 이 언어체계는 특유의 '생산적'인 부분도 있다. 예를 들면 'no leg man(다리가 없는 사람)'이나 'mata miru yo(또 봐요)' 같은 경우다. 전자는 일본어의 문법규칙에 따라 구성된 절(節)이다. 단어는 영어지만 어순은 일본어(足のない＋人)이다. 영어라면 명사가 앞에 와야 한다(the man with no legs).

05
외국인과 일본어(중간언어)

외국인이 말하는 일본어에서는 흥미로운 실수를 찾아볼 수 있다. 유럽의 일본어 학습자에게서「いつ、私小学校、家族、カネない」(私が小学生だったとき、家はカネがなかった。내가 초등학교 시절에는 돈이 없었다)라는 말을 들었다.「○○のとき(○○때)」를「いつ○○(언제○○)」라고 말하는 것은 본인의 모어 영향으로 보인다. 모어의 영향 때문에 목표언어를 잘못 말하는 것은 당연하다고 생각할지 모른다. 그러나 모어의 기본 어순이 '동사·목적어(VO)'인 외국인이라도「金、ない(돈, 없다)」를「ない、金(없다, 돈)」로 착각하는 사람은 별로 없다. 외국인이 틀리기 쉬운 일본어와 그렇지 않은 일본어를 생각해 보면 일본인이 평소에 알지 못하는 일본어의 재미있는 측면을 발견할 수 있다.

필자 자신이 일본어를 공부하기 시작했을 때 자주 범한 실수를 소개하고자 한다. 「彼女は本屋へ行って本を買って、喫茶店で読んだ」를 「彼女は本屋へと行く<u>と</u>、本を買った<u>と</u>、喫茶店で読んだ」라고 했다. 또 「犬は黒くて大きくて怖い」를 필자는 「犬は黒い<u>と</u>大きい<u>と</u>怖い」라고 표현했다. 전자는 영어로 'she went to the bookshop and bought a book and read it'이 되며, 후자는 'the dog is big and black and scary'가 된다. 이런 오용을 범한 이유는 어디 있을까? 힌트로 밀감과 사과를 영어로 하면 oranges and apples이다.

일본어는 명사(체언)를 접속할 때 「と」를 사용하지만 동사나 형용사 같은 용언을 접속할 때 「と」가 아니라 「て」를 사용한다. 그러나 영어에서는 모두 'and'를 사용한다. 이러한 오용의 원인은 습득자의 모어에 있다고 할 수 있다.

우선 여기서 사용하는 몇 가지 용어를 확인해 두자. 모국어가 일반적인 표현이지만 '국가'와는 그다지 관계가 없으므로 언어학에서는 모어라고 한다. 또한 일본어 학습자라는 말이 귀에 익숙하기는 하지만 일본에 살고 있는 대부분의 외국인은 일본어를 학원에서 정기적으로 '학습'한 것이 아니라 직장이나 주변의 일본인(예: 시어머니가 일본인인 외국인 며느리)의 말을 듣고 자연스럽게 일본어를 습득한 자연 습득자가 많다. 따라서 이 책에서는 '일본어 습득자'라는 용어를 사용한다.

마지막으로 외국인이라는 말은 국적과 관계가 있지만 여기서는 오히려 제1언어에 관한 문제이므로 외국인이라 하지 않고 '비모어화자'로 표현한다. 이는 일본 국적을 갖는 사람 중에도 중국 잔류고아와 그 가족, 일본으로 귀화한 남미 출신 축구선수, 해외에서 태어나서 자란 귀국자 등, 일본어가 모어가 아닌 사람이 있기 때문이다.

반면에 재일한국인 또는 일본에서 태어나고 자란 캐나다인 선교사의 자녀처럼 일본 국적은 갖고 있지 않지만 일본어가 제1언어인 사람도 있다.

그런데 일본어를 모어로 하지 않는 외국인이 일본어를 공부할 때 학원에서는 물론 표준 일본어를 배우지만 학원에서 배운 일본어 문법 사항과 규칙을 확대 해석하는 경우가 있다. 언어 습득자도 마찬가지다. 비모어 화자가 말하는 목표언어를 '중간언어'라고 한다.

'중간언어'라고 해서 모두 틀린 것은 아니며 습득자가 목표언어인 일본어를 정확하게 이해해서 익힌 정용(正用)도 있다. 그러나 연구자의 주목을 집중시키는 것은 역시 오용 부분이다. 오용 중에는 규칙성을 발견할 수 있는 요소와 자의적이라고 할 수밖에 없는 요소가 있다(표 14-1). 오용에서 볼 수 있는 몇 가지 패턴(규칙성) 중에는 모어에 의한 경우와 그렇지 않은 경우가 있다.

모어간섭이란 모어와 목표언어가 다르기 때문에 일어나는 실수다. 예를 들면 오가사와라의 구미계 도민은 「シャワーをとる(シャワーをする)」, 「薬をとる(薬を飲む)」라는 표현을 사용한다. 이는 영어의

・표 14-1 중간언어의 하위분류

비모어 화자의 제2언어체계(넓은 의미의 중간언어)						
정용 (正用)	오용					
^	자의적인 오용	규칙적인 오용				
^	^	원인이 모어에 있음		원인이 목표언어에 있음	기타 원인	원인 불명
^	^	모어간섭		패러다임의 합리화	과잉일반화 등	과잉식별 등	^
^	^	직접적 간섭	간접적 간섭	^	^	^	^

다니엘 롱(2010a)

• 표 14-2 **오가사와라 말에서 볼 수 있는 중간언어적 특징(직접적 모어간섭)**

영어 (원래의 모어)	오가사와라 구미계 도민의 언어 (중간언어)	일본어 (원래의 목표언어)
See	ミル	見る
Meet	アウ	会う

다니엘 롱(2010a)

- 'take a shower' 'take medicine'의 직역으로 보인다. 구미계 도민들이 여러 세대에 걸쳐 일본어와 영어를 병용한 결과, 그들의 말에는 이러한 중간언어적 특징이 나타났다. 「またみるよ!(また会いましょう)(또 만납시다)」와 「久しぶりに友達を<u>みた</u>(久しぶりに友達に<u>あった</u>)(오랜만에 친구를 만났다)」라는 표현도 들린다. 요컨대 단어의 형식(ミル)은 일본어지만 그것은 표면적인 형태일 뿐 심층에 있는 의미영역은 오히려 영어와 비슷하다는 것을 알 수 있다(표 14-2).

　브라질인이 말하는 일본어를 들어 보면 「野球を遊ぶ(野球をする)(야구를 하다)」라는 이상한 표현이 나오는데 이는 모어의 'jogar(遊ぶ)'라는 동사를 직역한 것이다. 한편 러시아어를 사용하는 일본어 학습자의 말을 연구한 연구자가 앞에서 소개한 「いつ, 私小学生, 家族, カネない」와 같은 오용을 분석했다. 러시아어에서는 「いつ」와 「~のとき」에 해당되는 표현이 동일하다. 이러한 '직접적 간섭'의 예는 요컨대 모어를 일본어로 직역한 데서 기인한다.

　간접적 간섭의 예로, 역으로 일본인 영어 습득자를 생각해 보자. 일본인 영어 습득자 중에는 영어의 'he(彼)'와 'she(彼女)'를 혼동하는 사람이 적지 않다. 이러한 오용의 원인은 특별히 'カレシ(彼氏)라고 생각해서 シー(She, 彼女)라고 말해 버리는' 것과 같은 '직접적 간

섭'은 아니다. 오히려 다음과 같은 간접적 영향 때문일 것이다. 즉 일본어에서는 그·그녀라는 3인칭 대명사를 별로 사용하지 않고 오히려 이름이나 직함을 사용하거나 생략하는 경우가 많다. 예를 들면 'She said to give you her best.'의 경우, '그녀가 잘 부탁한다고 말했다.'보다는 '준코 씨가 잘 부탁한다고 말했다.'나 '부학장이 잘 부탁한다고 말했다.' 또는 '잘 부탁한다고 말씀하셨다.'라고 표현하는 것이 일반적이다. 일본어에도 그·그녀처럼 성별을 명확히 하는 대명사가 있지만 실제 대화에서는 그다지 쓰이지 않는다. 따라서 일본인들이 영어를 할 때, 성별에 따라 구별해야 하는 영어의 he와 she를 순간적으로 착각하는 것이다. 이는 간접적 모어 간섭의 예에 해당하는 오용이다.

06 유추에 의한 오용

한편 모어에서 기인하는 것이 아니라 일본어의 규칙을 오해하거나 확대 해석하는 데서 오는 중간언어현상도 있다. 중국인 학습자가 말하는 「楽しいです ＞ 楽しいデシタ」는 「学生です ＞ 学生でした」에서 유추한 것이다. 즉 고유명사나 일반명사, 대명사, 형용동사 같은 경우는 「○○です ＞ ○○でした」라는 문법적 도식(패러다임)을 그릴 수 있다. 그런데 이 패러다임에 예외가 있다는 데 문제가 있다.

• 표 14-3 **지정조동사의 활용 패러다임(표준어와 중간언어)**

	현재형	「でしょう」형	과거형
고유명사	岩崎です。	岩崎でしょう。	岩崎でした。
명사	車です。	車でしょう。	車でした。
형용동사	静かです。	静かでしょう。	静かでした。
형용사	楽しいです。	楽しいでしょう。	(*楽しいでした。)

ロング(2010a)

바로 「楽しいです」에 대응하는 「楽しいでした」는 오용이라는 점이다. 외국인 습득자가 형용사의 과거형을 사용할 때 명사나 형용사에 적용한 유추를 사용한 것이다. 때문에 교과서에 나와 있고 주변의 일본인들이 사용하는 언어형식인 「楽しかったです」보다 문법 패러다임의 이치에 맞는 「楽しいでした」가 쉽게 떠오르는 것이다. 이것이 '패러다임의 합리화' 또는 '패러다임의 통일'이라는 현상이다(표 14-3의 *마크는 학습의 오용 또는 설명을 위해 연구자가 의도적으로 만든 비문임을 표시함).

한편 영어권 학습자한테서는 「高いのカバンを買った」나 「遊んでいるの学生は試験に落ちた」 같은 오용도 들린다. 이러한 오용의 원인은 모어의 영향이라기보다 일본어 자체에 대한 이해의 문제다. 구체적으로 말하자면 「私のかばん」이나 「放送大学の学生」와 같은 수식어에 대한 유추가 작용하여 형용사나 동사의 수식어 뒤에도 「の」를 붙인 것으로 생각된다.

07
화용론적 오용

일본어 습득자들의 표현 중에 문법적으로는 틀리지 않지만 일본에서는 부자연스럽게 들리는 경우가 있다. 예를 들면 추천장을 받은 학생이 선생님께 감사의 뜻으로「ご苦労さまでした(직역:고생하셨습니다)」라고 하는 경우가 여기에 해당된다. 혹은 선배가 논문의 일본어를 체크해 주었을 때「論文を先輩に添削してもらった(직역:논문을 선배한테 첨삭해 받았다)」라고 하지 않고 감사의 뜻을 표현하려고 하면서도「論文が先輩に添削された(직역:논문이 선배한테 첨삭되었다)」라고 하는(이것도 실례) 경우가 있다.

이러한 오용은 앞에서 언급한 문제와 달리 문법적으로 이상하지는 않지만 일본어에서는 부자연스럽거나 부적절하게 들린다. 화용론(話用論)[2]은 이런 문제를 연구하는 분야다. 정중함이나 경어 레벨의 오용도 여기에 해당된다.

일본인 화자와 외국인 학습자(한국어·영어·중국어를 모어로 하는 사람)가 사용하는 일본어의 의뢰표현을 비교한 연구를 살펴보면 재미있는 내용이 있다(ナカミズ, 1992). 일본인은 친한 상대에게 부탁할 때는「貸してくれない?」라고 묻지만 친하지 않은 상대에게는「貸してもらえない?」라고 한다. 즉 표현의 시점을 바꿈으로써〔あなたが貸してくれる(당신이 빌려 준다) → 私が貸してもらう(내가 빌

---
[2] 일본에서는 이용론(語用論)이라고 한다.

• 표 14-4 **친한 상대와 친하지 않은 상대에게 부탁할 때의 차이**

	친한 상대에게 부탁할 때	친하지 않은 상대에게 부탁할 때
일본인	してくれない？	してもらえない？
외국인(한, 영, 중)	してくれない？	してくれませんか？

려 받는다)〕 정중함을 나타낸다. 외국인 학습자는 이러한 언어기술을 모르고 그저 단순히 「くれない？」를 「くれませんか？」로 전환해 버리는 것이다.

　이러한 중간언어는 일본인들이 일반적으로 사용하는 언어의 관점에서 보면 잘못된 표현이며 또한 대부분 단순화되어 있다. 이러한 의미에서 중간언어는 피진과 공통점이 있다. 그러나 단순화되어 있기는 하지만 다양한 변화가 있을 수 있다. 또한 앞의 예에서 보았듯이 어휘나 문법뿐만 아니라 화용론 레벨에서도 중간언어적 특징이 보인다.

참고·인용문헌

- 東照二(2000)『バイリンガリズム』講談社
- 金澤裕之(2008)『留学生の日本語は、未来の日本語―日本語の変化のダイナミズム』ひつじ書房
- 迫田久美子(2002)『日本語教育に生かす第二言語習得研究』アルク
- ナカミズ、エレン(1992)「日本語学習者における依頼表現―ストラテジーの使い分けを中心として―」『待兼山論叢』日本学篇 26
- 野田尚史、迫田久美子、渋谷勝己、小林ミナ(2001)『日本語学習者の文法習得』大修舘
- ロング、ダニエル(2010a)「日本語習得者が作る日本語文法」『日本語文法』10.2：39-58
- ロング、ダニエル(2010b)「小笠原諸島の日本語変種」『日本語学』29-14：118-131
- 大関浩美(2003)「中間言語におけるvariationとプロトタイプ・スキーマ」『日本語の習得研究』6号

chapter 15

변화

다니엘 롱

• 학습 포인트 •

- 최근 급속히 변하고 있는 커뮤니케이션 세계를 새로운 문법('ㅎ' 탈락현상)·새로운 경어(이중경어)·새로운 문체(전자메일)·새로운 응용방법(방언의 관광자원화)이라는 관점에서 일본어 커뮤니케이션 문화의 현상과 미래를 생각한다.
- 언어의 변화를 언어 내적 요인과 언어 외적 요인의 두 측면에서 고찰한다.

01
변하는 일본어 문법(ら탈락현상)

현대 일본어에서 최대의 문법변화라고 할 수 있는「ら抜きことば(ら탈락현상)」에 대하여 생각해 보자. 이는 개별 단어가 아니라 일본어 1단동사 전체와 관련이 있을 정도로 큰 변화다.

[그림 15-1]을 보면 과거 1세기 동안에 ら抜きことば가 얼마나 보급되었는지 알 수 있다. 이 그림은 오사카의 남녀가「起きることができる(일어날 수가 있다)」대신에「オキレル」를 사용한다고 대답한 비율이다. 처음에는 남성이 이러한 변화를 리드했지만 사회적으로

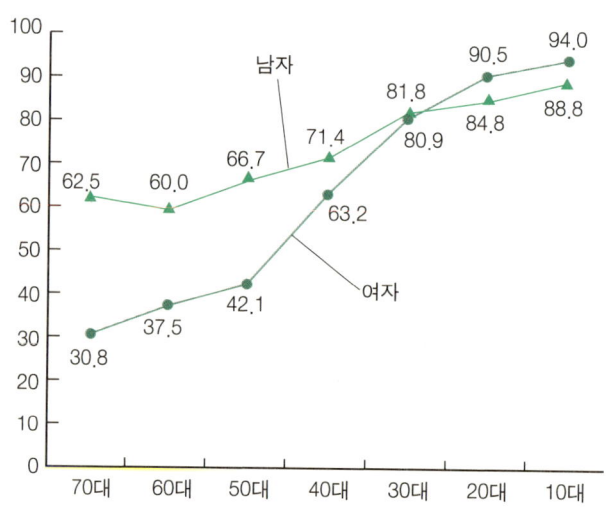

• 그림 15-1 「オキレル」의 사용비율(남녀와 세대에 따른 차이)

• 井上, 1991, pp.4~6

인정을 받으면서 여성도 사용하게 되었음을 알 수 있다.

언어의 시간적 변화를 분석할 때는 남성 화자와 여성 화자를 비교하거나, 20대 화자와 40대 화자, 60대 화자를 비교하는 경우가 있다. 이처럼 다양한 사회집단과 언어의 변화현상을 '화자 간(間) 변이'라고 한다. 또 동일한 사람이 「オキレル」라는 「ら抜き」 형태와 「オキラレル」 같은 두 가지 형태 모두를 사용하는 경우도 적지 않은 것 같다. 즉 '화자 간 변이' 외에 '화자 내 변이' 현상도 나타난다.

도쿄에서는 오사카와는 다른 방법으로 ら抜き 보급에 관한 데이터를 수집했다. 오사카에서는 다수의 사람들에게 'ら抜き를 사용할 때가 있습니까?', '사용하지 않습니까?'라는 질문을 통해서 비율을 산출했다. 도쿄에서 실시한 다른 조사에서는 개개인의 자연담화를 녹음해서 담화 속에 나오는 1단동사의 가능형을 전부 세어 그중에서 「ら抜きことば」의 비율을 산출했다. 오사카의 경우는 피조사자들의 대답이 '사용한다·사용하지 않는다'이며 도쿄의 경우는 'ら抜きことば를 사용하는 비율'이다.

[그림 15-2]에서 알 수 있듯이 ら抜きことば만을 사용하는 사람도 있고 ら抜きことば를 전혀 사용하지 않는 사람도 있다. 그러나 많은 화자들이 새로운 형태와 종래의 형태를 모두 사용하고 있다.

도쿄 조사에서는 더욱 놀라운 사실이 드러났다. 실제로 사용하고 있는 ら抜きことば를 자세히 분석한 결과(그림 15-3), ら抜き화가 진행되는 것은 짧은 단어이며 긴 동사에서는 거의 일어나지 않음을 알 수 있다. 즉 「出·る, 寝·る, 着·る, 見·る」처럼 어간이 한 박자인 동사에서는 ら抜き화가 진행되었으나 어간이 두 박자인 동사(「起き·る, 開け·る」등)는 그렇게 많이 진행되지는 않았다. 또 「おぼえ·る, かんがえ·る」처럼 어간이 세 박자나 네 박자로 되어 있는 긴 동

• 그림 15-2 「ら抜きことば」의 사용비율(개인의 연령에 따라)

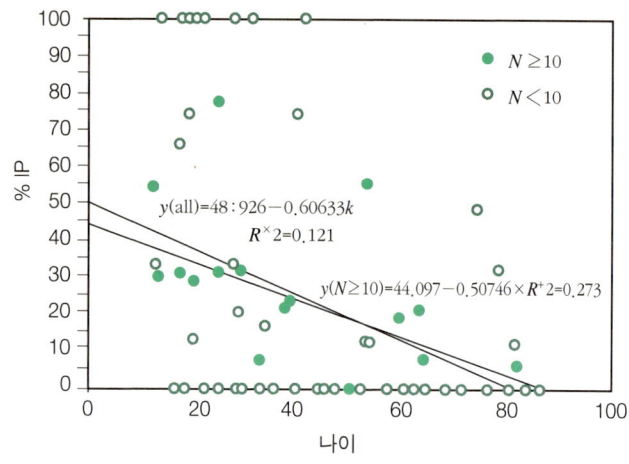

• Matsuda, 1993, pp. 5~6

• 그림 15-3 「ら抜きことば」의 사용비율(어간의 길이에 따라)

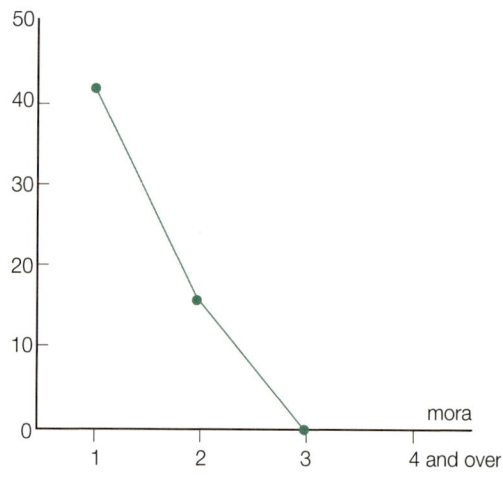

• Matsuda, 1993, pp. 5~6

사에서는 ら抜き화가 아직 진행되지 않았음을 알 수 있다.

「ら抜きことば」의 변이를 보면 이처럼 짧은 동사에 많이 나타나고 긴 동사에 적게 나타나며, 젊은 여성에게 많이 나타나고 노년기 여성에게 적게 나타나는 경향이 있다. 전자(단어의 길이)를 언어 자체의 특징으로 보아 '언어 내적 요인'이라 하고, 후자를 언어 외부에 있는 사회속성적 요인으로 보아 '언어 외적 요인'이라고 한다. 언어 내적 요인은 어떤 단어에서 ら抜き가 많이 나타나는가 하는 문제인데 비해 언어 외적 요인은 어떤 사람들이 ら抜き를 많이 사용하는가 하는 문제다.

지금까지 ら抜き가 어떤 식으로 어떤 사람들 사이에서 진행되고 있는지를 살펴보았다. 다음은 ら抜き화의 원인에 대하여 살펴보고자 한다. ら抜きことば는 본래 「決められない, 出られる, 起きられる」라고 하던 것을 「決めれない, 出れる, 起きれる」라고 표현하는 현상으로 1단동사의 가능표현에서 일어나는 변화다. 언어학자가 아닌 일반인들은 그 원인을 여러 가지로 들고 있다. 하나는 단어가 짧아짐에 따라 말하기가 쉬워진다는 것, 즉 언어변화론에서 말하는 '경제의 원리'이다. 예를 들면 「きめられる」라는 5박자보다 「きめれる」라는 4박자로 발음하는 편이 시간도 덜 걸리고 입근육의 부담도 줄어든다는 사고방식이다. 또 하나는 다른 표현과의 구별을 확실히 하고 애매함을 없애는 것, 즉 언어변화론에서 말하는 '명확화의 원리'이다.

우선 이 두 가지 요인에 대해 생각해 보자. 확실히 언어는 대부분 단어가 줄어들고 말하기 쉬운 방향으로 변한다. 간략형이라는 것이 여기에 해당된다. 「それでは・そうではない」가 「それじゃ・そうじゃない」로, 「読まなくてはならない」가 「読まなきゃならない」로,

「これはすごい」가「こりゃすげ」로 되면서 모두 박자 수가 줄어들어 말하는 데 걸리는 시간과 발음하는 데 소모되는 에너지가 감소된다.「パーソナルコンピュータ」를「パソコン」으로 줄인 것도 경제의 원리에 해당된다.

그러나 ら抜きことば라는 변화는 경제의 원리만으로는 설명할 수 없다. 예를 들어「食べられる」에는 여러 의미가 있다. 가능·수동·경어 등을 나타낸다.「食べられる魚」는 '먹을 수 있는 생선, 고양이에게 먹히는 생선, 선생님이 드시는 생선'이라는 여러 의미로 해석할 수 있다. 경제의 원리에 의해 가능의 의미인「食べられる」가「食べれる」로 변했다고 한다면, 왜 수동이나 경어의 의미인「食べられる」는 똑같이 줄어들지 않았는가에 대해서는 설명할 수 없게 된다.

그러면 명확화의 원리는 어떨까? 우선 ら抜き 이전의 일본어에서 구체적인 예를 생각해 보자. 종래의 일본어에서는 확실히「先生、出られますか」는 가능의「出ることができる」인지 존경의「お出になりますか」인지 알 수가 없어 의미가 애매하다고 할 수 있다. ら抜きことば에서는 가능의 의미는「出れます」이지만 경어는「出られます」이다. 원래는 구별할 수 없었던 의미를 구별할 수 있게 되었으므로 확실히 명확화가 일어났다고 할 수 있다. 그러나 수동과 경어의 경우는 여전히 동음이의어 그대로여서 구별할 수 없다. 또 경어와 수동 두 경우가 ら抜きことば로 되고 가능표현이 원래의「られ」형태로 되어도 구별할 수 있는데 왜 가능표현만 변했는지는 설명이 되지 않는다. 애매했던 의미에 새로운 구별이 생겼으므로 '명확화의 원리'를 부정할 수는 없지만 이것만으로 ら抜きことば라는 언어변화현상을 설명하기에는 무리가 있다.

오히려 언어학자들은 다음과 같이 설명한다. 종래의 일본어에서

는 가능의 의미를 나타내는 데 5단동사의 어간에 '-eru'를 붙인다. 「読む」는 「読める」가 된다. 이것을 yom-eru라고 생각할 수 있다. 「泳げる(oyog-eru)」나 「帰れる(kaer-eru)」처럼 5단동사는 모두 마찬가지다. 한편 1단동사를 가능의 의미로 나타내려면 예전에는 '-rareru'를 붙였다. 즉 언어학자들은 ら抜きことば는 '1단동사의 5단화' 또는 '1단동사의 5단동사 유추'라고 한다. ら抜き라면 「起きれる」를 'okir-eru', 「変えれる」를 'kaer-eru'로 볼 수 있다. 즉 가능표현을 만들 때 이전에는 두 가지 활용규칙을 외워야 했지만 ら抜きことば 변화에서는 '동사어간+eru'라는 하나의 규칙만 외우면 된다. 이것은 일종의 경제의 원리라고 할 수도 있겠지만 발생기관 근육에 대한 부담 감소가 아니라 뇌의 동사활용 처리에 대한 부담 감소다.

표준어에서는 이처럼 가능표현의 경우에만 1단동사가 5단동사화되지만 도호쿠(東北) 지방이나 간토(関東) 지방의 방언에서는 1단동사의 명령형이 「起きろ」, 「開けろ」가 아닌 「起きれ」, 「開けれ」이며, 5단동사 역시 「泳げ」, 「読め」, 「帰れ」로 어미가 똑같다. 반대로 규슈(九州)에서는 1단동사인 「出る」, 「見る」의 부정형이 종래의 「でん」, 「みん」에서 「出らん」, 「見らん」으로 변했다. 이것은 부정표현의 1단동사가 5단화한 것이다. 또 아마미오시마(奄美大島) 같은 곳에서는 권유나 의지를 나타내는 1단동사인 「あげようか」, 「やってみよう」에 해당되는 표현이 「あげろうか」, 「やってみろう」이다. 이것은 권유・의지를 나타내는 1단동사의 5단화다.

02
변하는 경어(이중경어)

앞에서 가능표현의 문법변화를 살펴보았으나 현대 일본어에서는 경어도 변화가 심하다. 또한 경어는 타인에 대한 마음을 나타내는 표현인 만큼 경어변화에 관한 논의는 가끔 과열되기도 한다.

경어가 변하는 배경에는 여러 가지 요인이 있다.

하나는 '경어의 인플레'라고 하는 현상이다. 경제학에서 말하는 인플레는 물가가 상승하여 이전과 동일한 금액으로 살 수 있는 물건의 양이 적어지는 현상을 말한다. 경어(또는 언어) 역시 전과 같은 단어를 사용하지만 그 효과가 낮아지는 현상이 있다. 여기서는 이를 '경어의 인플레 현상'이라고 부르기로 한다.

일본문화의 특징으로 2인칭 대명사의 종류가 많다는 것을 들 수 있다. 동일한 시대로 한정한 공시적 관점에서 보아도 おたく, そちら, あなた, あんた, きみ, おまえ, てめえ, きさま와 같은 변이가 보인다. 한편 시대적 변화를 고려하는 통시적인 관점에서 보면 아주 흥미로운 경향을 발견할 수 있다. 그것은 이전에는 정중한 표현으로 사용되던 2인칭 대명사가 시간과 함께 정중도가 낮아지는 현상이다.

그 원인은 간단하다. 정중함을 나타내는 단어도 너무 많이 사용하면 그 효과가 약해진다. 처음에는 정중한 표현이었던 「きさま」를 아무한테나 사용하다 보면 그 효과가 감소되어 한층 더 정중한 다른 단어가 필요해진다. 그리하여 가장 정중한 단어로서 「あなた」가 탄생하고「きさま」는 밀려 내려간다. 처음에는 제한된 상황에서만 사용하던 가장 정중한「あなた」가 점점 동등한 상대에게, 그리고 결국은 아랫사람한테까지 사용하게 된다. 그렇게 되면「おたく」라는 다른 정중한 표현이 나타나고 이번에는「あなた」가 밀려 내려간다. 정확하게 말하면 경어의 레벨이 저절로 떨어진다기보다는 이처럼 더 정중한 단어가 나타남에 따라 밀려 내려간다고 하는 편이 실태에 가까울지도 모르겠다.

또 하나의 변화는 최근의 이중경어 증가현상이다. 경어표현은「おっしゃる」같은 경어 어휘를 사용하거나 동사에 조동사「(ら)れる」를 붙여서 나타낸다. 즉「先生が言っていたように」는「先生がおっしゃっていたように」와「先生が言われていたように」의 두 가지로 바꾸어 쓸 수 있다.

그런데 최근에 와서 어느 하나만으로는 무언가 미흡하다고 느끼는 사람들이 증가하면서 두 가지를 중복해서 사용하는 사람들이 많아지고 있다. 이것이「先生がおっしゃられていたように」와 같은 이중경어다.

그래서「おっしゃられる」사용에 관한 간단한 조사를 실시해 보았다. 현재 일본의 국회 의사록은 인터넷에 공개되어 있다. 과거 수십 년간 의원들이 국회에서 한 이야기를 문자화해서 전자매체를 이용해 검색할 수 있게 해 놓은 것이다. 1945년부터 2005년까지 5년 간격으로 일 년 동안의 문자 데이터 중에「おっしゃられた」가 몇 번 나타나는지를 산출했다. 그 결과가 [그림 15-4]이다. 1945년에 한 번도 나타나지 않았던「おっしゃられた」가 5년 후에는 162회 사용되었다. 그리고 5년이 지난 1955년에는 511회로 증가했다. 몇 백회라는 수준이 반세기 동안 유지되다가 2000년대가 되면서 1000회 이

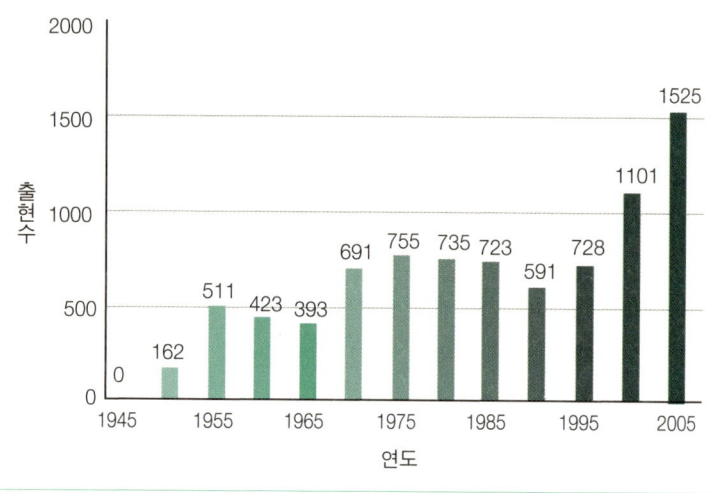

• 그림 15-4 국회 의사록에 나타난 이중경어「おっしゃられた」의 증가

상이 된다. 국회에서 이루어지는 토론이 일반적인 일본어를 반영한다고 보면 이중경어가 확실히 증가했다는 것을 알 수 있다.

03
변하는 문체(전자메일)

근래 커뮤니케이션 기술의 변화에 따라 커뮤니케이션의 형태 자체도 변하고 있다. 유선전화밖에 없던 시절에는 전화를 건 사람이 상대방에게 "지금 어디 있어?"라고 묻는 일은 없었다. 그 사람 집으로 전화를 걸었다면 상대방이 집에 있다는 것이 확실하고, 그 사람이 경영하는 가게에 전화를 걸었다면 가게에 있다는 것이 확실하기 때문이다. 현재는 휴대전화가 보급되어 "여보세요."라고 한 뒤 "지금 어디야?"라고 묻는 것이 오히려 당연해졌다. 기술이 발전함에 따라 사용하는 표현도 변한 것이다.

1세기 전에 비해 일본어의 「もしもし」나 영어권의 'hello'는 사용범위가 확대되었다. 전화기라는 새로운 발명품이 등장하기 전까지 일본어의 「もしもし」는 길에서 물건을 떨어뜨린 사람에게 주의를 환기시킬 때 사용하던 말로서 사용범위가 좁았다. 'hello'는 현대 영어권에서 얼굴을 보며 인사할 때 가장 일반적으로 사용하는 말이다. 그러나 이 단어도 실은 전화의 발명과 함께 사용범위가 확대되었다. 그 전까지는 나루터의 사람들 사이에서 상대방의 주의를 끌 때 사용하던 표현이었으나 전화를 받을 때의 표현으로 정착되고 더욱이 일상생활의 기본인사인 'good day(こんにちは)'의 자리를 빼앗을 정도로 확대되었다.

「もしもし」에 관한 재미있는 체험담이 『디지털 사회의 일본어 작법』이라는 책에 게재되어 있다.

> "할아버지께 휴대전화를 드리고 문자 보내는 방법을 알려드렸더니 맨 처음에 「もしもし」라고 입력하셨다."(井上, p.49)

이는 우스개로 넘겨 버릴 일이 아니다. 새로운 커뮤니케이션 수단이 등장하면 시행착오를 거치더라도 거기에 맞는 새로운 커뮤니케이션 스타일을 알아야 한다는 사실을 말해 주는 중요한 에피소드이다. 할아버지가 받은 휴대전화는 할아버지가 늘 보아 오던 전화기와 닮았다. 전화선이 없고 수화기뿐이었지만 예전의 전화기와 비슷했다. 할아버지이므로 전자메일을 사용한 경험이 없을 수도 있다. 커뮤니케이션 방식이 음성전달이 아니라 문자전달이라 하더라도 할아버지로서는 전화로 통화할 때와 같은 말투로 커뮤니케이션을 하는 것은 자연스러운 일이다.

현재 일본의 전자메일은 종전의 문장체에는 없는 문체를 형성하고 있다. 먼저, 지금까지의 문자매체 커뮤니케이션 수단과 전자메일이 어떻게 다른지 생각해 보자. [표 15-1]은 공식적인 편지, 개인 간의 편지, 엽서, 팩스, 전언메모의 형식을 전자메일과 비교한 것이다. 표를 보면 전자메일은 형식의 종류가 적고 상당히 간략화된 문자전달 수단이라는 것을 알 수 있다.

전자메일의 형식이 간략화된 것이라면 그 문체는 어떤가. 『디지털 사회의 일본어 작법』을 공동집필한 사회언어학자 이노우에(井上)

• 표 15-1 각종 문자매체의 형식

1	전자메일		우편				팩스	전언메모
	전자메일	구성	편지 구성	공식 문서	개인 간 편지	엽서		
a	필요	To:수신인	수신인	필요	필요	필요	필요(dial)	
2 b	필요	From:발신인	발신인	필요	필요	필요		
c	필요	표제(타이틀)	표제	필요	불필요	불필요		
d	필요~생략가능	수신인	수신인	필요(서두)	필요(말미)	불필요	필요	필요
e	필요~생략가능	발신인	서명	전체서명(서두)	전체서명(말미)	불필요	간단서명	초간단서명
3 f	생략가능		머리말	필요	필요	불필요	불필요	불필요
g	생략가능		맺음말	필요	필요	불필요	불필요	불필요
h	생략가능		인사말	필요	필요	생략가능	간단인사말	불필요
i	생략가능		끝인사	필요	필요	생략가능	간단끝인사	불필요
4 j	필요	주문	주문	필요	필요	필요	필요	필요
5 k	전체서명	서명(signature)			간단서명(말미)			

井上, 2007, pp.34~35

에 따르면 메일에 몇 종류의 간략화가 보인다고 한다. 특히 '음의 융합형태'인 「~ちゃう(~てしまう), ~きゃ(~ては), ~じゃ(~では), ~てる(~ている)」의 사용이 현저하다는 것이다. 또 다른 간략화는 격조사의 생략이다. 예를 들어 「ぼくは先週の日曜日に新幹線に乗って、京都へ行ってねえ、いもぼうを食べて来たよ」라는 문장을 전자메일로는 「ぼく先週日曜日新幹線乗って、京都行ってねえ、いもぼう食べて来たよ」라고 쓴다고 한다. 여기서 알 수 있는 것은 단순히 조사는 무조건 생략하는 것이 아니라 감정적인 부분을 나타내는 격조사(文末詞)는 남겨 둔다는 점이다. 즉 메일을 입력하는 수고를 줄이기 위해 간략하게 썼다기보다는 구어체에 가깝게 변형했다고 볼 수 있다 (井上, p.52).

이처럼 전자메일은 간략하게 하면서 다른 한편으로는 종전의 문장체보다 복잡한 부가요소도 있다. 그것은 감정을 나타내는 문자다. 이런 문자에는 구두점을 조합해서 만드는 '이모티콘'이 있다. 다음은 '땀을 흘리면서 당황하는 상황'과 '꿇어 엎드려 사죄 또는 감사하는 마음'을 나타내는 표현이다.

(·_·; _(._.)_

휴대전화에는 이처럼 키보드로 입력할 수 있는 것 이외에 그림파일로 첨부할 수 있는 그림문자도 있다.

또 메일 발신자의 감정을 단어로 표현하는 방법도 여러 가지 사용된다. 예를 들어, '웃음'이나 '땀!' 그리고 침묵을 나타내는 '…'도 사용된다. 이러한 표현은 단순히 장난삼아 사용하는 것이 아니라 커

뮤니케이션에 꼭 필요하기 때문에 사용한다. 이러한 것이 왜 중요한지를 생각해 보자.

전자메일이 보급된 지 얼마 되지 않았을 때였는데, 필자는 개인적으로 친하게 지내던 동료 연구자에게 공동작업 중인 논문집의 원고 마감에 관한 메일을 보냈다. 농담까지는 아니었지만 가벼운 마음으로 "마감까지 앞으로 얼마 안 남았네."라는 메일을 보냈더니 "나도 열심히 쓰고 있는데 왜 그런 말을 하는 거야?" 하며 상대방이 화가 난 듯한 답장을 보내왔다. 나는 당황해서 "그런 뜻이 아니었어. 오해하지 말게."라고 다시 메일을 보냈더니 상대방도 금방 "나야말로 화가 나서 그런 게 아니었는데. 자네가 너무 예민한 거야."라는 답장을 보내와서 사태는 오히려 확대되고 말았다. 결국에는 전화로 해결해야 했다.

만약에 얼굴을 보면서 똑같은 말을 했다면 큰 문제로 발전하지 않았을 것이다. 서로 얼굴을 보면서 대화를 한다면 상대방의 표정을 볼 수 있으므로 미묘한 변화가 나타나면 자신의 발언을 조정할 수 있다. 시각적인 피드백이 없는 전화 같은 경우에도 상대방 목소리의 상태, 속도, 높이, 크기, 간격 같은 준언어적 특징에 주의하면서 자신의 언어행동을 조정할 수 있다. 게다가 얼굴을 보면서 대화를 하면 앞뒤 맥락을 알 수 있다. 그런데 전자메일은 수신자가 자신의 컴퓨터를 켜거나 휴대전화를 주머니에서 꺼내는 순간 느닷없이 "원고 마감이 다가오고 있네! ㅋㅋㅋ"라는 상대방의 메일이 아무런 예고 없이 도착해 있을 때가 있다.

전자메일의 보급으로 전에는 없었던 새로운 문체가 계속 만들어지고 있다. 전자메일은 종전의 구어체나 문장체와는 다른 제3의 문체라 할 수 있을 것이다.

04
변화 응용방법(방언의 관광자원화)

또 한 가지 더 크게 변하고 있는 언어영역은 사회가 방언을 다루는 방식이다. 여기서는 관광자원으로서의 방언 사용에 주목하고자 한다.

요즘은 대학에서도 관광을 학문화하는 움직임이 일어나 많은 연구·교육기관이 관광학부를 신설해 왔다. 일본을 방문하는 외국인 관광객에게 응대할 수 있도록 외국어의 실천교육에 힘을 쏟는 것 이외에도 관광산업에 필요한 경영·경제의 지식, 자연파괴를 막는 환경친화적 관광, 세계유산의 관리기술 등 여러 가지 특징을 가진 코스가 개설되어 있다. 특히 이 분야와 관계가 깊은 것은 외지 관광객에게 매력 있는 지역문화를 소개해서 경제적 효과를 얻으면서도 과잉 상업주의나 급격한 문화접촉, 문화오염 등을 막는 방법을 고려하는 문화 관광사업이다.

요즘 일본 각 지역의 방언은 드라마나 노래 같은 음성언어 이외에 간판과 같은 문자언어에도 나타나고 있다. 지역언어를 문화 관광자원으로 내세우기 위해서는 표준어와 언어적 차이가 많이 날수록 좋을 것이다. 이것으로 성공한 곳이 오키나와이다. 비행기에서 내려 공항으로 들어가는 순간 「めんそ~れ(어서 오십시오)」, 「ちゅらさん(아름답다)」, 「ちゃばりよ(힘내세요)」, 「うちなーむん(오키나와 특산품)」, 「ゆいまーる(서로 돕다)」 같은 방언을 간판이나 광고 등에서 볼 수가 있다(그림 15-5, 그림 15-6).

- 그림 15-5　오키나와 「めんそ〜れ」
  (어서 오십시오)
- 그림 15-6　오키나와 「うちなーむん」
  (오키나와 특산품)

　근래에는 각 지역마다 관광객 대상의 이러한 방언간판이 늘어나고 있다. [그림 15-7]~[그림 15-9]는 도쿄도 하치조지마(八丈島)의 「おじゃりやれ」, 미에 현(三重県) 이가우에노(伊賀上野)의 「ようおこし」, 도야마 현(富山県)의 「立山に来られ」이다. 세 가지 모두 '어서 오십시오'를 의미하는 그 지역 방언이다.

　간판이나 포스터뿐만 아니라 관광시설의 명칭에도 방언이 사용되고 있고 도쿄도 고즈시마(神津島)에는 마을에서 직영하는 해산물

- 그림 15-7　하치조지마 「おじゃりやれ(어서 오십시오)」
- 그림 15-8　이가우에노 「ようおこし(어서 오십시오)」
- 그림 15-9　다테야마 「来られ(어서 오십시오)」

- 그림 15-10 고즈시마「よっちゃーれ(모여서 오세요)」

- 그림 15-11 아마미오시마「どぅくさぁや(건강)」

판매센터인「よっちゃーれセンター」(그림 15-10)가 있는데 이 명칭에는 지역 방언으로 '모여서 오세요(寄ってきなさい)'를 의미하는 말이 포함되어 있다. 니가타 현(新潟縣)의 도카마치(十日町) 시에는「越後妻有交流館キナーレ」라는 시설이 있는데 이 명칭도 '오세요(来なされ)'의 음이 변한 환영의 뜻과 지역특산물인 기모노를 '입으세요(着なされ)'라는 두 가지 뜻을 갖고 있다.

또 아마미오시마(奄美大島)의 다쓰고초(龍郷町)에 있는 보건복지센터「どぅくさぁや館」(그림 15-11)의 명칭에는 그 지방 방언으로 '건강'을 의미하는「ドゥクサリ」의 활용형이 사용되었다.

일반적으로 방언은 표준어에 가까우면 가까울수록 그 특징을 어필하기 힘든데, 도쿄에서까지 관광자원으로 도쿄 방언을 사용하고 있다. 도쿄 도의 공식 관광추진기관인 재단법인 도쿄관광재단의 표어는「らっしゃい東京」로 되어 있다. 일본 각지의 관광추진단체가 지역 방언을 적극적으로 이용하는 것을 본 도쿄 도에서도 선전문구에 지역 방언을 사용하고 싶어진 모양이다. 그래서 도쿄 방언에서는 표준어와 달리 어두의 「イ」가 탈락하는 경우가 많다는 약간의 차이에 주목해서 이 말을 선택한 듯하다. 이와 관련하여 관광객이 아니라 오히려 지역주민을 대상으로 사용한 예도 있다. 도쿄 경시청의 음주운전 근절 캠페인에는 가부키 배우가 나와서 「飲酒運転 ゆるせねぇ!」 하고 에도시대 말로 호소하는 포스터도 있다.

규슈나 오키나와의 일부 학교에서는 20세기 중반을 넘어서까지 방언을 쓰는 아동에게 「方言札」라고 적힌 표찰을 목에 걸도록 하는 벌을 주었다. 반세기 정도가 지나자 방언은 근절시켜야 할 유해한 것에서 지역의 얼굴을 나타내는 커뮤니케이션 도구로 바뀌었다.

참고 · 인용문헌

- 井上史雄、荻野綱男、秋山高太郎(2007) 『デジタル社会の日本語作法』岩波書店
- ロング、ダニエル(2010) 「奄美ことばの言語景観」 『東アジア内海の環境と文化』: 174-200 桂書房
- ロング、ダニエル(2009) 「南大東島ことばが作り上げる言語景観」 『南大東島の人と自然』: 74-87 南方新社
- 井上文子(1991) 「男女の違いから見たことばの世代差」 『月刊日本語』 4-6
- Matsuda, Kenjiro(1993) "Dissecting analogical leveling quantitatively : the case of the innovative potential suffix in Tokyo Japanese." *Language Variation and Change* 5-1